Nachtrag

zum

Gesetz über Aktiengesellschaften und Kommanditgesellschaften auf Aktien (Aktiengesetz)

Herausgegeben von

Dr. Georg Schröder
Landgerichtsrat in Berlin

1937
J. Schweitzer Verlag (Arthur Sellier)
München, Berlin und Leipzig

Druck von Dr. F. P. Datterer & Cie., Freising-München.

Erste Durchführungsverordnung zum Aktiengesetz

Vom 29. September 1937.

(RGBl. 1937 I S. 1026.)

Auf Grund der Ermächtigungen im Aktiengesetz vom 30. Januar 1937 (Reichsgesetzbl. I S. 107) und im Einführungsgesetz zum Aktiengesetz vom 30. Januar 1937 (Reichsgesetzbl. I S. 166) sowie auf Grund des Gesetzes über Formblätter für die Gliederung des Jahresabschlusses vom 11. Dezember 1935 (Reichsgesetzbl. I S. 1432) wird im Einvernehmen mit den beteiligten Reichsministern hiermit verordnet:

Artikel I

Umtausch von Kleinaktien

§ 1

(1) Aktien oder Zwischenscheine, die nicht auf volle 100 Reichsmark oder ein Vielfaches von 100 Reichsmark lauten, sind umzutauschen.

(2) § 179 des Gesetzes gilt sinngemäß, soweit die folgenden Vorschriften nichts anderes bestimmen.

Vgl. § 8 AktGes.
§ 3 EG.

§ 2

(1) An Stelle der umzutauschenden Aktien sind Aktien auszugeben, die auf volle 100 Reichsmark lauten.

Gesetz über Aktiengesellschaften und Kommanditgesellschaften auf Aktien (Aktiengesetz)

Vom 30. Januar 1937 (Reichsgesetzblatt Teil I S. 107)

Die Reichsregierung hat das folgende Gesetz beschlossen, das hiermit verkündet wird:

Erstes Buch
Aktiengesellschaft

Erster Teil
Allgemeine Vorschriften

§ 1
Wesen der Aktiengesellschaft

Die Aktiengesellschaft ist eine Gesellschaft mit eigener Rechtspersönlichkeit [1], deren Gesellschafter mit Einlagen auf das in Aktien zerlegte Grundkapital beteiligt sind, ohne persönlich für die Verbindlichkeiten der Gesellschaft zu haften [2].

1. Vgl. § 48 Abs. 1.
2. Vgl. § 48 Abs. 2.

§ 2
Gründerzahl

An der Feststellung des Gesellschaftsvertrags (der Satzung) [1] müssen sich mindestens fünf Personen beteiligen, die Aktien übernehmen.

1. Notwendiger Inhalt der Satzung: §§ 16 ff.

§ 3
Die Aktiengesellschaft als Handelsgesellschaft

Die Aktiengesellschaft gilt als Handelsgesellschaft, auch wenn der Gegenstand des Unternehmens nicht im Betrieb eines Handelsgewerbes besteht.

§ 4
Firma

(1) Die Firma der Aktiengesellschaft ist in der Regel dem Gegenstand des Unternehmens zu entnehmen. Sie muß die Bezeichnung „Aktiengesellschaft" enthalten.

(2) Führt die Aktiengesellschaft die Firma eines von ihr erworbenen Handelsgeschäfts fort (§ 22 des Handelsgesetzbuchs), so muß sie die Bezeichnung „Aktiengesellschaft" in die Firma aufnehmen.

Vgl. § 22 HGB. (Anhang).

§ 5
Sitz

Als Sitz der Aktiengesellschaft ist in der Regel der Ort, wo die Gesellschaft einen Betrieb hat, oder der Ort zu bestimmen, wo sich die Geschäftsleitung befindet oder die Verwaltung geführt wird.

Sitzverlegung: § 38.

§ 6
Grundkapital

(1) Das Grundkapital wird in Aktien zerlegt[1].

(2) Das Grundkapital und die Aktien müssen auf einen in Reichswährung bestimmten Nennbetrag lauten.

1. Vgl. § 10.

§ 7

Mindestnennbetrag des Grundkapitals

(1) Der Mindestnennbetrag des Grundkapitals ist fünfhunderttausend Reichsmark.

(2) Der Reichsminister der Justiz kann im Einvernehmen mit dem Reichswirtschaftsminister Ausnahmen zulassen.

Für bestehende Gesellschaften vgl. § 2 EG.

§ 8

Mindestnennbetrag der Aktien[1]

(1) Der Mindestnennbetrag der Aktien ist tausend Reichsmark[2]. Höhere Aktiennennbeträge sollen auf volle fünfhundert Reichsmark lauten.

(2) Der Reichsminister der Justiz kann im Einvernehmen mit dem Reichswirtschaftsminister Ausnahmen zulassen; die Aktiennennbeträge sollen auf volle hundert Reichsmark lauten.

(3) Aktien über einen geringeren Nennbetrag sind nichtig. Für den Schaden aus der Ausgabe sind die Ausgeber den Besitzern als Gesamtschuldner verantwortlich.

(4) Die Aktien sind unteilbar[3].

(5) Diese Vorschriften gelten auch für Anteilscheine, die den Aktionären vor der Ausgabe der Aktien erteilt werden (Zwischenscheine).

1. Für bestehende Gesellschaften vgl. § 3 EG.
2. Strafvorschrift: § 296.
3. Vgl. § 63.

§ 9
Ausgabebetrag der Aktien

(1) Für einen geringeren Betrag als den Nennbetrag dürfen Aktien nicht ausgegeben werden[1].

(2) Für einen höheren Betrag ist die Ausgabe zulässig[2 3 4].

1. Ausgabezeit: § 34 Abs. 4.
2. Bekanntmachung des Ausgabebetrages: § 33 Abs. 1 Nr. 3.
3. Einzahlungspflicht: § 49.
4. Einstellung des höheren Ausgabebetrages in die gesetzliche Rücklage: § 130 Abs. 1 Nr. 2. Vgl. § 149 Abs. 3.

§ 10
Inhaber- und Namensaktien

(1) Die Aktien können auf den Inhaber oder auf Namen[1] lauten.

(2) Sie müssen auf Namen lauten, wenn sie vor der vollen Leistung des Nennbetrags oder des höheren Ausgabebetrags ausgegeben werden[2]; der Betrag der Teilleistungen ist in der Aktie anzugeben.

(3) Zwischenscheine müssen auf Namen lauten.

(4) Zwischenscheine auf den Inhaber sind nichtig. Für den Schaden aus der Ausgabe sind die Ausgeber den Besitzern als Gesamtschuldner verantwortlich.

1. Buchung und Übergang von Namensaktien auf einen anderen: §§ 61, 62.
2. Strafvorschrift: § 296.

§ 11
Aktien besonderer Gattung

Einzelne Gattungen von Aktien können verschiedene Rechte haben, namentlich bei der Verteilung des Gewinns und des Gesellschaftsvermögens.

Vgl. § 115, § 146 Abs. 2.

§ 12

Stimmrecht.

Keine Mehrstimmrechtsaktien[1]

(1) Jede Aktie gewährt das Stimmrecht[2]. Vorzugsaktien können nach den Vorschriften dieses Gesetzes als Aktien ohne Stimmrecht ausgegeben werden[3].

(2) Mehrstimmrechte sind unzulässig. Der Reichswirtschaftsminister kann im Einvernehmen mit dem Reichsminister der Justiz und den sonst beteiligten Reichsministern Ausnahmen zulassen, wenn das Wohl der Gesellschaft oder gesamtwirtschaftliche Belange es fordern.

1. Für bereits ausgegebene Mehrstimmrechtsaktien vgl. § 9 EG.

2. Vgl. §§ 113 ff.

3. Vgl. § 115.

§ 13

Unterzeichnung der Aktien

Zur Unterzeichnung von Aktien und Zwischenscheinen genügt eine vervielfältigte Unterschrift. Die Gültigkeit der Unterzeichnung kann von der Beachtung einer besonderen Form abhängig gemacht werden. Die Formvorschrift muß in der Urkunde enthalten sein.

§ 14

Zuständigkeit

Unter Gericht im Sinne dieses Gesetzes ist, wenn nichts anderes bestimmt ist, das Gericht des Sitzes[1] der Gesellschaft zu verstehen.

1. § 5.

§ 15

Wesen des Konzerns und des Konzernunternehmens

(1) Sind rechtlich selbständige Unternehmen zu wirtschaftlichen Zwecken unter einheitlicher Leitung zusammengefaßt, so bilden sie einen Konzern; die einzelnen Unternehmen sind Konzernunternehmen.

(2) Steht ein rechtlich selbständiges Unternehmen auf Grund von Beteiligungen oder sonst unmittelbar oder mittelbar unter dem beherrschenden Einfluß eines anderen Unternehmens, so gelten das herrschende und das abhängige Unternehmen zusammen als Konzern und einzeln als Konzernunternehmen.

Zweiter Teil

Gründung der Gesellschaft

§ 16

Feststellung der Satzung

(1) Die Satzung muß durch gerichtliche oder notarische Beurkundung festgestellt werden[1]. Bevollmächtigte bedürfen einer gerichtlich oder notarisch beglaubigten Vollmacht.

(2) In der Urkunde sind der Nennbetrag, der Ausgabebetrag und, wenn mehrere Gattungen bestehen, die Gattung der Aktien anzugeben, die jeder Beteiligte übernimmt.

(3) Die Satzung muß bestimmen:

1. die Firma und den Sitz der Gesellschaft[2];
2. den Gegenstand des Unternehmens;
3. die Höhe des Grundkapitals[3]);

4. die Nennbeträge der einzelnen Aktien und, wenn mehrere Gattungen bestehen, die Gattung der einzelnen Aktien[4];
5. die Art der Zusammensetzung des Vorstands[5];
6. die Form der Bekanntmachungen der Gesellschaft[6].

1. Satzungsänderungen vgl. § 145.
2. §§ 4, 5.
3. Vgl. auch § 169.
4. §§ 8—11.
5. §§ 70 ff.
6. Fehlen wesentlicher Bestimmungen: §§ 216 ff.

§ 17

Inhaber- und Namensaktien

(1) Wenn die Satzung nichts anderes bestimmt, so sind die Aktien als Namensaktien auszustellen[1].

(2) Die Satzung kann bestimmen, daß auf Verlangen eines Aktionärs seine Namensaktie in eine Inhaberaktie oder seine Inhaberaktie in eine Namensaktie umzuwandeln ist.

1. Vgl. § 10 Abs. 2.

§ 18

Bekanntmachungen der Gesellschaft

Bestimmt das Gesetz oder die Satzung, daß eine Bekanntmachung der Gesellschaft durch die Gesellschaftsblätter erfolgen soll[1], so ist sie in den Deutschen Reichsanzeiger einzurücken. Daneben kann die Satzung andere Blätter als Gesellschaftsblätter bezeichnen.

1. Vgl. z. B. Einberufung der Hauptversammlung: § 105 Abs. 2.

§ 19

Sondervorteile. Gründungsaufwand

(1) Jeder zugunsten einzelner Aktionäre bedungene besondere Vorteil muß in der Satzung unter Bezeichnung des Berechtigten festgesetzt werden[1].

(2) Von dieser Festsetzung gesondert ist in der Satzung der Gesamtaufwand festzusetzen, der zu Lasten der Gesellschaft an Aktionäre oder an andere Personen als Entschädigung oder als Belohnung für die Gründung oder ihre Vorbereitung gewährt wird.

(3) Ohne diese Festsetzung sind solche Abkommen und die Rechtshandlungen zu ihrer Ausführung der Gesellschaft gegenüber unwirksam. Nach der Eintragung der Gesellschaft in das Handelsregister kann die Unwirksamkeit nicht durch Satzungsänderung geheilt werden.

1. Über die Bekanntmachung vgl. § 33.

§ 20

Sacheinlagen. Sachübernahmen

(1) Sollen Aktionäre Einlagen machen, die nicht durch Einzahlung des Nennbetrags oder des höheren Ausgabebetrags der Aktien zu leisten sind (Sacheinlagen), oder soll die Gesellschaft vorhandene oder herzustellende Anlagen oder sonstige Vermögensgegenstände übernehmen (Sachübernahmen), so müssen in der Satzung festgesetzt werden der Gegenstand der Sacheinlage oder der Sachübernahme, die Person, von der die Gesellschaft den Gegenstand erwirbt, und der Nennbetrag der bei der Sacheinlage zu gewährenden Aktien oder die bei der Sachübernahme zu gewährende Vergütung.

(2) Ohne diese Festsetzung sind Vereinbarungen über Sacheinlagen und Sachübernahmen und die Rechtshandlungen zu ihrer Ausführung der Gesellschaft gegenüber unwirksam. Ist die Gesellschaft eingetragen, so wird die Gültigkeit der Satzung durch diese Unwirksamkeit nicht berührt; bei unwirksamer Vereinbarung einer Sacheinlage bleibt der Aktionär verpflichtet, den Nennbetrag oder den höheren Ausgabebetrag der Aktie einzuzahlen.

(3) Nach Eintragung der Gesellschaft in das Handelsregister kann die Unwirksamkeit nicht durch Satzungsänderung geheilt werden [1].

1. Über die Nachgründung vgl. § 45, insbes. § 45 Abs. 9; vgl. weiter § 4 EG.

§ 21

Gründer

Die Aktionäre, die die Satzung festgestellt haben, sind die Gründer der Gesellschaft. Bei der Stufengründung sind Gründer auch die Aktionäre, die Sacheinlagen machen, ohne sich an der Feststellung der Satzung beteiligt zu haben [1].

Vgl. die Strafdrohung gegen Gründe: § 295.

§ 22

Errichtung der Gesellschaft

(1) Mit der Übernahme aller Aktien durch die Gründer ist die Gesellschaft errichtet [1].

(2) Übernehmen die Gründer Aktien, die sie bei der Feststellung der Satzung noch nicht übernommen haben, so bedarf es gerichtlicher oder notarischer Beurkundung. In der Urkunde sind der Nennbetrag, der Aus-

gabebetrag und, wenn mehrere Gattungen bestehen, die Gattung der von jedem Beteiligten übernommenen Aktien anzugeben.

1. Vgl. § 34 Abs. 1.

§ 23

Erster Aufsichtsrat und Vorstand

(1) Die Gründer[1] haben den ersten Aufsichtsrat der Gesellschaft zu bestellen. Die Bestellung bedarf gerichtlicher oder notarischer Beurkundung.

(2) Der Aufsichtsrat bestellt den ersten Vorstand.

1. Vgl. § 21.

§ 24

Gründungsbericht

(1) Die Gründer haben einen schriftlichen Bericht über den Hergang der Gründung zu erstatten (Gründungsbericht).

(2) Im Gründungsbericht sind die wesentlichen Umstände darzulegen, von denen die Angemessenheit der für eingelegte oder übernommene Gegenstände gewährten Leistungen abhängt. Dabei sind anzugeben die vorausgegangenen Rechtsgeschäfte, die auf den Erwerb durch die Gesellschaft hingezielt haben, ferner die Anschaffungs- und Herstellungskosten aus den letzten beiden Jahren und im Falle des Übergangs eines Unternehmens auf die Gesellschaft der Betriebsertrag aus den letzten beiden Geschäftsjahren.

(3) Im Gründungsbericht ist ferner anzugeben, ob und in welchem Umfang bei der Gründung für Rechnung eines Mitglieds des Vorstands oder des Aufsichtsrats Aktien übernommen sind und ob und in

welcher Weise ein Mitglied des Vorstands oder des Aufsichtsrats sich einen besonderen Vorteil oder für die Gründung oder ihre Vorbereitung eine Entschädigung oder Belohnung ausbedungen hat[1].

1. Vgl. die Strafvorschrift des § 295.

§ 25

Gründungsprüfung. Allgemeines

(1) Die Mitglieder des Vorstands und des Aufsichtsrats haben den Hergang der Gründung zu prüfen.

(2) Außerdem hat eine Prüfung durch einen oder mehrere Prüfer (Gründungsprüfer) stattzufinden, wenn

1. ein Mitglied des Vorstands oder des Aufsichtsrats zu den Gründern gehört oder
2. bei der Gründung für Rechnung eines Mitglieds des Vorstands oder des Aufsichtsrats Aktien übernommen sind oder
3. ein Mitglied des Vorstands oder des Aufsichtsrats sich einen besonderen Vorteil oder für die Gründung oder ihre Vorbereitung eine Entschädigung oder Belohnung ausbedungen hat oder
4. eine Gründung mit Sacheinlagen oder Sachübernahmen (§ 20) vorliegt.

(3) Die Gründungsprüfer bestellt das Gericht[1] nach Anhörung der amtlichen Vertretung des Handelsstands[2].

(4) Als Gründungsprüfer sind in der Regel nur zu bestellen[3]:

1. Personen, die in der Buchführung ausreichend vorgebildet und erfahren sind;
2. Prüfungsgesellschaften, von deren Inhabern, Vorstandsmitgliedern oder Geschäftsführern min-

destens einer in der Buchführung ausreichend vorgebildet und erfahren ist.

(5) Mitglieder des Vorstands und des Aufsichtsrats sowie Angestellte der Gesellschaft dürfen nicht als Gründungsprüfer bestellt werden; gleiches gilt für Personen und Prüfungsgesellschaften, auf deren Geschäftsführung die Gründer oder Personen, für deren Rechnung die Gründer Aktien übernommen haben, oder die Gesellschaft maßgebenden Einfluß haben[4].

1. Vgl. § 14.
2. Verantwortlichkeit der Gründungsprüfer: § 42.
3. Ermächtigung zur weiteren Regelung: § 47.
4. Sonderprüfung über Vorgänge bei der Gründung: vgl. § 118.

§ 26

Umfang der Gründungsprüfung

(1) Die Prüfung durch die Mitglieder des Vorstands und des Aufsichtsrats sowie die Prüfung durch die Gründungsprüfer haben sich namentlich darauf zu erstrecken:

1. ob die Angaben der Gründer über die Übernahme der Aktien, über die Einlagen auf das Grundkapital und über die in den §§ 19 und 20 vorgesehenen Festsetzungen richtig und vollständig sind;
2. ob die für eingelegte oder übernommene Gegenstände gewährten Leistungen angemessen sind.

(2) Über jede Prüfung ist unter Darlegung dieser Umstände schriftlich zu berichten[1].

(3) Je ein Stück des Berichts der Gründungsprüfer ist dem Gericht, dem Vorstand und der amtlichen Vertretung des Handelsstands einzureichen. Jedermann

kann den Bericht bei dem Gericht und bei der amtlichen Vertretung des Handelsstands einsehen.

1. Strafvorschrift für falsche Berichte: § 302.

§ 27

Meinungsverschiedenheiten zwischen Gründern und Gründungsprüfern. Vergütung und Auslagen der Gründungsprüfer

(1) Bei Meinungsverschiedenheiten zwischen den Gründern und den Gründungsprüfern über den Umfang der von den Gründern zu gewährenden Aufklärungen und Nachweise entscheidet das Gericht; die Entscheidung ist unanfechtbar. Solange sich die Gründer weigern, der Entscheidung nachzukommen, wird der Prüfungsbericht nicht erstattet[1].

(2) Die Gründungsprüfer haben Anspruch auf Ersatz angemessener barer Auslagen und auf Vergütung für ihre Tätigkeit. Die Auslagen und die Vergütung setzt das Gericht fest; gegen die Festsetzung ist die sofortige Beschwerde zulässig; die weitere Beschwerde ist ausgeschlossen. Aus der rechtskräftigen Festsetzung findet die Zwangsvollstreckung nach der Zivilprozeßordnung statt.

Vgl. § 29 Abs. 2 Nr. 4.

§ 28

Anmeldung der Gesellschaft

(1) Die Gesellschaft ist bei dem Gericht[1], in dessen Bezirk sie ihren Sitz[2] hat, von sämtlichen Gründern und Mitgliedern des Vorstands und des Aufsichtsrats zur Eintragung in das Handelsregister anzumelden.

(2) Die Anmeldung darf erst erfolgen, wenn auf jede Aktie, soweit nicht Sacheinlagen vereinbart sind, der eingeforderte Betrag ordnungsmäßig eingezahlt worden ist (§ 49 Abs. 3) [3] und, soweit er nicht bereits zur Bezahlung der bei der Gründung angefallenen Steuern und Gebühren verwandt wurde, endgültig zur freien Verfügung des Vorstands steht. Der eingeforderte Betrag muß mindestens ein Viertel des Nennbetrags und bei Ausgabe der Aktien für einen höheren als den Nennbetrag auch den Mehrbetrag umfassen [4].

1. § 14.
2. § 5.
3. Art der Einzahlung: § 49 Abs. 3, § 5 EG.
4. Vgl. § 303 Abs. 2 (keine Ordnungsstrafe zur Erzwingung der Anmeldung).

§ 29

Inhalt der Anmeldung

(1) In der Anmeldung ist die Erklärung abzugeben, daß die Voraussetzungen des § 28 Abs. 2 erfüllt sind; dabei sind der Betrag, zu dem die Aktien ausgegeben werden, und der darauf eingezahlte Betrag anzugeben. Es ist nachzuweisen, daß der Vorstand in der Verfügung über den eingezahlten Betrag nicht, namentlich nicht durch Gegenforderungen, beschränkt ist. Der Nachweis ist im Falle der Einzahlung durch Gutschrift auf ein Bankkonto der Gesellschaft oder des Vorstands (§ 49 Abs. 3) durch Vorlegung einer schriftlichen Bestätigung der Bank zu führen; für die Richtigkeit der Bestätigung ist die Bank der Gesellschaft verantwortlich. Sind von dem eingezahlten Betrag Steuern und Gebühren bezahlt worden, so ist dies nach Art und Höhe der Beträge nachzuweisen [1].

(2) Der Anmeldung sind beizufügen:

1. die Satzung und die Urkunden über § 16 Abs. 2 und § 22 Abs. 2;
2. im Fall der §§ 19 und 20 die Verträge, die den Festsetzungen zugrunde liegen oder zu ihrer Ausführung geschlossen sind, und eine Berechnung des der Gesellschaft zur Last fallenden Gründungsaufwands; in der Berechnung sind die Vergütungen nach Art und Höhe und die Empfänger einzeln anzuführen;
3. die Urkunden über die Bestellung des Vorstands und des Aufsichtsrats[2];
4. der Gründungsbericht und die Prüfungsberichte der Mitglieder des Vorstands und des Aufsichtsrats sowie die Gründungsprüfer nebst ihren urkundlichen Unterlagen; ferner die Bescheinigung, daß der Bericht der Gründungsprüfer der amtlichen Vertretung des Handelsstands eingereicht ist[3];
5. wenn es für den Gegenstand des Unternehmens oder eine sonstige Satzungsbestimmung der staatlichen Genehmigung bedarf, die Genehmigungsurkunde.

(3) Die Vorstandsmitglieder haben ihre Namensunterschrift zur Aufbewahrung beim Gericht zu zeichnen.

(4) Die eingereichten Schriftstücke werden beim Gericht in Urschrift, Ausfertigung oder öffentlich beglaubigter Abschrift aufbewahrt.

1. Vgl. die Strafvorschrift des § 295.
2. Vgl. § 23.
3. Vgl. § 24.

§ 30

Stufengründung

(1) Übernehmen die Aktionäre, die die Satzung festgestellt haben, nicht alle Aktien, so sind die folgenden besonderen Vorschriften einzuhalten.

(2) Vor Erstattung des Gründungsberichts [1] sind die nicht übernommenen Aktien zu zeichnen. Die Zeichnung geschieht durch eine schriftliche Erklärung (Zeichnungsschein), aus der die Beteiligung des Zeichners nach der Zahl, dem Nennbetrag und, wenn mehrere Gattungen bestehen, der Gattung der Aktien hervorgehen muß. Der Zeichnungsschein soll doppelt ausgestellt werden; er hat zu enthalten:

1. den Tag der Feststellung der Satzung;
2. die im § 16 Abs. 3 und in den §§ 19 und 20 vorgesehenen Festsetzungen und, wenn mehrere Gattungen bestehen, den Gesamtnennbetrag einer jeden Aktengattung;
3. den Namen, Stand und Wohnort der Gründer;
4. den Ausgabebetrag der Aktien und den Betrag der festgesetzten Einzahlungen sowie den Umfang von Nebenverpflichtungen;
5. den Zeitpunkt, in dem die Zeichnung unverbindlich wird, wenn nicht bis dahin die Errichtung der Gesellschaft beschlossen ist.

(3) Zeichnungsscheine, die diese Angaben nicht vollständig oder die außer dem Vorbehalt im Abs. 2 Nr. 5 Beschränkungen der Verpflichtung des Zeichners enthalten, sind nichtig. Auf die Unverbindlichkeit oder Nichtigkeit der Zeichnung kann sich der Zeichner nicht berufen, wenn die Gesellschaft im Handelsregister eingetragen ist und wenn er auf Grund einer den Erforder-

nissen des Abs. 2 Satz 2 entsprechenden Erklärung in der zur Beschlußfassung über die Errichtung der Gesellschaft berufenen Hauptversammlung gestimmt oder später als Aktionär Rechte ausgeübt oder Verpflichtungen erfüllt hat. Jede nicht im Zeichnungsschein enthaltene Beschränkung ist der Gesellschaft gegenüber unwirksam.

(4) Den ersten Aufsichtsrat (§ 23) bestellt eine Hauptversammlung, die die Gründer nach der Zeichnung des Grundkapitals zu berufen haben.

(5) Der Anmeldung der Gesellschaft zum Handelsregister sind außer den Urkunden nach § 29 Abs. 2 die Doppelstücke der Zeichnungsscheine und ein von den Gründern unterschriebenes Verzeichnis aller Aktionäre beizufügen; das Verzeichnis muß die auf jeden Aktionär entfallenden Aktien und die auf die Aktien geleisteten Einzahlungen angeben.

(6) Nach der Anmeldung der Gesellschaft zum Handelsregister beruft das Gericht eine Hauptversammlung der in dem Verzeichnis aufgeführten Aktionäre zur Beschlußfassung über die Errichtung der Gesellschaft.

(7) Der Richter leitet die Versammlung.

(8) Der Vorstand und der Aufsichtsrat haben sich über die Ergebnisse der Gründungsprüfung auf Grund der Berichte nach § 26 Abs. 2 und ihrer urkundlichen Grundlagen zu erklären. Bis zur Beschlußfassung kann jedes Mitglied des Vorstands und des Aufsichtsrats die Unterzeichnung der Anmeldung zurückziehen.

(9) Die Mehrheit für die Errichtung der Gesellschaft muß mindestens ein Viertel aller in dem Verzeichnis aufgeführten Aktionäre umfassen; der Nennbetrag ihrer Aktien muß mindestens ein Viertel des gesamten Grund-

kapitals erreichen; Personen, denen Sondervorteile oder Gründungsaufwand gewährt werden sollen (§ 19), die Sacheinlagen machen sollen oder von denen Vermögensgegenstände übernommen werden sollen (§ 20), können weder für sich noch für andere mitbestimmen.

(10) Die Zustimmung aller erschienenen Aktionäre ist nötig, wenn die im § 16 Abs. 3 und im § 17 bezeichneten Bestimmungen der Satzung geändert oder die in den §§ 19 und 20 vorgesehenen Festsetzungen zu Lasten der Gesellschaft erweitert werden sollen; gleiches gilt, wenn die Dauer der Gesellschaft über die in der Satzung bestimmte Zeit verlängert oder die in der Satzung für Beschlüsse der Hauptversammlung vorgesehenen erschwerenden Erfordernisse beseitigt werden sollen.

(11) Die Beschlußfassung ist zu vertagen, wenn es die Aktionäre mit einfacher Stimmenmehrheit verlangen.

(12) Soweit vorstehend nichts anderes bestimmt ist, wird vor der Eintragung der Gesellschaft bei Berufung und Beschlußfassung der Hauptversammlungen nach den Vorschriften verfahren, die nach der Eintragung maßgebend sind[2].

1. Vgl. § 24.
2. Vgl. §§ 105 ff.

§ 31

Prüfung durch das Gericht

(1) Das Gericht[1] hat zu prüfen, ob die Gesellschaft ordnungsgemäß errichtet und angemeldet ist. Ist dies nicht der Fall, so hat es die Eintragung abzulehnen.

(2) Das Gericht kann die Eintragung auch ablehnen, wenn die Gründungsprüfer erklären oder wenn es

offensichtlich ist, daß der Gründungsbericht oder der Prüfungsbericht der Mitglieder des Vorstands und des Aufsichtsrats unrichtig oder unvollständig ist oder den gesetzlichen Vorschriften nicht entspricht oder daß die für eingelegte oder übernommene Gegenstände gewährten Leistungen unangemessen hoch sind. Es soll den Beteiligten vorher Gelegenheit geben, den Beanstandungen abzuhelfen.

1. § 14.

§ 32

Inhalt der Eintragung

(1) Bei der Eintragung der Gesellschaft sind die Firma und der Sitz der Gesellschaft, der Gegenstand des Unternehmens, die Höhe des Grundkapitals, der Tag der Feststellung der Satzung und die Vorstandsmitglieder anzugeben.

(2) Enthält die Satzung Bestimmungen über die Zeitdauer der Gesellschaft[1] oder über die Befugnis der Vorstandsmitglieder oder der Abwickler zur Vertretung der Gesellschaft[2] oder über das genehmigte Kapital[3], so sind auch diese Bestimmungen einzutragen.

1. Vgl. § 203 Abs. 1 Nr. 2.
2. Vgl. § 71 Abs. 2, § 210 Abs. 2.
3. Vgl. §§ 169 ff.

§ 33

Bekanntmachung der Eintragung

(1) In die Bekanntmachung der Eintragung (§ 10 des Handelsgesetzbuchs) sind außer deren Inhalt aufzunehmen:

1. die sonstigen in den § 16 Abs. 3, §§ 17, 18 Satz 2, §§ 19 und 20 vorgesehenen Festsetzungen;

2. der Ausgabebetrag der Aktien[1];
3. der Name, Stand und Wohnort der Gründer[2] und die Angabe, ob sie die sämtlichen Aktien übernommen haben;
4. der Name, Stand und Wohnort der Mitglieder des ersten Aufsichtsrats[3].

(2) Zugleich ist bekanntzumachen, daß die mit der Anmeldung eingereichten Schriftstücke, namentlich die Prüfungsberichte der Mitglieder des Vorstands und des Aufsichtsrats sowie der Gründungsprüfer bei dem Gericht, der Prüfungsbericht der Gründungsprüfer auch bei der amtlichen Vertretung des Handelsstands eingesehen werden können.

1. Vgl. § 9.
2. Vgl. § 21.
3. § 23.

§ 34

Handeln im Namen der Gesellschaft vor der Eintragung. Verbotene Aktienausgabe

(1) Vor der Eintragung in das Handelsregister besteht die Aktiengesellschaft als solche nicht. Wird vor der Eintragung der Gesellschaft in ihrem Namen gehandelt, so haftet der Handelnde persönlich; handeln mehrere, so haften sie als Gesamtschuldner.

(2) Übernimmt die Gesellschaft eine vor ihrer Eintragung in ihrem Namen eingegangene Verpflichtung durch Vertrag mit dem Schuldner in der Weise, daß sie an die Stelle des bisherigen Schuldners tritt, so bedarf es zur Wirksamkeit der Schuldübernahme der Zustimmung des Gläubigers nicht, wenn die Schuldübernahme binnen drei Monaten nach der Eintragung

der Gesellschaft vereinbart und dem Gläubiger von der Gesellschaft oder dem Schuldner mitgeteilt wird.

(3) Verpflichtungen aus Vereinbarungen über Sacheinlagen und Sachübernahmen können nicht übernommen werden.

(4) Anteilsrechte können vor der Eintragung der Gesellschaft nicht übertragen, Aktien oder Zwischenscheine können vorher nicht ausgegeben werden[1]. Die vorher ausgegebenen Aktien oder Zwischenscheine sind nichtig; für den Schaden aus der Ausgabe sind die Ausgeber den Besitzern als Gesamtschuldner verantwortlich.

1. Strafvorschrift: § 296.

§ 35

Errichtung einer Zweigniederlassung

(1) Die Errichtung einer Zweigniederlassung hat der Vorstand beim Gericht des Sitzes[1] der Gesellschaft zur Eintragung in das Handelsregister des Gerichts der Zweigniederlassung anzumelden; der Anmeldung ist eine öffentlich beglaubigte Abschrift der Satzung beizufügen. Das Gericht des Sitzes hat die Anmeldung unverzüglich mit einer beglaubigten Abschrift seiner Eintragungen, soweit sie nicht ausschließlich die Verhältnisse anderer Zweigniederlassungen betreffen, an das Gericht der Zweigniederlassung weiterzugeben.

(2) Die Vorstandsmitglieder haben ihre Unterschrift zur Aufbewahrung beim Gericht der Zweigniederlassung zu zeichnen; gleiches gilt für Prokuristen, soweit sie nicht ausschließlich für den Betrieb einer anderen Zweigniederlassung bestellt sind.

(3) Das Gericht der Zweigniederlassung hat zu prüfen, ob die Zweigniederlassung errichtet und § 30

des Handelsgesetzbuchs[2] beachtet ist. Ist dies der Fall, so hat es die Zweigniederlassung einzutragen und dabei die ihm mitgeteilten Tatsachen nicht zu prüfen, soweit sie im Handelsregister des Sitzes eingetragen sind. Die Eintragung hat die Angaben nach § 32 und den Ort der Zweigniederlassung zu enthalten; ist der Firma für die Zweigniederlassung ein Zusatz beigefügt, so ist auch dieser einzutragen.

(4) In die Bekanntmachung der Eintragung sind außer deren Inhalt die sonstigen in den § 16 Abs. 3, §§ 17, 18 Satz 2 vorgesehenen Festsetzungen aufzunehmen. Wird die Errichtung einer Zweigniederlassung in das Handelsregister des Gerichts der Zweigniederlassung in den ersten zwei Jahren eingetragen, nachdem die Gesellschaft in das Handelsregister ihres Sitzes eingetragen worden ist, so sind in der Bekanntmachung der Eintragung alle Angaben nach § 33 zu veröffentlichen; in diesem Fall hat das Gericht des Sitzes bei der Weitergabe der Anmeldung ein Stück der für den Sitz der Gesellschaft ergangenen gerichtlichen Bekanntmachung beizufügen.

(5) Die Eintragung der Zweigniederlassung ist von Amts wegen dem Gericht des Sitzes mitzuteilen und in dessen Register zu vermerken; ist der Firma für die Zweigniederlassung ein Zusatz beigefügt, so ist auch dieser zu vermerken. Der Vermerk wird nicht veröffentlicht.

(6) Die vorstehenden Vorschriften gelten sinngemäß für die Aufhebung einer Zweigniederlassung.

1. Vgl. § 5.

2. Vgl. Anhang.

§ 36

Behandlung bestehender Zweigniederlassungen

(1) Ist eine Zweigniederlassung in das Handelsregister eingetragen, so sind alle Anmeldungen, die die Niederlassung am Sitz der Gesellschaft oder eine eingetragene Zweigniederlassung betreffen, beim Gericht des Sitzes [1] zu bewirken; es sind so viel Stücke einzureichen, wie Niederlassungen bestehen.

(2) Das Gericht des Sitzes hat in der Bekanntmachung seiner Eintragung im Deutschen Reichsanzeiger anzugeben, daß die gleiche Eintragung für die Zweigniederlassungen bei den namentlich zu bezeichnenden Gerichten der Zweigniederlassungen erfolgen wird; ist der Firma für eine Zweigniederlassung ein Zusatz beigefügt, so ist auch dieser anzugeben.

(3) Das Gericht des Sitzes hat sodann seine Eintragung unter Angabe der Nummer des Deutschen Reichsanzeigers, in der sie bekanntgemacht ist, von Amts wegen den Gerichten der Zweigniederlassungen mitzuteilen; der Mitteilung ist ein Stück der Anmeldung beizufügen. Die Gerichte der Zweigniederlassungen haben die Eintragung ohne Nachprüfung in ihr Handelsregister zu übernehmen. In der Bekanntmachung der Eintragung im Register der Zweigniederlassung ist anzugeben, daß die Eintragung im Handelsregister des Gerichts des Sitzes erfolgt und in welcher Nummer des Deutschen Reichsanzeigers sie bekanntgemacht ist. Im Deutschen Reichsanzeiger wird die Eintragung im Handelsregister der Zweigniederlassung nicht bekanntgemacht.

(4) Betrifft die Eintragung ausschließlich die Verhältnisse einzelner Zweigniederlassungen, so teilt sie das Gericht des Sitzes nur den Gerichten der Zweigniederlassungen mit, deren Verhältnisse sie betrifft. Die Eintragung im Register des Sitzes wird in diesem Fall nur im Deutschen Reichsanzeiger bekanntgemacht.

(5) Abs. 1, 3 und 4 gelten sinngemäß für die Einreichung von Schriftstücken und die Zeichnung von Unterschriften.

1. Vgl. § 5.

§ 37

Zweigniederlassungen von Gesellschaften mit ausländischem Sitz

(1) Befindet sich der Sitz der Gesellschaft im Ausland, so ist die Gesellschaft zur Eintragung in das Handelsregister eines Gerichts, in dessen Bezirk sie eine Zweigniederlassung besitzt, durch sämtliche Vorstandsmitglieder anzumelden. Der Anmeldung ist die Satzung in öffentlich beglaubigter Abschrift beizufügen. § 29 Abs. 1 und 2 sind nicht anwendbar.

(2) Bei der Anmeldung ist das Bestehen der Aktiengesellschaft als solcher und, wenn der Gegenstand des Unternehmens oder die Zulassung zum Gewerbebetrieb im Inland der staatlichen Genehmigung bedarf, auch diese nachzuweisen. Soweit nicht das ausländische Recht eine Abweichung erforderlich macht, sind in die Anmeldung die in den § 16 Abs. 3, §§ 17, 18 Satz 2 vorgesehenen Festsetzungen und, wenn die Anmeldung in den ersten zwei Jahren nach der Eintragung der Gesellschaft in das Handelsregister ihres Sitzes erfolgt, auch die weiteren Angaben nach § 33 Abs. 1 auf-

zunehmen. Der Anmeldung ist die für den Sitz der Gesellschaft ergangene gerichtliche Bekanntmachung beizufügen.

(3) Die Eintragung hat die Angaben nach § 32 und den Ort der Zweigniederlassung zu enthalten; ist der Firma für die Zweigniederlassung ein Zusatz beigefügt, so ist auch dieser einzutragen.

(4) In die Bekanntmachung der Eintragung sind außer deren Inhalt auch die im § 33 Abs. 1 vorgesehenen Festsetzungen aufzunehmen, soweit sie nach den vorstehenden Vorschriften in die Anmeldung aufzunehmen sind.

(5) Im übrigen gelten für die Anmeldungen, Zeichnungen und Eintragungen, soweit nicht das ausländische Recht Abweichungen nötig macht, sinngemäß die Vorschriften für Niederlassungen am Sitz der Gesellschaft.

§ 38

Sitzverlegung

(1) Wird der Sitz [1] der Gesellschaft im Inland verlegt, so ist die Verlegung beim Gericht des bisherigen Sitzes anzumelden [2]. Dieses hat unverzüglich von Amts wegen die Sitzverlegung dem Gericht des neuen Sitzes mitzuteilen. Der Mitteilung sind die Eintragungen für den bisherigen Sitz sowie die bei dem bisher zuständigen Gericht aufbewahrten Urkunden beizufügen.

(2) Das Gericht des neuen Sitzes hat zu prüfen, ob die Sitzverlegung ordnungsmäßig beschlossen und § 30 des Handelsgesetzbuchs [3] beachtet ist. Ist dies der Fall, so hat es die Sitzverlegung einzutragen und hierbei die ihm mitgeteilten Eintragungen ohne weitere Nachprüfung in sein Handelsregister zu übernehmen. Mit

der Eintragung wird die Sitzverlegung wirksam. Die Eintragung ist dem Gericht des bisherigen Sitzes mitzuteilen. Dieses hat die erforderlichen Löschungen von Amts wegen vorzunehmen.

(3) Wird in den ersten zwei Jahren nach der Eintragung der Gesellschaft in das Handelsregister des ursprünglichen Sitzes die Sitzverlegung eingetragen, so sind alle Angaben nach § 33 Abs. 1 in der Bekanntmachung der Eintragung zu veröffentlichen.

1. Vgl. § 5.
2. Keine Ordnungsstrafe: § 303 Abs. 2.
3. Vgl. Anhang.

§ 39

Verantwortlichkeit der Gründer

(1) Die Gründer[1] sind der Gesellschaft als Gesamtschuldner verantwortlich für die Richtigkeit und Vollständigkeit der Angaben, die zum Zwecke der Gründung der Gesellschaft über Übernahme der Aktien, Einzahlung auf die Aktien, Verwendung eingezahlter Beträge, Sondervorteile, Gründungsaufwand, Sacheinlagen und Sachübernahmen gemacht worden sind; sie sind ferner dafür verantwortlich, daß eine zur Annahme von Einzahlungen auf das Grundkapital bestimmte Stelle (§ 49 Abs. 3) hierzu geeignet ist, namentlich die eingezahlten Beträge zur freien Verfügung des Vorstands stehen. Sie haben, unbeschadet der Verpflichtung zum Ersatz des sonst entstehenden Schadens, fehlende Einzahlungen zu leisten und eine Vergütung, die nicht unter den Gründungsaufwand aufgenommen ist, zu ersetzen[2].

(2) Wird die Gesellschaft von Gründern durch Ein-

lagen, Sachübernahmen oder Gründungsaufwand vorsätzlich oder aus grober Fahrlässigkeit geschädigt, so sind ihr alle Gründer als Gesamtschuldner zum Ersatz verpflichtet.

(3) Von diesen Verpflichtungen ist ein Gründer befreit, wenn er die die Ersatzpflicht begründenden Tatsachen weder kannte noch bei Anwendung der Sorgfalt eines ordentlichen Geschäftsmanns kennen mußte.

(4) Entsteht durch Zahlungsunfähigkeit eines Aktionärs der Gesellschaft ein Ausfall, so sind ihr zum Ersatz als Gesamtschuldner die Gründer verpflichtet, die die Beteiligung des Aktionärs in Kenntnis seiner Zahlungsunfähigkeit angenommen haben.

(5) Neben den Gründern sind in gleicher Weise Personen verantwortlich, für deren Rechnung die Gründer Aktien übernommen haben. Sie können sich auf ihre eigene Unkenntnis nicht wegen solcher Umstände berufen, die ein für ihre Rechnung handelnder Gründer kannte oder kennen mußte.

1. Vgl. § 21.
2. Strafvorschrift: § 296.

§ 40

Verantwortlichkeit anderer Personen neben den Gründern

Als Gesamtschuldner mit den Gründern und den Personen, für deren Rechnung die Gründer Aktien übernommen haben, ist der Gesellschaft zum Schadenersatz verpflichtet:

1. wer bei Empfang einer vorschriftswidrig in den Gründungsaufwand nicht aufgenommenen Vergütung wußte oder den Umständen nach an-

nehmen mußte, daß die Verheimlichung beabsichtigt oder erfolgt war, oder wer zur Verheimlichung wissentlich mitgewirkt hat;

2. wer im Falle einer vorsätzlichen oder grobfahrlässigen Schädigung der Gesellschaft durch Einlagen oder Sachübernahmen an der Schädigung wissentlich mitgewirkt hat;

3. wer vor Eintragung der Gesellschaft in das Handelsregister oder in den ersten zwei Jahren nach der Eintragung die Aktien öffentlich ankündigt, um sie in den Verkehr einzuführen, wenn er die Unrichtigkeit oder Unvollständigkeit der Angaben, die zum Zwecke der Gründung der Gesellschaft gemacht worden sind (§ 39 Abs. 1) oder die Schädigung der Gesellschaft durch Einlagen oder Sachübernahmen kannte oder bei Anwendung der Sorgfalt eines ordentlichen Geschäftsmanns kennen mußte[1].

1. Strafdrohung: § 295.

§ 41

Verantwortlichkeit des Vorstands und des Aufsichtsrats

Mitglieder des Vorstands und des Aufsichtsrats, die bei der Gründung ihre Sorgfaltspflicht außer acht lassen, sind der Gesellschaft für den ihr daraus entstehenden Schaden als Gesamtschuldner verantwortlich; sie sind dafür verantwortlich, daß eine zur Annahme von Einzahlungen auf die Aktien bestimmte Stelle (§ 49 Abs. 3) hierzu geeignet ist, namentlich die eingezahlten Beträge zur freien Verfügung des Vorstands stehen.

Über die Geltendmachung vgl. §§ 122 ff.

§ 42

Verantwortlichkeit der Gründungsprüfer

(1) Die Gründungsprüfer[1], ihre Gehilfen und die bei der Prüfung mitwirkenden gesetzlichen Vertreter einer Prüfungsgesellschaft sind zur gewissenhaften und unparteiischen Prüfung und zur Verschwiegenheit verpflichtet. Sie dürfen nicht unbefugt Geschäfts- und Betriebsgeheimnisse verwerten, die sie bei der Wahrnehmung ihrer Obliegenheiten erfahren haben. Wer seine Obliegenheiten verletzt, ist der Gesellschaft zum Ersatz des daraus entstehenden Schadens verpflichtet; mehrere Personen haften als Gesamtschuldner[2].

(2) Die Ersatzpflicht von Personen, die fahrlässig gehandelt haben, beschränkt sich auf hunderttausend Reichsmark für eine Prüfung; dies gilt auch dann, wenn an der Prüfung mehrere Personen beteiligt gewesen oder mehrere zum Ersatz verpflichtende Handlungen begangen worden sind, und ohne Rücksicht darauf, ob andere Beteiligte vorsätzlich gehandelt haben.

(3) Die Verpflichtung zur Verschwiegenheit besteht, wenn eine Prüfungsgesellschaft Gründungsprüfer ist, auch gegenüber dem Aufsichtsrat und den Mitgliedern des Aufsichtsrats der Prüfungsgesellschaft. Der Vorsitzer des Aufsichtsrats der Prüfungsgesellschaft und sein Stellvertreter dürfen jedoch die von der Prüfungsgesellschaft erstatteten Berichte einsehen, die dabei erlangten Kenntnisse aber nur verwerten, soweit es die Erfüllung der Überwachungspflicht des Aufsichtsrats fordert.

(4) Die Ersatzpflicht nach diesen Vorschriften kann durch Vertrag weder ausgeschlossen noch beschränkt werden.

1. Vgl. § 25.
2. Strafvorschrift: § 302.

§ 43

Verzicht und Vergleich

Die Gesellschaft kann auf Ersatzansprüche gegen die Gründer, die neben diesen haftenden Personen und gegen die Mitglieder des Vorstands und des Aufsichtsrats (§§ 39 bis 41) erst nach fünf Jahren seit der Eintragung der Gesellschaft in das Handelsregister und nur dann verzichten oder sich darüber vergleichen, wenn die Hauptversammlung zustimmt und nicht eine Minderheit, deren Anteile den fünften Teil des Grundkapitals erreichen, widerspricht. Die zeitliche Beschränkung gilt nicht, wenn der Ersatzpflichtige zahlungsunfähig ist und sich zur Abwendung oder Beseitigung des Konkurses mit seinen Gläubigern vergleicht.

Vgl. § 124.

§ 44

Verjährung der Ersatzansprüche

Ersatzansprüche der Gesellschaft nach den §§ 39 bis 42 verjähren in fünf Jahren seit der Eintragung der Gesellschaft in das Handelsregister.

§ 45

Nachgründung[1]

(1) Verträge der Gesellschaft, nach denen sie vorhandene oder herzustellende Anlagen oder sonstige Vermögensgegenstände für eine den zehnten Teil des Grund-

kapitals übersteigende Vergütung erwerben soll, bedürfen zu ihrer Wirksamkeit der Zustimmung der Hauptversammlung und der Eintragung in das Handelsregister, wenn sie in den ersten zwei Jahren seit der Eintragung der Gesellschaft in das Handelsregister geschlossen werden; ohne die Zustimmung der Hauptversammlung oder die Eintragung im Handelsregister sind auch die Rechtshandlungen zu ihrer Ausführung unwirksam.

(2) Vor der Beschlußfassung der Hauptversammlung hat der Aufsichtsrat den Vertrag zu prüfen und einen schriftlichen Bericht zu erstatten (Nachgründungsbericht). Für den Nachgründungsbericht gilt sinngemäß § 24 Abs. 2 und 3 über den Gründungsbericht.

(3) Außerdem hat vor der Beschlußfassung eine Prüfung durch einen oder mehrere Gründungsprüfer stattzufinden. § 25 Abs. 3 bis 5, §§ 26, 27 über die Gründungsprüfung gelten sinngemäß.

(4) Der Beschluß der Hauptversammlung bedarf einer Mehrheit, die mindestens drei Viertel des bei der Beschlußfassung vertretenen Grundkapitals umfaßt; wird der Vertrag im ersten Jahre nach der Eintragung der Gesellschaft in das Handelsregister geschlossen, so müssen außerdem die Anteile der zustimmenden Mehrheit mindestens ein Viertel des gesamten Grundkapitals erreichen. Die Satzung kann diese Mehrheit durch eine größere Kapitalmehrheit ersetzen und noch andere Erfordernisse aufstellen.

(5) Nach Zustimmung der Hauptverhandlung hat der Vorstand den Vertrag in Urschrift, Ausfertigung oder öffentlich beglaubigter Abschrift mit dem Nachgründungsbericht und dem Bericht der Gründungs-

prüfer nebst den urkundlichen Grundlagen zur Eintragung in das Handelsregister einzureichen [2].

(6) Bestehen gegen die Eintragung Bedenken, weil die Gründungsprüfer erklären oder weil es offensichtlich ist, daß der Nachgründungsbericht unrichtig oder unvollständig ist oder den gesetzlichen Vorschriften nicht entspricht oder daß die für die zu erwerbenden Vermögensgegenstände gewährte Vergütung unangemessen hoch ist, so kann das Gericht die Eintragung ablehnen. Es soll der Gesellschaft vorher Gelegenheit geben, den Beanstandungen abzuhelfen.

(7) Bei der Eintragung genügt die Bezugnahme auf die eingereichten Urkunden. In die Bekanntmachung der Eintragung sind aufzunehmen der Tag des Vertragsabschlusses und der Zustimmung der Hauptversammlung sowie der zu erwerbende Vermögensgegenstand, die Person, von der die Gesellschaft ihn erwirbt, und die zu gewährende Vergütung.

(8) Vorstehende Bestimmungen gelten nicht, wenn der Erwerb der Vermögensgegenstände den Gegenstand des Unternehmens bildet oder wenn sie in der Zwangsversteigerung erworben werden.

(9) Die Wirksamkeit eines Vertrags nach Abs. 1 wird, gleichviel ob er vor oder nach Ablauf von zwei Jahren seit der Eintragung der Gesellschaft in das Handelsregister geschlossen ist, nicht dadurch ausgeschlossen, daß eine Vereinbarung der Gründer über denselben Gegenstand nach § 20 Abs. 2 der Gesellschaft gegenüber unwirksam ist.

1. Vgl. auch § 4 EG.
2. Keine Ordnungsstrafen: § 303 Abs. 2.

§ 46

Ersatzansprüche bei der Nachgründung

Für die Nachgründung gelten die §§ 39, 40, 42 bis 44 über die Ersatzansprüche der Gesellschaft. An die Stelle der Gründer treten die Mitglieder des Vorstands und des Aufsichtsrats; sie haben die Sorgfalt eines ordentlichen und gewissenhaften Geschäftsleiters anzuwenden.

Vgl. §§ 122 ff.

§ 47

Ermächtigung

Der Reichsminister der Justiz wird ermächtigt, im Einvernehmen mit dem Reichswirtschaftsminister

1. die Befähigung zur Ausübung der Tätigkeit als Gründungsprüfer von besonderen Voraussetzungen abhängig zu machen,
2. allgemeine Vorschriften für die Durchführung der Gründungsprüfung zu erlassen.

Über die Gründungsprüfung und die Gründungsprüfer vgl. §§ 25—27, 42, 45 Abs. 3.

Dritter Teil

Rechtsverhältnisse der Gesellschaft und der Gesellschafter

§ 48

Rechtliche Natur der Aktiengesellschaft

(1) Die Aktiengesellschaft hat eigene Rechtspersönlichkeit.

(2) Für die Verbindlichkeiten der Gesellschaft haftet den Gläubigern nur das Gesellschaftsvermögen [1].

1. Vgl. § 1.

§ 49

Hauptverpflichtung der Aktionäre

(1) Die Verpflichtung der Aktionäre zur Leistung der Einlagen wird durch den Nennbetrag oder den höheren Ausgabebetrag der Aktien begrenzt [1].

(2) Soweit nicht in der Satzung Sacheinlagen [2] bedungen sind, haben die Aktionäre den Nennbetrag oder den höheren Ausgabebetrag der Aktien einzuzahlen.

(3) Der vor der Anmeldung der Gesellschaft eingeforderte Betrag (§ 28 Abs. 2) kann nur in gesetzlichen Zahlungsmitteln oder durch Gutschrift auf ein Bankkonto im Inland oder Postscheckkonto der Gesellschaft oder des Vorstands zu seiner freien Verfügung eingezahlt werden [3]. Forderungen des Vorstands aus diesen Einzahlungen gegen Banken oder die Reichspost gelten als Forderungen der Gesellschaft.

1. Vgl. § 9.
2. Vgl. § 20.
3. auch in Rentenbankscheinen: vgl. § 5 EG.

§ 50

Nebenverpflichtungen der Aktionäre

(1) Ist die Übertragung der Aktien an die Zustimmung der Gesellschaft gebunden [1], so kann die Satzung Aktionären die Verpflichtung auferlegen, neben den Einlagen auf das Grundkapital wiederkehrende, nicht in Geld bestehende Leistungen zu erbringen. Die Verpflichtung und der Umfang der Leistungen sind in den Aktien und Zwischenscheinen anzugeben [2].

(2) Die Satzung kann Vertragsstrafen festsetzen für den Fall, daß die Verpflichtung nicht oder nicht gehörig erfüllt wird.

1. Vgl. § 61 Abs. 3.
2. über Auferlegung von Nebenpflichten durch Beschluß der Hauptversammlung: vgl. § 147.

§ 51

Aktienübernahme für Rechnung der Gesellschaft oder durch ein abhängiges Unternehmen

(1) Wer als Gründer oder Zeichner oder in Ausübung eines Bezugsrechts nach § 165 eine Aktie für Rechnung der Gesellschaft oder eines abhängigen Unternehmens übernommen hat, kann sich nicht darauf berufen, daß er die Aktien nicht für eigene Rechnung übernommen hat. Er haftet ohne Rücksicht auf Vereinbarungen mit der Gesellschaft oder dem abhängigen Unternehmen auf die volle Einlage. Bevor er die Aktie für eigene Rechnung übernommen hat, stehen ihm keine Rechte aus der Aktie zu[1].

(2) Ein abhängiges Unternehmen darf als Gründer oder Zeichner oder in Ausübung eines Bezugsrechts nach § 165 eine Aktie der herrschenden Gesellschaft nicht übernehmen. Die Wirksamkeit einer solchen Übernahme wird durch einen Verstoß gegen diese Vorschrift nicht berührt.

1. übergangsregelung: § 6 EG.

§ 52

Keine Rückgewähr der Einlagen

Den Aktionären dürfen die Einlagen nicht zurückgewährt werden; sie haben, solange die Gesellschaft besteht, nur Anspruch auf den Reingewinn, der sich aus der Jahresbilanz ergibt, soweit er nicht nach Gesetz oder Satzung von der Verteilung ausgeschlossen ist. Als Rückgewähr von Einlagen gilt nicht die Zahlung des Erwerbspreises beim zulässigen Erwerb eigener Aktien (§ 65).

§ 53

Gewinnbeteiligung der Aktionäre

(1) Die Anteile am Gewinn bestimmen sich nach dem Verhältnis der Aktiennennbeträge[1].

(2) Sind die Einlagen auf das Grundkapital nicht auf alle Aktien in demselben Verhältnis geleistet, so erhalten die Aktionäre aus dem verteilbaren Gewinn vorweg einen Betrag von vier vom Hundert der geleisteten Einlagen; reicht der Gewinn dazu nicht aus, so bestimmt sich der Betrag nach einem entsprechend niedrigeren Satz. Einlagen, die im Laufe des Geschäftsjahrs geleistet wurden, werden nach dem Verhältnis der Zeit berücksichtigt, die seit der Leistung verstrichen ist.

(3) Die Satzung kann eine andere Art der Gewinnverteilung bestimmen.

1. Vgl. §§ 11, 115.

§ 54

Keine Verzinsung der Einlagen

(1) Unter die Aktionäre darf nur der aus der Jahresbilanz sich ergebende Reingewinn verteilt werden; Zinsen dürfen ihnen weder zugesagt noch ausgezahlt werden.

(2) Für den Zeitraum, den die Vorbereitung des Unternehmens bis zum Anfang des vollen Betriebs erfordert, können den Aktionären Zinsen von bestimmter Höhe zugesagt werden; die Satzung muß den Zeit-

punkt bezeichnen, mit dem die Entrichtung von Zinsen spätestens aufhört.

§ 55

Vergütung von Nebenleistungen

Für wiederkehrende Leistungen, zu denen die Aktionäre nach der Satzung neben den Einlagen auf das Grundkapital verpflichtet sind [1], darf eine den Wert der Leistungen nicht übersteigende Vergütung ohne Rücksicht darauf gezahlt werden, ob die Jahresbilanz einen Reingewinn ergibt.

1. Vgl. § 50.

§ 56

Haftung der Aktionäre beim Empfang verbotener Zahlungen

(1) Die Aktionäre haften den Gläubigern für die Verbindlichkeiten der Gesellschaft, soweit sie entgegen den Vorschriften dieses Gesetzes Zahlungen von der Gesellschaft empfangen haben. Dies gilt nicht, soweit sie Beträge in gutem Glauben als Gewinnanteile oder Zinsen bezogen haben.

(2) Ist über das Vermögen der Gesellschaft das Konkursverfahren eröffnet, so übt während dessen Dauer der Konkursverwalter das Recht der Gesellschaftsgläubiger gegen die Aktionäre aus.

(3) Die Gesellschaft kann Beträge nicht zurückfordern, die Aktionäre in gutem Glauben als Gewinnanteile oder Zinsen bezogen haben.

(4) Die Ansprüche nach diesen Vorschriften verjähren in fünf Jahren seit dem Empfang der Zahlung.

§ 57

Folgen nicht rechtzeitiger Einzahlung

(1) Wenn die Satzung nichts anderes bestimmt, sind die Aktionäre zur Einzahlung so aufzufordern, wie es die Satzung für Bekanntmachungen der Gesellschaft vorsieht.

(2) Aktionäre, die den eingeforderten Betrag nicht rechtzeitig einzahlen, haben ihn vom Eintritt der Fälligkeit an mit fünf vom Hundert für das Jahr zu verzinsen. Weitere Schadenersatzansprüche sind nicht ausgeschlossen.

(3) Für den Fall nicht rechtzeitiger Einzahlung kann die Satzung Vertragsstrafen festsetzen.

§ 58

Ausschluß säumiger Aktionäre

(1) Aktionären, die den eingeforderten Betrag nicht rechtzeitig einzahlen, kann eine Nachfrist mit der Androhung gesetzt werden, daß sie nach Fristablauf ihrer Aktien und der geleisteten Einzahlungen für verlustig erklärt werden.

(2) Die Nachfrist muß dreimal in den Gesellschaftsblättern[1] bekanntgemacht werden; die erste Bekanntmachung muß mindestens drei Monate, die letzte mindestens einen Monat vor Fristablauf ergehen. Ist die Übertragung der Aktien an die Zustimmung der Gesellschaft gebunden, so genügt an Stelle der öffentlichen Bekanntmachungen die einmalige Einzelaufforderung an die säumigen Aktionäre; dabei muß eine Nachfrist gewährt werden, die mindestens einen Monat seit dem Empfang der Aufforderung beträgt.

(3) Aktionäre, die den eingeforderten Betrag trotzdem nicht zahlen, werden durch Bekanntmachung in den Gesellschaftsblättern ihrer Aktien und der geleisteten Einzahlungen zugunsten der Gesellschaft für verlustig erklärt.

(4) An Stelle der alten Urkunden werden neue ausgegeben; diese haben außer den geleisteten Teilzahlungen den rückständigen Betrag anzugeben. Für den Ausfall der Gesellschaft an diesem Betrag oder an den später eingeforderten Beträgen haftet ihr der ausgeschlossene Aktionär.

1. § 18.

§ 59

Zahlungspflicht der Vormänner

(1) Jeder im Aktienbuch verzeichnete Vormann des ausgeschlossenen Aktionärs ist der Gesellschaft zur Zahlung des rückständigen Betrags verpflichtet, soweit dieser von seinen Nachmännern nicht zu erlangen ist. Von der Zahlungsaufforderung an einen früheren Aktionär hat die Gesellschaft seinen unmittelbaren Vormann zu benachrichtigen. Daß die Zahlung nicht zu erlangen ist, wird vermutet, wenn sie nicht innerhalb eines Monats seit der Zahlungsaufforderung und der Benachrichtigung des Vormanns eingegangen ist. Gegen Zahlung des rückständigen Betrags wird die neue Urkunde ausgehändigt.

(2) Jeder Vormann ist nur zur Zahlung der Beträge verpflichtet, die binnen zwei Jahren eingefordert werden; die Frist beginnt mit dem Tage, an dem die Übertragung der Aktie zum Aktienbuch der Gesellschaft angemeldet wird.

(3) Ist die Zahlung des rückständigen Betrags von Vormännern nicht zu erlangen, so kann die Gesellschaft die Aktie zum Börsenpreis und beim Fehlen eines solchen durch öffentliche Versteigerung verkaufen.

§ 60

Keine Befreiung der Aktionäre von ihren Leistungspflichten

Die Aktionäre und ihre Vormänner können von ihren Leistungspflichten nach den §§ 49 und 59 nicht befreit werden, sie können gegen diese Pflichten eine Forderung an die Gesellschaft nicht aufrechnen.

§ 61

Buchung und Übertragung der Namensaktie

(1) Namensaktien[1] sind unter Bezeichnung des Inhabers nach Namen, Wohnort und Stand in das Aktienbuch der Gesellschaft einzutragen.

(2) Sie können durch Indossament übertragen werden; für die Form des Indossaments, den Rechtsausweis des Inhabers und seine Verpflichtung zur Herausgabe gelten sinngemäß Artikel 12, 13 und 16 des Wechselgesetzes[2].

(3) Die Satzung kann die Übertragung an die Zustimmung der Gesellschaft binden[3]. Die Zustimmung gibt der Vorstand, wenn die Satzung nichts anderes bestimmt. Die Satzung kann ferner bestimmen, daß die Zustimmung nur aus wichtigen Gründen verweigert werden darf.

(4) Diese Vorschriften gelten sinngemäß für Zwischenscheine.

1. Vgl. § 10.
2. Vgl. Anhang.
3. Vgl. § 88.

§ 62

Umschreibung der Namensaktie

(1) Geht eine Namensaktie auf einen anderen über, so ist dies bei der Gesellschaft anzumelden; die Aktie ist vorzulegen und der Übergang nachzuweisen. Die Gesellschaft vermerkt den Übergang im Aktienbuch.

(2) Die Gesellschaft ist verpflichtet, die Ordnungsmäßigkeit der Reihe der Indossamente und der Abtretungserklärungen, aber nicht die Unterschriften zu prüfen.

(3) Im Verhältnis zur Gesellschaft gilt als Aktionär nur, wer als solcher im Aktienbuch eingetragen ist.

(4) Diese Vorschriften gelten sinngemäß für Zwischenscheine.

§ 63

Rechtsgemeinschaft an einer Aktie

(1) Steht eine Aktie mehreren Berechtigten zu, so können sie die Rechte aus der Aktie nur durch einen gemeinschaftlichen Vertreter ausüben[1].

(2) Für die Leistungen auf die Aktie haften sie als Gesamtschuldner.

(3) Hat die Gesellschaft eine Willenserklärung dem Aktionär gegenüber abzugeben, so genügt, wenn die Berechtigten keinen gemeinschaftlichen Vertreter haben, die Abgabe der Erklärung gegenüber einem Berechtigten. Bei mehreren Erben eines Aktionärs gilt dies

nur bei Willenserklärungen, die nach Ablauf eines Monats seit dem Anfall der Erbschaft abgegeben werden.

1. Vgl. § 8 Abs. 4.

§ 64

Berechnung der Aktienbesitzzeit

Ist die Ausübung von Rechten aus der Aktie davon abhängig, daß der Aktionär während eines bestimmten Zeitraums Inhaber der Aktien gewesen ist, so steht dem Eigentum ein Anspruch auf Übereignung gegen eine Bank gleich. Die Eigentumszeit eines Rechtsvorgängers wird dem Aktionär zugerechnet, wenn er die Aktie unentgeltlich, von seinem Treuhänder, als Gesamtrechtsnachfolger, bei Auseinandersetzung einer Gemeinschaft oder bei einer Bestandsübertragung nach § 14 des Gesetzes über die Beaufsichtigung der privaten Versicherungsunternehmungen und Bausparkassen vom 6. Juni 1931 (Reichsgesetzbl. I S. 315) [1] erworben hat.

1. Vgl. Anhang.

§ 65

Erwerb eigener Aktien

(1) Die Aktiengesellschaft darf eigene Aktien erwerben, wenn es zur Abwendung eines schweren Schadens von der Gesellschaft notwendig ist. Der Gesamtnennbetrag dieser Aktien darf zusammen mit dem Betrag anderer eigener Aktien, die die Gesellschaft bereits zur Abwendung eines schweren Schadens erworben hat und noch besitzt, zehn vom Hundert des Grundkapitals nicht übersteigen; der Reichswirtschaftsminister kann im Einvernehmen mit dem Reichsminister der Justiz Ausnahmen zulassen. Sonst darf die Aktiengesellschaft

eigene Aktien nur erwerben, wenn auf sie der Nennbetrag oder der höhere Ausgabebetrag voll geleistet ist und wenn

1. der Erwerb unentgeltlich geschieht oder
2. die Gesellschaft mit dem Erwerb eine Einkaufskommission ausführt.

(2) Der Erwerb eigener Aktien unterliegt den Beschränkungen des Abs. 1 nicht, wenn er auf Grund eines Beschlusses der Hauptversammlung zur Einziehung nach den Vorschriften über die Herabsetzung des Grundkapitals geschieht[1].

(3) Die Wirksamkeit des Erwerbs eigener Aktien wird durch einen Verstoß gegen Abs. 1 und 2 nicht berührt, es sei denn, daß auf sie der Ausgabebetrag noch nicht voll geleistet ist. Ein schuldrechtliches Geschäft über den Erwerb eigener Aktien ist nichtig, soweit der Erwerb gegen Abs. 1 und 2 verstößt[2].

(4) Dem Erwerb eigener Aktien steht es gleich, wenn eigene Aktien als Pfand genommen werden.

(5) Ein abhängiges Unternehmen darf Aktien der herrschenden Gesellschaft nur nach den Vorschriften über den Erwerb und die Inpfandnahme eigener Aktien erwerben oder als Pfand nehmen.

(6) Ein Rechtsgeschäft zwischen der Gesellschaft oder einem abhängigen Unternehmen und einem anderen, wonach dieser berechtigt oder verpflichtet sein soll, eigene Aktien der Gesellschaft für Rechnung der Gesellschaft oder des abhängigen Unternehmens zu erwerben oder als Pfand zu nehmen, ist nichtig, soweit der Erwerb oder die Inpfandnahme der Aktien durch die Gesellschaft oder das abhängige Unternehmen gegen Abs. 1, 2, 4 und 5 verstößt.

(7) Aus eigenen Aktien stehen der Gesellschaft keine Rechte zu. Gleiches gilt für Aktien, die ein anderer für Rechnung der Gesellschaft erworben hat.

1. Zahlung des Erwerbspreises: vgl. §§ 192 Abs. 2, 178 Abs. 2.

2. Haftung des Aktionärs als Empfänger der Zahlung: § 56; Haftung des Vorstandes: § 84, des Aufsichtsrates: § 99.

§ 66

Kraftloserklärung von Aktien im Aufgebotsverfahren

(1) Ist eine Aktie oder ein Zwischenschein abhanden gekommen oder vernichtet, so kann die Urkunde, wenn nicht das Gegenteil darin bestimmt ist, im Aufgebotsverfahren für kraftlos erklärt werden. § 799 Abs. 2 und § 800 des Bürgerlichen Gesetzbuchs[1] gelten sinngemäß.

(2) Sind Gewinnanteilscheine auf den Inhaber ausgegeben, so erlischt mit der Kraftloserklärung der Aktie oder des Zwischenscheins auch der Anspruch aus den noch nicht fälligen Gewinnanteilscheinen.

1. Vgl. Anhang.

§ 67

Kraftloserklärung von Aktien durch die Gesellschaft

(1) Ist der Inhalt von Aktienurkunden durch eine Veränderung der rechtlichen Verhältnisse unrichtig geworden, so kann die Gesellschaft die Aktien, die trotz Aufforderung nicht zur Berichtigung oder zum Umtausch bei ihr eingereicht sind, mit Genehmigung des Gerichts für kraftlos erklären. Beruht die Unrichtigkeit

auf einer Änderung des Nennbetrags der Aktien, so können sie nur dann für kraftlos erklärt werden, wenn der Nennbetrag zur Herabsetzung des Grundkapitals herabgesetzt ist. Namensaktien können nicht deshalb für kraftlos erklärt werden, weil die Bezeichnung des Aktionärs unrichtig geworden ist.

(2) Die Aufforderung zur Einreichung der Aktien hat die Kraftloserklärung anzudrohen und auf die Genehmigung des Gerichts hinzuweisen. Die Kraftloserklärung kann nur erfolgen, wenn die Aufforderung nach § 58 Abs. 2 in den Gesellschaftsblättern bekanntgemacht worden ist.

(3) An Stelle der für kraftlos erklärten Aktien sind neue Aktien auszugeben und dem Berechtigten auszuhändigen oder, wenn ein Recht zur Hinterlegung besteht, zu hinterlegen. Die Aushändigung oder Hinterlegung ist dem Gericht anzuzeigen.

(4) Soweit zur Herabsetzung des Grundkapitals Aktien zusammengelegt werden, gilt § 179.

§ 68

Neue Urkunden an Stelle beschädigter oder verunstalteter Aktien oder Zwischenscheine

Ist eine Aktie oder ein Zwischenschein infolge einer Beschädigung oder einer Verunstaltung zum Umlauf nicht mehr geeignet, so kann der Berechtigte, wenn der wesentliche Inhalt und die Unterscheidungsmerkmale der Urkunde noch mit Sicherheit erkennbar sind, von der Gesellschaft die Erteilung einer neuen Urkunde gegen Aushändigung der alten verlangen. Die Kosten hat er zu tragen und vorzuschießen.

§ 69

Neue Gewinnanteilscheine

Neue Gewinnanteilscheine dürfen an den Inhaber des Erneuerungsscheins nicht ausgegeben werden, wenn der Besitzer der Aktie oder des Zwischenscheins der Ausgabe widerspricht. In diesem Fall sind die Scheine dem Besitzer der Aktie oder des Zwischenscheins auszuhändigen, wenn er die Haupturkunde vorlegt.

Vierter Teil

Verfassung der Aktiengesellschaft

Erster Abschnitt

Vorstand

§ 70

Leitung der Aktiengesellschaft

(1) Der Vorstand hat unter eigener Verantwortung die Gesellschaft so zu leiten, wie das Wohl des Betriebs und seiner Gefolgschaft und der gemeine Nutzen von Volk und Reich es fordern.

(2) Der Vorstand kann aus einer oder mehreren Personen bestehen. Ist ein Vorstandsmitglied zum Vorsitzer des Vorstands ernannt, so entscheidet dieser, wenn die Satzung nichts anderes bestimmt, bei Meinungsverschiedenheiten im Vorstand [1, 2].

1. Vgl. § 7 Abs. 1 EG.; Bestellung des Vorsitzers: § 75 Abs. 2.

2. Strafdrohungen: §§ 294 ff.

§ 71

Vertretung der Aktiengesellschaft

(1) Die Aktiengesellschaft wird durch den Vorstand gerichtlich und außergerichtlich vertreten[1].

(2) Besteht der Vorstand aus mehreren Personen, so sind, wenn die Satzung nichts anderes bestimmt, sämtliche Vorstandsmitglieder nur gemeinschaftlich zur Abgabe von Willenserklärungen und zur Zeichnung für die Gesellschaft befugt. Der Vorstand kann einzelne Vorstandsmitglieder zur Vornahme bestimmter Geschäfte oder bestimmter Arten von Geschäften ermächtigen. Ist eine Willenserklärung der Gesellschaft gegenüber abzugeben, so genügt die Abgabe gegenüber einem Vorstandsmitglied.

(3) Die Satzung kann auch bestimmen, daß einzelne Vorstandsmitglieder allein oder in Gemeinschaft mit einem Prokuristen zur Vertretung der Gesellschaft befugt sein sollen. Gleiches kann der Aufsichtsrat bestimmen, wenn die Satzung ihn hierzu ermächtigt hat. Abs. 2 Satz 2 und 3 gilt in diesen Fällen sinngemäß.

1. Vertretung gegenüber dem Vorstand: § 97, vgl. § 122 Abs. 2.

§ 72

Zeichnung des Vorstands

Der Vorstand hat in der Weise zu zeichnen, daß die Zeichnenden zu der Firma der Gesellschaft oder zu der Benennung des Vorstands ihre Namensunterschrift hinzufügen[1].

1. Vgl. §§ 100, 128, 144.

§ 73

Änderung des Vorstands und der Vertretungsbefugnis seiner Mitglieder

(1) Jede Änderung des Vorstands oder der Vertretungsbefugnis eines Vorstandsmitglieds sowie eine Anordnung des Aufsichtsrats nach § 71 Abs. 3 Satz 2 hat der Vorstand zur Eintragung in das Handelsregister anzumelden.

(2) Der Anmeldung sind die Urkunden über die Änderung oder Anordnung in Urschrift oder öffentlich beglaubigter Abschrift für das Gericht des Sitzes der Gesellschaft beizufügen.

(3) Die neuen Vorstandsmitglieder haben ihre Unterschrift zur Aufbewahrung beim Gericht zu zeichnen.

§ 74

Beschränkung der Vertretungsbefugnis

(1) Der Vorstand ist der Gesellschaft gegenüber verpflichtet, die Beschränkungen einzuhalten, die die Satzung oder der Aufsichtsrat für den Umfang seiner Vertretungsbefugnis festgesetzt hat oder die sich aus einem Beschluß der Hauptversammlung nach § 103 ergeben.

(2) Dritten gegenüber ist eine Beschränkung der Vertretungsbefugnis des Vorstands unwirksam.

§ 75

Bestellung und Abberufung des Vorstands

(1) Vorstandsmitglieder bestellt der Aufsichtsrat auf höchstens fünf Jahre[1]. Eine wiederholte Bestellung ist zulässig. Eine juristische Person kann nicht zum

Vorstandsmitglied bestellt werden. Dies gilt sinngemäß für den Anstellungsvertrag.

(2) Werden mehrere Personen zu Vorstandsmitgliedern bestellt, so kann der Aufsichtsrat ein Mitglied zum Vorsitzer des Vorstands ernennen.

(3) Der Aufsichtsrat kann die Bestellung zum Vorstandsmitglied und die Ernennung zum Vorsitzer des Vorstands widerrufen, wenn ein wichtiger Grund vorliegt. Ein solcher Grund ist namentlich grobe Pflichtverletzung oder Unfähigkeit zur ordnungsmäßigen Geschäftsführung. Dies gilt auch für den vom ersten Aufsichtsrat bestellten Vorstand. Der Widerruf ist wirksam, solange nicht über seine Unwirksamkeit rechtskräftig entschieden ist. Für die Ansprüche aus dem Anstellungsvertrag gelten die allgemeinen Vorschriften.

1. Übergangsregelung: § 7 EG.

§ 76

Bestellung durch das Gericht

Soweit die zur Vertretung der Gesellschaft erforderlichen Vorstandsmitglieder fehlen, kann sie in dringenden Fällen das Gericht[1] auf Antrag eines Beteiligten für die Zeit bis zur Hebung des Mangels bestellen.

1. Vgl. § 14.

§ 77

Gewinnbeteiligung der Vorstandsmitglieder

(1) Den Vorstandsmitgliedern kann für ihre Tätigkeit eine Beteiligung am Gewinn gewährt werden, die in der Regel in einem Anteil am Jahresgewinn bestehen soll.

(2) Wird den Vorstandsmitgliedern ein Anteil am Jahresgewinn gewährt, so berechnet sich der Anteil nach dem Reingewinn, der sich nach Vornahme von Abschreibungen und Wertberichtigungen sowie nach Bildung von Rücklagen und Rückstellungen ergibt; abzusetzen ist ferner der Teil des Gewinns, der durch die Auflösung von Rücklagen entstanden ist. Entgegenstehende Festsetzungen sind nichtig. Der Aufsichtsrat kann, wenn es die Billigkeit verlangt, für das einzelne Geschäftsjahr zulassen, daß der Teil des Gewinns, der zur Bildung freier Rücklagen verwandt werden soll, nicht abgesetzt wird.

(3) Gewinnbeteiligungen sollen in einem angemessenen Verhältnis stehen zu den Aufwendungen zugunsten der Gefolgschaft oder von Einrichtungen, die dem gemeinen Wohle dienen. Hierfür zu sorgen, ist Aufgabe des Aufsichtsrats. Die Einhaltung dieses Gebots kann die Staatsanwaltschaft im Klagewege erzwingen; das Nähere bestimmt der Reichsminister der Justiz, er bestimmt namentlich die für die Entscheidung zuständige Stelle und regelt das Verfahren.

Über die Befugnis zur Kündigung durch den Vorstand: vgl. § 7 Abs. 2 EG.

§ 78

Grundsätze für die Bezüge der Vorstandsmitglieder

(1) Der Aufsichtsrat hat dafür zu sorgen, daß die Gesamtbezüge der Vorstandsmitglieder (Gehälter, Gewinnbeteiligungen, Aufwandsentschädigungen, Versicherungsentgelte, Provisionen und Nebenleistungen jeder Art) in einem angemessenen Verhältnis zu den

Aufgaben des einzelnen Vorstandsmitglieds und zur Lage der Gesellschaft stehen. Dies gilt sinngemäß für Ruhegehälter, Hinterbliebenenbezüge und Leistungen verwandter Art.

(2) Tritt nach der Festsetzung der Gesamtbezüge der Vorstandsmitglieder eine so wesentliche Verschlechterung in den Verhältnissen der Gesellschaft ein, daß die Weitergewährung der Bezüge eine schwere Unbilligkeit für die Gesellschaft sein würde, so ist der Aufsichtsrat zu einer angemessenen Herabsetzung berechtigt. Durch eine derartige Maßnahme wird der Anstellungsvertrag im übrigen nicht berührt; jedes Vorstandsmitglied kann jedoch seinen Anstellungsvertrag für den Schluß des nächsten Kalendervierteljahrs mit einer Kündigungsfrist von sechs Wochen kündigen.

(3) Wird über das Vermögen der Gesellschaft das Konkursverfahren eröffnet und kündigt der Konkursverwalter den Anstellungsvertrag eines Vorstandsmitglieds, so kann dieses Ersatz für den ihm durch die Aufhebung des Dienstverhältnisses entstehenden Schaden nur für zwei Jahre seit dem Ablauf des Dienstverhältnisses verlangen.

§ 79

Wettbewerbsverbot

(1) Die Vorstandsmitglieder dürfen ohne Einwilligung des Aufsichtsrats weder ein Handelsgewerbe betreiben noch im Geschäftszweig der Gesellschaft für eigene oder fremde Rechnung Geschäfte machen. Sie dürfen sich auch nicht an einer anderen Handelsgesellschaft als persönlich haftende Gesellschafter beteiligen.

(2) Verstößt ein Vorstandsmitglied gegen dieses Ver-

bot, so kann die Gesellschaft Schadenersatz fordern; sie kann statt dessen von dem Mitglied verlangen, daß es die für eigene Rechnung gemachten Geschäfte als für Rechmung der Gesellschaft eingegangen gelten lasse und die aus Geschäften für fremde Rechnung bezogene Vergütung herausgebe oder seinen Anspruch auf die Vergütung abtrete.

(3) Die Ansprüche der Gesellschaft verjähren in drei Monaten seit dem Zeitpunkt, in dem die übrigen Mitglieder des Vorstands und des Aufsichtsrats von der zum Schadenersatz verpflichtenden Handlung Kenntnis erlangen; sie verjähren ohne Rücksicht auf diese Kenntnis in fünf Jahren seit ihrer Entstehung.

§ 80

Kreditgewährung an Vorstandsmitglieder

(1) Vorstandsmitgliedern und leitenden Angestellten der Gesellschaft darf Kredit nur mit ausdrücklicher Zustimmung des Aufsichtsrats gewährt werden. Leitende Angestellte sind die Geschäftsführer und Betriebsleiter, die zur selbständigen Einstellung oder Entlassung der übrigen im Betriebe oder in der Betriebsabteilung Beschäftigten berechtigt sind oder denen Prokura oder Generalvollmacht erteilt ist. Ebenso dürfen Kredite an gesetzliche Vertreter oder leitende Angestellte eines abhängigen oder herrschenden Unternehmens nur mit ausdrücklicher Zustimmung des Aufsichtsrats des herrschenden Unternehmens gewährt werden. Die Zustimmung kann für gewisse Kreditgeschäfte oder Arten von Kreditgeschäften im voraus, jedoch nicht für länger als drei Monate erteilt werden. Der Zustimmungs-

beschluß hat auch die Verzinsung und Rückzahlung des Kredits zu regeln. Der Gewährung eines Kredits steht die Gestattung einer Entnahme gleich, die über die dem Entnehmer zustehende Vergütung hinausgeht, namentlich auch die Gestattung der Entnahme von Vorschüssen auf Vergütungen.

(2) Kredite, die ein Monatsgehalt nicht übersteigen, fallen nicht unter Abs. 1.

(3) Diese Vorschriften gelten auch für Kredite an den Ehegatten oder an ein minderjähriges Kind eines Vorstandsmitglieds oder anderen gesetzlichen Vertreters oder eines leitenden Angestellten; sie gelten ferner für Kredite an einen Dritten, der für Rechnung einer Person handelt, an die nur mit Zustimmung des Aufsichtsrats Kredit gewährt werden darf.

(4) Wird entgegen Abs. 1 bis 3 Kredit gewährt, so ist der Kredit ohne Rücksicht auf entgegenstehende Vereinbarungen sofort zurückzuzahlen, wenn nicht der Aufsichtsrat nachträglich zustimmt.

§ 81

Bericht an den Aufsichtsrat

Der Vorstand hat dem Aufsichtsrat regelmäßig, längstens vierteljährlich über den Gang der Geschäfte und die Lage des Unternehmens sowie dem Vorsitzer des Aufsichtsrats oder seinem Stellvertreter bei wichtigem Anlaß mündlich oder schriftlich zu berichten. Der Bericht hat den Grundsätzen einer gewissenhaften und getreuen Rechenschaft zu entsprechen.

Strafbestimmung: § 303.

§ 82

Buchführung

Der Vorstand hat dafür zu sorgen, daß die erforderlichen Handelsbücher geführt werden.

Vgl. §§ 38—47 HGB.

§ 83

Vorstandspflichten bei Verlust, Überschuldung oder Zahlungsunfähigkeit der Gesellschaft

(1) Ergibt sich bei Aufstellung der Jahresbilanz oder einer Zwischenbilanz oder ist bei pflichtmäßigem Ermessen anzunehmen, daß ein Verlust in Höhe der Hälfte des Grundkapitals besteht, so hat der Vorstand unverzüglich die Hauptversammlung zu berufen und dieser davon Anzeige zu machen.

(2) Wird die Gesellschaft zahlungsunfähig, so hat der Vorstand ohne schuldhaftes Zögern, spätestens aber drei Wochen nach Eintritt der Zahlungsunfähigkeit, die Eröffnung des Konkursverfahrens oder des gerichtlichen Vergleichsverfahrens zu beantragen. Dies gilt sinngemäß, wenn das Vermögen der Gesellschaft nicht mehr die Schulden deckt. Schuldhaft verzögert ist der Antrag nicht, wenn der Vorstand die Eröffnung des gerichtlichen Vergleichsverfahrens mit der Sorgfalt eines ordentlichen und gewissenhaften Geschäftsleiters betreibt.

Strafvorschrift: § 297.

§ 84

Sorgfaltspflicht und Verantwortlichkeit der Vorstandsmitglieder

(1) Die Vorstandsmitglieder haben bei ihrer Geschäftsführung die Sorgfalt eines ordentlichen und ge-

wissenhaften Geschäftsleiters anzuwenden. Über vertrauliche Angaben haben sie Stillschweigen zu bewahren.

(2) Vorstandsmitglieder, die ihre Obliegenheiten verletzen, sind der Gesellschaft zum Ersatz des daraus entstehenden Schadens als Gesamtschuldner verpflichtet. Sie haben nachzuweisen, daß sie die Sorgfalt eines ordentlichen und gewissenhaften Geschäftsleiters angewandt haben.

(3) Die Vorstandsmitglieder sind namentlich zum Ersatz verpflichtet, wenn entgegen diesem Gesetz

1. Einlagen an die Aktionäre zurückgewährt,
2. den Aktionären Zinsen oder Gewinnanteile gezahlt,
3. eigene Aktien der Gesellschaft oder einer anderen Gesellschaft gezeichnet, erworben, als Pfand genommen oder eingezogen werden,
4. Aktien vor der vollen Leistung des Nennbetrags oder des höheren Ausgabebetrags ausgegeben werden,
5. Gesellschaftsvermögen verteilt wird,
6. Zahlungen geleistet werden, nachdem die Zahlungsunfähigkeit der Gesellschaft eingetreten ist oder sich ihre Überschuldung ergeben hat; dies gilt nicht von Zahlungen, die auch nach diesem Zeitpunkt mit der Sorgfalt eines ordentlichen und gewissenhaften Geschäftsleiters vereinbar sind,
7. Kredit gewährt wird,
8. bei der bedingten Kapitalerhöhung außerhalb des festgesetzten Zwecks oder vor der vollen Leistung des Gegenwerts Bezugsaktien ausgegeben werden.

(4) Der Gesellschaft gegenüber tritt die Ersatzpflicht nicht ein, wenn die Handlung auf einem gesetzmäßigen

Beschluß der Hauptversammlung beruht. Dadurch, daß der Aufsichtsrat die Handlung gebilligt hat, wird die Ersatzpflicht nicht ausgeschlossen. Die Gesellschaft kann erst nach fünf Jahren seit der Entstehung des Anspruchs und nur dann auf Ersatzansprüche verzichten oder sich darüber vergleichen, wenn die Hauptversammlung zustimmt und nicht eine Minderheit, deren Anteile den fünften Teil des Grundkapitals erreichen, widerspricht. Die zeitliche Beschränkung gilt nicht, wenn der Ersatzpflichtige zahlungsunfähig ist und sich zur Abwendung oder Beseitigung des Konkursverfahrens mit seinen Gläubigern vergleicht.

(5) Der Ersatzanspruch der Gesellschaft kann auch von den Gläubigern der Gesellschaft geltend gemacht werden, soweit sie von dieser keine Befriedigung erlangen können. Dies gilt jedoch in anderen Fällen als denen des Abs. 3 nur dann, wenn die Vorstandsmitglieder die Sorgfalt eines ordentlichen und gewissenhaften Geschäftsleiters gröblich verletzt haben; Abs. 2 Satz 2 gilt sinngemäß. Den Gläubigern gegenüber wird die Ersatzpflicht weder durch einen Verzicht oder Vergleich der Gesellschaft noch dadurch aufgehoben, daß die Handlung auf einem Beschluß der Hauptversammlung beruht oder der Aufsichtsrat die Handlung gebilligt hat. Ist über das Vermögen der Gesellschaft das Konkursverfahren eröffnet, so übt während dessen Dauer der Konkursverwalter das Recht der Gläubiger gegen die Vorstandsmitglieder aus.

(6) Die Ansprüche aus diesen Vorschriften verjähren in fünf Jahren.

Vgl. auch §§ 99, 101; über die Entlastung § 104; über die Geltendmachung von Ersatzansprüchen §§ 122 ff.; bei Verschmelzung § 245.

§ 85

Stellvertreter von Vorstandsmitgliedern

Die Vorschriften für die Vorstandsmitglieder gelten auch für ihre Stellvertreter.

Zweiter Abschnitt

Aufsichtsrat

§ 86

Zusammensetzung des Aufsichtsrats

(1) Der Aufsichtsrat besteht aus drei Mitgliedern. Die Satzung kann eine höhere Zahl festsetzen. Die Höchstzahl der Aufsichtsratsmitglieder beträgt bei Gesellschaften mit einem Grundkapital

bis zu	3 000 000 RM	sieben,
von mehr als . . .	3 000 000 RM	zwölf,
von mehr als . . .	20 000 000 RM	zwanzig.

Der Reichswirtschaftsminister kann im Einvernehmen mit dem Reichsminister der Justiz und den sonst beteiligten Reichsministern Ausnahmen zulassen, wenn das Wohl der Gesellschaft oder gesamtwirtschaftliche Belange es fordern.

(2) Eine juristische Person kann nicht Aufsichtsratsmitglied sein. Mitglied kann ferner nicht sein, wer bereits in zehn Aktiengesellschaften oder Kommanditgesellschaften auf Aktien Aufsichtsratsmitglied ist; soweit es zur ausreichenden Wahrnehmung wirtschaftlicher Belange des Reiches, von Ländern, Gemeindeverbänden oder Gemeinden oder von Wirtschaftsunternehmen nötig erscheint, kann der Reichsminister der Justiz im Einvernehmen mit den beteiligten Reichs-

ministern abweichende Vorschriften und Anordnungen treffen.

Übergangsregelung: § 8 EG.

§ 87

Wahl und Abberufung

(1) Die Aufsichtsratsmitglieder werden von der Hauptversammlung gewählt. Kein Aufsichtsratsmitglied kann für längere Zeit als bis zur Beendigung der Hauptversammlung gewählt werden, die über die Entlastung für das vierte Geschäftsjahr nach der Wahl beschließt; hierbei wird das Geschäftsjahr, in dem gewählt wird, nicht mitgerechnet.

(2) Die Bestellung zum Aufsichtsratsmitglied kann vor Ablauf der Wahlzeit von der Hauptversammlung widerrufen werden. Der Beschluß bedarf einer Mehrheit, die mindestens drei Viertel der abgegebenen Stimmen umfaßt. Die Satzung kann diese Mehrheit durch eine andere ersetzen und noch andere Erfordernisse aufstellen.

(3) Die Bestellung des ersten Aufsichtsrats[1] gilt bis zur Beendigung der ersten Hauptversammlung, die nach Ablauf eines Jahres seit der Eintragung der Gesellschaft in das Handelsregister zur Beschlußfassung über die Entlastung stattfindet. Sie kann vorher von der Hauptversammlung mit einfacher Stimmenmehrheit widerrufen werden.

1. Vgl. § 23.

§ 88

Entsendung von Mitgliedern in den Aufsichtsrat

(1) Die Satzung kann bestimmten Aktionären oder den jeweiligen Inhabern bestimmter Aktien[1] das Recht

einräumen, Mitglieder in den Aufsichtsrat zu entsenden. Die Gesamtzahl der entsandten Mitglieder darf den dritten Teil aller Aufsichtsratsmitglieder nicht übersteigen.

(2) Das Entsendungsrecht kann nur den Inhabern solcher Aktien eingeräumt werden, die auf Namen lauten und deren Übertragung an die Zustimmung der Gesellschaft gebunden ist[2].

(3) Die Aktien, deren Inhabern das Entsendungsrecht zusteht, gelten nicht als eine besondere Gattung.

(4) Die entsandten Aufsichtsratsmitglieder können von den Entsendungsberechtigten jederzeit abberufen und durch andere ersetzt werden. Liegt in der Person eines entsandten Mitglieds ein wichtiger Grund vor, so kann das Gericht auf Antrag einer Minderheit, deren Anteile zusammen den zehnten Teil des Grundkapitals erreichen, das Mitglied abberufen.

(5) Sind die in der Satzung bestimmten Voraussetzungen des Entsendungsrechts weggefallen, so kann die Hauptversammlung das entsandte Mitglied mit einfacher Stimmenmehrheit abberufen.

1. Vgl. § 11.
2. Vgl. § 61 Abs. 3.

§ 89

Bestellung durch das Gericht

(1) Gehören dem Aufsichtsrat länger als drei Monate weniger als die zur Beschlußfähigkeit nötige Zahl von Mitgliedern an, so hat ihn das Gericht auf Antrag des Vorstands, eines Aufsichtsratsmitglieds oder eines Aktionärs auf diese Zahl zu ergänzen. Der Vorstand ist verpflichtet, den Antrag zu stellen[1].

(2) Das Gericht hat die von ihm bestellten Mitglieder abzuberufen, wenn die Voraussetzungen weggefallen sind.

1. Strafbestimmung: § 303, § 297.

§ 90

Unvereinbarkeit der Zugehörigkeit zum Vorstand und zum Aufsichtsrat

(1) Die Aufsichtsratsmitglieder können nicht zugleich Vorstandsmitglieder oder dauernd Vertreter von Vorstandsmitgliedern sein. Sie können auch nicht als Angestellte die Geschäfte der Gesellschaft führen.

(2) Nur für einen im voraus begrenzten Zeitraum kann der Aufsichtsrat einzelne seiner Mitglieder zu Vertretern von behinderten Vorstandsmitgliedern bestellen. In dieser Zeit dürfen sie keine Tätigkeit als Aufsichtsratsmitglied ausüben. Das Wettbewerbsverbot des § 79 gilt für sie nicht.

§ 91

Bekanntmachung der Änderungen im Aufsichtsrat

Der Vorstand hat jeden Wechsel der Aufsichtsratsmitglieder unverzüglich in den Gesellschaftsblättern[1] bekanntzumachen und die Bekanntmachung zum Handelsregister einzureichen.

1. Vgl. § 18.

§ 92

Innere Ordnung des Aufsichtsrats

(1) Der Aufsichtsrat hat nach näherer Bestimmung der Satzung aus seiner Mitte einen Vorsitzer[1] und

mindestens einen Stellvertreter zu wählen. Der Vorstand hat zum Handelsregister anzumelden, wer gewählt ist.

(2) Über die Verhandlungen und Beschlüsse des Aufsichtsrats soll eine Niederschrift angefertigt werden, die der Vorsitzer oder sein Stellvertreter zu unterzeichnen hat.

(3) Beschlußfassungen durch schriftliche Stimmabgabe sind nur zulässig, wenn kein Mitglied diesem Verfahren widerspricht.

(4) Der Aufsichtsrat kann aus seiner Mitte einen oder mehrere Ausschüsse bestellen, namentlich zu dem Zweck, seine Verhandlungen und Beschlüsse vorzubereiten oder die Ausführung seiner Beschlüsse zu überwachen.

1. Einzelne Befugnisse des Vorsitzers: § 93 Abs. 2, § 94 Abs. 1, § 95 Abs. 3, §§ 151, 155, 176, 180.

§ 93

Teilnahme an Sitzungen des Aufsichtsrats und seiner Ausschüsse

(1) An den Sitzungen des Aufsichtsrats und seiner Ausschüsse sollen Personen, die weder dem Aufsichtsrat noch dem Vorstand angehören, nicht teilnehmen. Sachverständige und Auskunftspersonen können zur Beratung über einzelne Gegenstände zugezogen werden.

(2) Aufsichtsratsmitglieder, die dem Ausschuß nicht angehören, können an den Ausschußsitzungen teilnehmen, wenn die Satzung oder der Vorsitzer des Aufsichtsrats nichts anderes bestimmt.

(3) Die Satzung kann zulassen, daß an den Sitzungen des Aufsichtsrats und seiner Ausschüsse Personen, die

dem Aufsichtsrat nicht angehören, an Stelle von Aufsichtsratsmitgliedern teilnehmen können, wenn sie von diesen hierzu schriftlich ermächtigt sind. Sie können auch schriftliche Stimmabgaben der Aufsichtsratsmitglieder überreichen. Diese Vorschriften gelten nicht für den Vorsitzer des Aufsichtsrats und seine Stellvertreter.

(4) Abweichende gesetzliche Vorschriften bleiben unberührt.

§ 94

Einberufung des Aufsichtsrats

(1) Jedes Aufsichtsratsmitglied oder der Vorstand kann unter Angabe des Zwecks und der Gründe verlangen, daß der Vorsitzer des Aufsichtsrats unverzüglich den Aufsichtsrat beruft. Die Sitzung muß binnen zwei Wochen nach der Einberufung stattfinden.

(2) Wird einem von mindestens zwei Aufsichtsratsmitgliedern oder vom Vorstand geäußerten Verlangen nicht entsprochen, so können die Antragsteller unter Mitteilung des Sachverhalts selbst den Aufsichtsrat berufen.

§ 95

Aufgaben und Rechte des Aufsichtsrats

(1) Der Aufsichtsrat hat die Geschäftsführung zu überwachen [1].

(2) Der Aufsichtsrat kann vom Vorstand jederzeit einen Bericht über die Angelegenheiten der Gesellschaft einschließlich ihrer Beziehungen zu einem Konzernunternehmen verlangen. Auch ein einzelnes Mitglied kann einen Bericht, jedoch nur an den Aufsichtsrat als solchen verlangen; lehnt der Vorstand die Berichterstattung ab, so kann der Bericht nur dann verlangt

werden, wenn der Vorsitzer des Aufsichtsrats das Verlangen unterstützt[2].

(3) Der Aufsichtsrat kann die Bücher und Schriften der Gesellschaft sowie die Vermögensgegenstände, namentlich die Gesellschaftskasse und die Bestände an Wertpapieren und Waren, einsehen und prüfen; er kann damit auch einzelne Mitglieder oder für bestimmte Aufgaben besondere Sachverständige beauftragen[2].

(4) Der Aufsichtsrat hat eine Hauptversammlung zu berufen, wenn das Wohl der Gesellschaft es fordert.

(5) Maßnahmen der Geschäftsführung können dem Aufsichtsrat nicht übertragen werden. Die Satzung oder der Aufsichtsrat kann jedoch bestimmen, daß bestimmte Arten von Geschäften nur mit seiner Zustimmung vorgenommen werden sollen.

(6) Die Aufsichtsratsmitglieder können ihre Obliegenheiten nicht durch andere ausüben lassen.

1. Über die Haftung der Aufsichtsratsmitglieder: vgl. § 99; über die Entlastung § 104.
2. Strafbestimmung: § 303.

§ 96

Bericht an die Hauptversammlung

(1) Der Aufsichtsrat hat den Jahresabschluß, den Vorschlag für die Gewinnverteilung und den Geschäftsbericht zu prüfen und der Hauptversammlung darüber zu berichten[1].

(2) In dem Bericht hat der Aufsichtsrat mitzuteilen, in welcher Art und in welchem Umfang er die Geschäftsführung der Gesellschaft während des Geschäftsjahrs geprüft hat, welche Stelle den Jahresabschluß und den Geschäftsbericht geprüft hat und ob diese Prüfungen

nach ihrem abschließenden Ergebnis zu wesentlichen Beanstandungen Anlaß gegeben haben.

1. Vgl. §§ 125 Abs. 1, 126 Abs. 1, 127 Abs. 1.

§ 97

Vertretung der Gesellschaft

(1) Der Aufsichtsrat ist befugt, die Gesellschaft bei der Vornahme von Rechtsgeschäften mit den Vorstandsmitgliedern zu vertreten und gegen diese die von der Hauptversammlung beschlossenen Rechtsstreitigkeiten zu führen[1].

(2) Der Aufsichtsrat kann, wenn die Verantwortlichkeit eines seiner Mitglieder in Frage kommt, ohne und selbst gegen den Beschluß der Hauptversammlung gegen die Vorstandsmitglieder klagen.

1. Vgl. § 122 Abs. 2.

§ 98

Vergütung der Aufsichtsratsmitglieder[1]

(1) Den Aufsichtsratsmitgliedern kann für ihre Tätigkeit eine mit ihren Aufgaben und mit der Lage der Gesellschaft in Einklang stehende Vergütung gewährt werden. Ist die Vergütung in der Satzung festgesetzt, so kann eine Satzungsänderung, durch die die Vergütung herabgesetzt wird, von der Hauptversammlung mit einfacher Stimmenmehrheit beschlossen werden.

(2) Den Mitgliedern des ersten Aufsichtsrats[2] kann nur die Hauptversammlung eine Vergütung für ihre Tätigkeit bewilligen. Der Beschluß kann erst in der Hauptversammlung gefaßt werden, die über die Entlastung des ersten Aufsichtsrats beschließt.

(3) Wird den Aufsichtsratsmitgliedern ein Anteil am Jahresgewinn gewährt, so berechnet sich der Anteil nach dem Reingewinn, der sich nach Vornahme von Abschreibungen und Wertberichtigungen sowie nach Bildung von Rücklagen und Rückstellungen ergibt; abzusetzen ist ferner der Teil des Gewinns, der durch die Auflösung von Rücklagen entstanden ist, sowie ein für die Aktionäre bestimmter Betrag von mindestens vier vom Hundert der geleisteten Einlagen. Entgegenstehende Festsetzungen sind nichtig.

(4) Gewinnbeteiligungen sollen in einem angemessenen Verhältnis stehen zu den Aufwendungen zugunsten der Gefolgschaft oder von Einrichtungen, die dem gemeinen Wohle dienen. Die Einhaltung dieses Gebots kann die Staatsanwaltschaft im Klagewege erzwingen; das Nähere bestimmt der Reichsminister der Justiz, er bestimmt namentlich die für die Entscheidung zuständige Stelle und regelt das Verfahren.

1. Vgl. § 77.
2. Vgl. § 23.

§ 99

Sorgfaltspflicht und Verantwortlichkeit der Aufsichtsratsmitglieder

Für die Sorgfaltspflicht und Verantwortlichkeit der Aufsichtsratsmitglieder gilt § 84 über die Sorgfaltspflicht und Verantwortlichkeit der Vorstandsmitglieder sinngemäß.

Vgl. auch § 101; Strafdrohungen §§ 294 ff. Entlastung vgl. § 104. Geltendmachung von Ansprüchen §§ 122 ff.; bei Verschmelzung: § 245.

Dritter Abschnitt

Gemeinsame Vorschriften für die Mitglieder des Vorstands und des Aufsichtsrats

§ 100

Namensangabe

Auf allen Geschäftsbriefen müssen die sämtlichen Vorstandsmitglieder und der Vorsitzer des Aufsichtsrats mit dem Familiennamen und mindestens einem ausgeschriebenen Vornamen angegeben werden [1]. Der Vorsitzer des Vorstands ist besonders zu bezeichnen [2] [3].

1. Angabe der Namen im Geschäftsbericht: § 128 Abs. 4; in den Veröffentlichungen und Vervielfältigungen des Jahresabschlusses: § 144 Abs. 1.
2. Vgl. § 70 Abs. 2, § 75 Abs. 2.
3. Strafbestimmung § 301.

§ 101

Handeln zum Schaden der Gesellschaft zwecks Erlangung gesellschaftsfremder Vorteile

(1) Wer zu dem Zwecke, für sich oder einen anderen gesellschaftsfremde Sondervorteile zu erlangen, vorsätzlich unter Ausnutzung seines Einflusses auf die Gesellschaft ein Mitglied des Vorstands oder des Aufsichtsrats dazu bestimmt, zum Schaden der Gesellschaft oder ihrer Aktionäre zu handeln [1], ist zum Ersatz des daraus entstehenden Schadens verpflichtet.

(2) Neben ihm haften als Gesamtschuldner die Mitglieder des Vorstands und des Aufsichtsrats, wenn sie unter Verletzung ihrer Pflichten (§§ 84, 99) gehandelt haben. Sollte der gesellschaftsfremde Sonder-

vorteil für einen anderen erreicht werden, so haftet auch dieser als Gesamtschuldner, wenn er die Beeinflussung vorsätzlich veranlaßt hat.

(3) Die Ersatzpflicht tritt nicht ein, wenn der Einfluß benutzt wird, um einen Vorteil zu erlangen, der schutzwürdigen Belangen dient.

(4) Für die Aufhebung der Ersatzpflicht gegenüber der Gesellschaft gilt sinngemäß § 84 Abs. 4 Satz 3 und 4.

(5) Die Ersatzpflicht besteht auch gegenüber den Gläubigern der Gesellschaft, soweit sie von dieser keine Befriedigung erlangen können. Den Gläubigern gegenüber wird die Ersatzpflicht durch einen Verzicht oder Vergleich der Gesellschaft nicht aufgehoben. Ist über das Vermögen der Gesellschaft das Konkursverfahren eröffnet, so übt während dessen Dauer der Konkursverwalter das Recht der Gläubiger aus.

(6) Die Ansprüche aus diesen Vorschriften verjähren in fünf Jahren.

(7) Diese Vorschriften gelten nicht, wenn gesellschaftsfremde Sondervorteile durch Stimmrechtsausübung verfolgt werden[2].

1. Strafdrohung: § 294.
2. Vgl. aber § 197 Abs. 2.

Vierter Abschnitt

Hauptversammlung

§ 102

Allgemeines

(1) Die Aktionäre üben ihre Rechte in den Angelegenheiten der Gesellschaft in der Hauptversammlung aus, soweit das Gesetz nichts anderes bestimmt.

(2) Die Mitglieder des Vorstands und des Aufsichtsrats haben, auch wenn sie nicht Aktionäre sind, das Recht, an der Hauptversammlung teilzunehmen.

Erster Unterabschnitt
Rechte der Hauptversammlung

§ 103
Allgemeines

(1) Die Hauptverhandlung beschließt in den im Gesetz und in der Satzung ausdrücklich bestimmten Fällen[1].

(2) Über Fragen der Geschäftsführung kann die Hauptversammlung nur entscheiden, wenn der Vorstand es verlangt.

1. Hauptfälle der Zuständigkeit der Hauptversammlung:
a) Satzungsänderungen: § 145 (auch in den Fällen der §§ 149, 153, 159, 169, 174, 175, 192).
b) Auflösung der Gesellschaft: § 203 Abs. 1 Nr. 2; Fortsetzung der aufgelösten Gesellschaft: § 215.
c) Verschmelzung und Umwandlung der Gesellschaft: §§ 234, 247, 257.
d) Vermögensveränderung und Gewinngemeinschaft: §§ 253—256.
e) Bestellung und Abberufung des Aufsichtsrates, Vergütung des Aufsichtsrates: §§ 87, 98.
f) Betr. Entlastung der Verwaltungsträger: § 104.
g) Geltendmachung und Verzicht auf Ersatzansprüche gegen Verwaltungsträger und Gründer: §§ 122, 124, 43.
h) Bestellung der Abschlußprüfer (§ 136) und Sonderprüfer (§ 118).
i) Gewinnverteilung (§ 126); wegen des Jahresabschlusses vgl. § 125.

§ 104
Entlastung

(1) Die Hauptversammlung beschließt alljährlich in den ersten fünf Monaten des Geschäftsjahrs über die

Entlastung des Vorstands und des Aufsichtsrats. Die Satzung kann eine andere Frist von nicht mehr als sieben Monaten bestimmen.

(2) Die Verhandlung über die Entlastung soll mit der Verhandlung über die Gewinnverteilung (§ 126) verbunden werden. Der Vorstand hat den Jahresabschluß mit dem Bericht des Aufsichtsrats (§ 96) der Hauptversammlung vorzulegen[1]. § 125 Abs. 6 über die Auslegung des Jahresabschlusses gilt sinngemäß[2].

1. Strafbestimmung: § 303.
2. Übergangsregelung: § 11 EG.

Zweiter Unterabschnitt
Einberufung der Hauptversammlung

§ 105
Allgemeines

(1) Die Hauptversammlung wird durch den Vorstand einberufen. Personen, die in das Handelsregister als Vorstand eingetragen sind, gelten als befugt. Das auf Gesetz oder Satzung beruhende Recht anderer Personen, die Hauptversammlung einzuberufen, bleibt unberührt.

(2) Die Einberufung muß die Firma der Gesellschaft sowie Zeit und Ort der Hauptversammlung angeben. Sie muß in allen Gesellschaftsblättern veröffentlicht werden[1].

(3) Wenn die Satzung nichts anderes bestimmt, soll die Hauptversammlung am Sitz[2] der Gesellschaft stattfinden. Sind die Aktien der Gesellschaft an einer deutschen Börse zum Börsenhandel zugelassen, so kann

wenn die Satzung nichts anderes bestimmt, die Hauptversammlung auch am Sitz dieser Börse stattfinden[3].

1. Gesellschaftsblätter: § 18.
2. Vgl. § 5.
3. Folge mangelhafter Einberufung: § 195 Nr. 1; § 196 Abs. 1.

§ 106

Einberufungsgründe

(1) Die Hauptversammlung ist in den Fällen einzuberufen, die Gesetz und Satzung ausdrücklich bestimmen[1].

(2) Die Hauptversammlung ist ferner einzuberufen, wenn Aktionäre, deren Anteile zusammen den zwanzigsten Teil des Grundkapitals erreichen, die Einberufung schriftlich unter Angabe des Zwecks und der Gründe verlangen[2]. Die Satzung kann das Recht, die Einberufung der Hauptversammlung zu verlangen, an den Besitz eines geringeren Anteils am Grundkapital knüpfen.

(3) In gleicher Weise haben die Aktionäre das Recht zu verlangen, daß Gegenstände zur Beschlußfassung einer Hauptversammlung angekündigt werden[2].

(4) Entspricht weder der Vorstand noch der Aufsichtsrat dem Verlangen, so kann das Gericht die Aktionäre, die das Verlangen gestellt haben, zur Einberufung der Hauptversammlung oder zur Ankündigung des Gegenstandes ermächtigen. Zugleich kann das Gericht den Vorsitzer der Versammlung bestimmen. Auf die Ermächtigung muß bei der Einberufung oder Ankündigung hingewiesen werden.

(5) In den Fällen der Abs. 2 bis 4 beschließt die

Versammlung darüber, ob die Kosten von der Gesellschaft getragen werden sollen.

1. z. B. §§ 83 Abs. 1, 95 Abs. 4.
2. Stimmrechtsmißbrauch: § 300.

§ 107

Einberufungsfrist

(1) Die Hauptversammlung ist mindestens zwei Wochen vor dem Tage der Versammlung einzuberufen. Der Tag der Einberufung und der Tag der Versammlung sind hierbei nicht mitzurechnen.

(2) Macht die Satzung die Ausübung des Stimmrechts davon abhängig, daß die Aktien bis zu einem bestimmten Zeitpunkt vor der Versammlung hinterlegt werden, so ist die Frist so zu bemessen, daß für die Hinterlegung mindestens zwei Wochen frei bleiben. In diesem Falle genügt die Hinterlegung bei einem Notar oder bei einer vom Reichsminister der Justiz im Einvernehmen mit dem Reichswirtschaftsminister für geeignet erklärten Wertpapiersammelbank.

(3) Trifft die Satzung keine solche Bestimmung, so müssen die Aktionäre zur Ausübung des Stimmrechts zugelassen werden, wenn sie sich nicht später als am dritten Tage vor der Versammlung anmelden.

§ 108

Ankündigung der Tagesordnung

(1) Der Zweck der Hauptversammlung soll bei der Einberufung bekanntgemacht werden. Jedem Aktionär

ist auf Verlangen eine Abschrift der Anträge zu erteilen.

(2) Über Gegenstände, deren Verhandlung nicht ordnungsmäßig mindestens eine Woche vor dem Tage der Versammlung angekündigt ist, können keine Beschlüsse gefaßt werden; ist für die Beschlußfassung nach Gesetz oder Satzung die einfache Stimmenmehrheit nicht ausreichend [1], so muß die Ankündigung mindestens zwei Wochen vor dem Tage der Versammlung ergehen. An die Stelle des Tages der Versammlung tritt, wenn die Teilnahme an der Versammlung von der Hinterlegung der Aktien abhängig ist, der Tag, bis zu dessen Ablauf die Aktien zu hinterlegen sind.

(3) Zur Beschlußfassung über den in der Versammlung gestellten Antrag auf Einberufung einer außerordentlichen Hauptversammlung sowie zu Anträgen und zu Verhandlungen ohne Beschlußfassung bedarf es keiner Ankündigung.

1. Vgl. § 113.

§ 109

Sondermitteilung

(1) Jeder Aktionär, der eine Aktie bei der Gesellschaft hinterlegt, kann verlangen, daß ihm die Einberufung der Hauptversammlung und die Gegenstände der Verhandlung, sobald sie öffentlich bekanntgemacht werden, durch eingeschriebenen Brief mitgeteilt werden. Die gleiche Mitteilung kann er über die in der Versammlung gefaßten Beschlüsse verlangen.

(2) Diese Rechte haben die Aufsichtsratsmitglieder, auch wenn sie nicht Aktionäre sind.

Dritter Unterabschnitt

Verhandlungsniederschrift. Auskunftsrecht

§ 110

Verzeichnis der Teilnehmer

In der Hauptversammlung ist ein Verzeichnis der erschienenen oder vertretenen Aktionäre und der Vertreter von Aktionären mit Angabe ihres Namens und Wohnorts sowie des Betrags der von jedem vertretenen Aktien unter Angabe ihrer Gattung aufzustellen. Wenn jemand in eigenem Namen das Stimmrecht für Aktien ausüben will, die ihm nicht gehören, so hat er den Betrag und die Gattung dieser Aktien zur Aufnahme in das Verzeichnis gesondert anzugeben [1]. Das Verzeichnis ist vor der ersten Abstimmung zur Einsicht auszulegen; es ist vom Vorsitzer zu unterzeichnen.

1. Strafvorschrift: § 300.

§ 111

Niederschrift

(1) Jeder Beschluß der Hauptversammlung bedarf zu seiner Gültigkeit der Beurkundung durch eine über die Verhandlung gerichtlich oder notarisch aufgenommene Niederschrift [1].

(2) In der Niederschrift sind der Ort und der Tag der Verhandlung, der Name des Richters oder Notars sowie die Art und das Ergebnis der Abstimmung und die Feststellung des Vorsitzers über die Beschlußfassung anzugeben.

(3) Das Verzeichnis der Teilnehmer an der Versammlung sowie die Belege über die ordnungsmäßige Einberufung müssen der Niederschrift beigefügt werden.

Die Belege über die Einberufung der Hauptversammlung brauchen nicht beigefügt zu werden, wenn sie unter Angabe ihres Inhalts in der Niederschrift aufgeführt werden.

(4) Die Niederschrift muß von dem Richter oder Notar unterschrieben werden. Die Zuziehung von Zeugen ist nicht nötig.

(5) Unverzüglich nach der Versammlung hat der Vorstand eine öffentlich beglaubigte Abschrift der Niederschrift zum Handelsregister einzureichen.

1. Folgen mangelhafter Beurkundung: § 195 Nr. 2, § 196 Nr. 1.

§ 112

Auskunftsrecht des Aktionärs

(1) Jedem Aktionär ist auf Verlangen in der Hauptversammlung Auskunft über Angelegenheiten der Gesellschaft zu geben, die mit dem Gegenstand der Verhandlung in Zusammenhang stehen. Die Auskunftspflicht erstreckt sich auch auf die Beziehungen zu einem Konzernunternehmen[1].

(2) Die Auskunft hat den Grundsätzen einer gewissenhaften und getreuen Rechenschaft zu entsprechen[2].

(3) Sie darf nur soweit verweigert werden, wie überwiegende Belange der Gesellschaft oder eines beteiligten Unternehmens oder der gemeine Nutzen von Volk und Reich es fordern. Ob diese Voraussetzung vorliegt, entscheidet der Vorstand nach pflichtmäßigem Ermessen.

1. Vgl. § 15.
2. Strafvorschriften: §§ 296, 300.

Vierter Unterabschnitt

Stimmrecht

§ 113

Grundsatz der einfachen Stimmenmehrheit

(1) Die Beschlüsse der Hauptversammlung bedürfen der Mehrheit der abgegebenen Stimmen (einfache Stimmenmehrheit), soweit nicht Gesetz oder Satzung eine größere Mehrheit oder noch andere Erfordernisse vorschreiben [1].

(2) Für Wahlen kann die Satzung andere Bestimmungen treffen.

1. Kapitalmehrheiten sind erforderlich insbesondere in folgenden Fällen:
a) Beschlußfassung über die Nachgründung: § 45 Abs. 4.
b) Beschlußfassung über Satzungsänderungen: § 146 Abs. 1.
c) Beschlußfassung über die Kapitalbeschaffung in den Fällen der §§ 149 Abs. 1, 153 Abs. 3, 160 Abs. 1, 169 Abs. 2, 174 Abs. 1 und 3.
d) Beschlußfassung über die Kapitalherabsetzung in den Fällen der §§ 175 Abs. 1, 182 Abs. 2.
e) Beschlußfassung über die Auflösung der Gesellschaft (§ 203 Abs. 1 Nr. 2) und die Fortsetzung der aufgelösten Gesellschaft (§ 215 Abs. 1).
f) Beschlußfassung über die Verschmelzung (§ 234 Abs. 2, § 247 Abs. 1), über die Vermögensübertragung und die Gewinngemeinschaft (§§ 253—256) und über die Umwandlung (§§ 257, 263 Abs. 2).

§ 114

Ausübung des Stimmrechts

(1) Jede Aktie gewährt das Stimmrecht. Das Stimmrecht wird nach den Aktiennennbeträgen ausgeübt. Für den Fall, daß ein Aktionär mehrere Aktien

besitzt, kann die Satzung das Stimmrecht durch Festsetzung eines Höchstbetrages oder von Abstufungen beschränken.

(2) Das Stimmrecht beginnt mit der vollständigen Leistung der Einlage. Die Satzung kann bestimmen, daß das Stimmrecht beginnt, wenn auf die Aktie die gesetzliche oder höhere satzungsmäßige Mindesteinlage geleistet ist. In diesem Fall gewährt die Leistung der Mindesteinlage eine Stimme; bei höheren Einlagen richtet sich das Stimmenverhältnis nach der Höhe der geleisteten Einlagen. Bestimmt die Satzung nicht, daß das Stimmrecht vor der vollständigen Leistung der Einlage beginnt und ist noch auf keine Aktie die volle Einlage geleistet, so richtet sich das Stimmverhältnis nach der Höhe der geleisteten Einlagen; dabei gewährt, wenn die Satzung nichts anderes bestimmt, die Leistung der gesetzlichen Mindesteinlage eine Stimme. Bruchteile von Stimmen werden in diesen Fällen nur berücksichtigt, soweit ihre Zusammenzählung für den stimmberechtigten Aktionär volle Stimmen ergibt. Die Satzung kann Bestimmungen nach diesem Absatz nicht für einzelne Aktiengattungen treffen [1].

(3) Das Stimmrecht kann durch einen Bevollmächtigten ausgeübt werden. Für die Vollmacht ist die schriftliche Form erforderlich und genügend; die Vollmacht bleibt in der Verwahrung der Gesellschaft.

(4) Banken dürfen das Stimmrecht für Aktien, die ihnen nicht gehören, nur ausüben, wenn sie zur Ausübung des Stimmrechts schriftlich ermächtigt sind [2]. Die Ermächtigung muß einer bestimmten Bank erteilt werden. Sie muß bei der Erteilung vollständig ausgefüllt sein und darf nicht mit anderen Erklärungen

verbunden werden. Sie kann nur für einen Zeitraum von längstens fünfzehn Monaten erteilt werden und ist jederzeit widerruflich.

(5) Ein Aktionär, der durch die Beschlußfassung entlastet oder von einer Verpflichtung befreit werden soll, kann weder für sich noch für einen anderen das Stimmrecht ausüben. Gleiches gilt, wenn darüber Beschluß gefaßt wird, ob die Gesellschaft gegen den Aktionär einen Anspruch geltend machen soll.

(6) Das Stimmrecht kann nicht ausgeübt werden für Aktien, die der Gesellschaft oder einem abhängigen Unternehmen oder einem andern für Rechnung der Gesellschaft oder eines abhängigen Unternehmens gehören[3].

(7) Im übrigen richten sich die Bedingungen und die Form der Ausübung des Stimmrechts nach der Satzung[4].

1. Übergangsregelung: § 10 EG.
2. Vgl. § 110 Satz 2.
3. Vgl. auch § 51 Abs. 1, § 65 Abs. 5—7.
4. Vgl. die Strafvorschriften der §§ 298 ff.

Fünfter Unterabschnitt

Vorzugsaktien ohne Stimmrecht

§ 115

Wesen

(1) Für Aktien, die mit einem nachzuzahlenden Vorzug bei der Verteilung des Gewinns ausgestattet sind, kann das Stimmrecht ausgeschlossen werden (Vorzugsaktien ohne Stimmrecht)[1].

(2) Vorzugsaktien ohne Stimmrecht dürfen nur bis

zu einem Gesamtnennbetrag in Höhe der Hälfte des Gesamtnennbetrags der anderen Aktien ausgegeben werden.

1. Vgl. § 12.

§ 116

Rechte der Vorzugsaktionäre

(1) Die Vorzugsaktien ohne Stimmrecht gewähren mit Ausnahme des Stimmrechts die jedem Aktionär aus der Aktie zustehenden Rechte[1].

(2) Wird der Vorzugsbetrag bei der Verteilung des Gewinns in einem Jahr nicht oder nicht vollständig gezahlt und der Rückstand im darauffolgenden Jahr nicht neben dem vollen Vorzug dieses Jahres nachgezahlt, so haben die Vorzugsaktionäre das Stimmrecht so lange, bis die Rückstände nachgezahlt sind.

1. Vgl. z. B. § 112.

§ 117

Aufhebung oder Beschränkung des Vorzugs

(1) Ein Beschluß, durch den der Vorzug aufgehoben oder beschränkt wird, bedarf zu seiner Wirksamkeit der Zustimmung der Vorzugsaktionäre.

(2) Ein Beschluß über die Ausgabe neuer Aktien mit vorhergehenden oder gleichstehenden Rechten bedarf gleichfalls der Zustimmung der Vorzugsaktionäre[1]. Der Zustimmung bedarf es nicht, wenn die Ausgabe bei Einräumung des Vorzugs oder, falls das Stimmrecht später ausgeschlossen ist, bei der Ausschließung ausdrücklich vorbehalten worden ist[2]. Das Recht der Vorzugsaktionäre auf den Bezug solcher Aktien ist unentziehbar[3].

(3) Über die Zustimmung haben die Vorzugsaktionäre in einer gesonderten Versammlung Beschluß zu fassen. Für die Einberufung der Versammlung, die Teilnahme an ihr, die Niederschrift, das Auskunftsrecht und das Stimmrecht der Aktionäre sowie die Nichtigkeit der Beschlüsse gelten die Vorschriften über die Hauptversammlung (§ 102 Abs. 2, §§ 105 bis 112, § 114) und die Nichtigkeit von Hauptversammlungsbeschlüssen (§§ 195 bis 201) sinngemäß. Die Veröffentlichung über die Einberufung der Versammlung darf nicht mit einer Veröffentlichung über die Einberufung einer Hauptversammlung verbunden werden. Der Beschluß der Vorzugsaktionäre bedarf einer Mehrheit, die mindestens drei Viertel der abgegebenen Stimmen umfaßt.

(4) Ist der Vorzug aufgehoben, so gewähren die Aktien das Stimmrecht.

1. Vgl. § 149.
2. Vgl. § 171.
3. Vgl. § 153.

Sechster Unterabschnitt

Sonderprüfung

§ 118

Bestellung der Prüfer

(1) Zur Prüfung von Vorgängen bei der Gründung oder der Geschäftsführung, namentlich auch bei Maßnahmen der Kapitalbeschaffung und Kapitalherabsetzung kann die Hauptversammlung mit einfacher Stimmenmehrheit Prüfer bestellen. Bei der Beschlußfassung können Aktionäre, die zugleich Mitglieder des Vorstands oder des Aufsichtsrats sind, weder für sich noch für einen anderen mitstimmen, wenn die Prü-

fung sich auf Vorgänge erstrecken soll, die mit der Entlastung des Vorstands oder des Aufsichtsrats oder der Einleitung eines Rechtsstreits zwischen der Gesellschaft und den Mitgliedern des Vorstands oder des Aufsichtsrats zusammenhängen[1].

(2) Lehnt die Hauptversammlung einen Antrag auf Bestellung von Prüfern zur Prüfung eines Vorgangs bei der Gründung oder eines nicht über zwei Jahre zurückliegenden Vorgangs bei der Geschäftsführung ab, so kann das Gericht[2] auf Antrag einer Minderheit, deren Anteile zusammen den zehnten Teil des Grundkapitals erreichen, Prüfer bestellen. Dem Antrag ist nur stattzugeben, wenn Verdachtsgründe beigebracht werden, daß bei dem Vorgang Unredlichkeiten oder grobe Verletzungen des Gesetzes oder der Satzung vorgekommen sind. Die Antragsteller haben die Aktien bis zur Entscheidung über den Antrag zu hinterlegen und glaubhaft zu machen, daß sie seit mindestens drei Monaten vor dem Tage der Hauptversammlung Inhaber der Aktien sind; zur Glaubhaftmachung genügt eine eidesstattliche Versicherung vor einem Gericht oder Notar.

(3) Hat die Hauptversammlung Prüfer bestellt, so kann eine Minderheit, deren Anteile zusammen den zehnten Teil des Grundkapitals erreichen, beim Gericht beantragen, daß andere Personen zu Prüfern bestellt werden; der Antrag ist binnen zwei Wochen seit dem Tage der Hauptversammlung zu stellen.

(4) Vor der Bestellung sind der Vorstand und der Aufsichtsrat zu hören. Die Bestellung kann im Fall des Abs. 2 auf Verlangen von einer nach freiem Ermessen zu bestimmenden Sicherheitsleistung abhängig

gemacht werden, wenn glaubhaft gemacht wird, daß der Gesellschaft auf Grund des § 121 Abs. 4 Satz 2 oder von Vorschriften des bürgerlichen Rechts gegen die Kläger oder einzelne von ihnen ein Ersatzanspruch zusteht oder erwachsen kann.

1. Strafvorschrift: § 300.
2. Vgl. § 14.

§ 119

Auswahl der Prüfer

(1) Das Gericht hat in der Regel als Prüfer nur zu bestellen:

1. Personen, die in der Buchführung ausreichend vorgebildet und erfahren sind;
2. Prüfungsgesellschaften, von deren Inhabern, Vorstandsmitgliedern oder Geschäftsführern mindestens einer in der Buchführung ausreichend vorgebildet und erfahren ist.

(2) Mitglieder des Vorstands und des Aufsichtsrats sowie Angestellte der Gesellschaft dürfen als Prüfer weder gewählt noch bestellt werden; gleiches gilt für Mitglieder des Vorstands oder des Aufsichtsrats sowie Angestellte einer anderen Gesellschaft, die von der zu prüfenden Gesellschaft abhängig ist oder sie beherrscht, sowie für Personen, auf deren Geschäftsführung eine dieser Gesellschaften maßgebenden Einfluß hat.

§ 120

Verantwortlichkeit der Prüfer

§ 141 über die Verantwortlichkeit der Abschlußprüfer gilt sinngemäß.

§ 121

Rechte der Prüfer. Prüfungsbericht

(1) Der Vorstand hat den Prüfern zu gestatten, die Bücher und Schriften der Gesellschaft sowie die Vermögensgegenstände, namentlich die Gesellschaftskasse und die Bestände an Wertpapieren und Waren zu prüfen.

(2) Die Prüfer können vom Vorstand alle Aufklärungen und Nachweise verlangen, welche die sorgfältige Erfüllung ihrer Prüfungspflicht fordert [1].

(3) Die Prüfer haben über das Ergebnis der Prüfung schriftlich zu berichten [2]. Was der Vorstand den Prüfern unter Hinweis auf eine ihm im Interesse des gemeinen Nutzens von Volk und Reich auferlegte Geheimhaltungspflicht mitteilt, darf in den Bericht nicht aufgenommen werden; gleiches gilt von Tatsachen, deren Aufnahme in den Bericht nach pflichtmäßigem Ermessen der Prüfer überwiegende Belange der Gesellschaft oder eines beteiligten Unternehmens oder der gemeine Nutzen von Volk und Reich entgegenstehen. Der Bericht ist unverzüglich dem Vorstand und zum Handelsregister des Sitzes der Gesellschaft einzureichen. Der Vorstand hat den Bericht bei der Einberufung der nächsten Hauptversammlung als Gegenstand der Beschlußfassung anzukündigen [3].

(4) Im Fall des § 118 Abs. 2 beschließt die Hauptversammlung, ob die Kosten von der Gesellschaft zu tragen sind. Weist das Gericht den Antrag auf Bestellung von Prüfern zurück oder ist der Antrag nach dem Ergebnis der Prüfung unbegründet, so sind die Aktionäre, denen Vorsatz oder grobe Fahrlässigkeit zur Last fällt, für den der Gesellschaft durch den Antrag

entstehenden Schaden als Gesamtschuldner verantwortlich.

1. bei falschen Angaben usw.: § 296.

2. Strafbestimmung: § 302 bei falschen Berichten und Verletzung der Verschwiegenheitspflicht.

3. bei Vermeidung von Ordnungsstrafen: § 303.

Siebenter Unterabschnitt

Geltendmachung von Ersatzansprüchen

§ 122

Verpflichtung zur Geltendmachung

(1) Die Ansprüche der Gesellschaft aus der Gründung gegen die nach den §§ 39 bis 41, § 46 verpflichteten Personen oder aus der Geschäftsführung gegen die Mitglieder des Vorstands[1] und des Aufsichtsrats[2] müssen geltend gemacht werden, wenn es die Hauptversammlung mit einfacher Stimmenmehrheit beschließt oder es eine Minderheit verlangt, deren Anteile zusammen den zehnten Teil des Grundkapitals erreichen. Sind im Prüfungsbericht (§ 26 Abs. 2, § 45 Abs. 2, § 121 Abs. 3, § 139) Tatsachen festgestellt worden, aus denen sich Ersatzansprüche gegen die nach den §§ 39, 40 Abs. 1 Nr. 1 und 2, § 46 verpflichteten Personen oder gegen Mitglieder des Vorstands oder des Aufsichtsrats ergeben, so genügt eine Minderheit, deren Anteile zusammen den zwanzigsten Teil des Grundkapitals erreichen.

(2) Zur Führung des Rechtsstreits kann die Hauptversammlung besondere Vertreter bestellen. Verlangt die Minderheit die Geltendmachung des Anspruchs, so kann das Gericht die von ihr bezeichneten Personen als Vertreter der Gesellschaft zur Führung des Rechtsstreits bestellen. Im übrigen richtet sich die Ver-

tretung der Gesellschaft nach § 97, und zwar auch dann, wenn die Minderheit die Geltendmachung des Anspruchs verlangt hat.

1. Vgl. § 84.
2. Vgl. § 99.

§ 123

Geltendmachung

(1) Der Anspruch soll binnen sechs Monaten seit dem Tage der Hauptversammlung geltend gemacht werden. Der Klage ist die in der Hauptversammlung aufgenommene Niederschrift[1], soweit sie die Geltendmachung des Anspruchs betrifft, in öffentlich beglaubigter Abschrift beizufügen.

(2) Die Minderheit hat eine den zehnten Teil und im Fall des § 122 Abs. 1 Satz 2 eine den zwanzigsten Teil des Grundkapitals der Gesellschaft erreichende Anzahl von Aktien für die Dauer des Rechtsstreits zu hinterlegen; es ist glaubhaft zu machen, daß die die Minderheit bildenden Aktionäre seit mindestens drei Monaten vor dem Tage der Hauptversammlung Inhaber der Aktien sind; zur Glaubhaftmachung genügt eine eidesstattliche Versicherung vor einem Gericht oder einem Notar. Das Prozeßgericht kann die vorzeitige Rücknahme der hinterlegten Aktien gestatten.

(3) Macht der Beklagte glaubhaft, daß ihm auf Grund des Abs. 5 oder von Vorschriften des bürgerlichen Rechts gegen die die Minderheit bildenden Aktionäre oder einzelne von ihnen ein Ersatzanspruch zusteht oder erwachsen kann, so kann das Prozeßgericht anordnen, daß die Minderheit ihm Sicherheit leiste. Art und Höhe der Sicherheitsleistung bestimmt es nach freiem Ermessen. Die Vorschriften der Zivilprozeßordnung über die Festsetzung einer Frist zur Sicherheits-

leistung und über die Folgen der Versäumung der Frist sind anzuwenden.

(4) Die Minderheit ist der Gesellschaft gegenüber verpflichtet, die Kosten des Rechtsstreits zu tragen, die der Gesellschaft zur Last fallen.

(5) Für den Schaden, der dem Beklagten durch eine unbegründete Klage entsteht, sind ihm die Aktionäre, denen Vorsatz oder grobe Fahrlässigkeit zur Last fällt, als Gesamtschuldner verantwortlich.

1. Vgl. § 111.

§ 124

Verzicht und Vergleich

Die Gesellschaft kann auf einen Anspruch, dessen Geltendmachung die Minderheit nach § 122 Abs. 1 verlangt hat, nur verzichten oder sich darüber vergleichen, wenn von den die Minderheit bildenden Aktionären so viele zustimmen, daß die Aktien der übrigen nicht mehr den zehnten Teil und im Fall des § 122 Abs. 1 Satz 2 den zwanzigsten Teil des Grundkapitals erreichen.

1. Vgl. § 43.

Fünfter Teil

Rechnungslegung [1]

1. Übergangsregelung: § 11 EG.

Erster Abschnitt

Jahresabschluß. Gewinnverteilung. Geschäftsbericht

§ 125

Feststellung des Jahresabschlusses

(1) Der Vorstand hat in den ersten drei Monaten des Geschäftsjahrs für das vergangene Geschäftsjahr

die Jahresbilanz und die Gewinn- und Verlustrechnung (Jahresabschluß) aufzustellen und dem Aufsichtsrat vorzulegen[1]. Die Satzung kann eine andere Frist von nicht mehr als fünf Monaten bestimmen.

(2) Der Aufsichtsrat hat sich innerhalb eines Monats nach Vorlegung gegenüber dem Vorstand über den Jahresabschluß zu erklären[2].

(3) Billigt der Aufsichtsrat den Jahresabschluß, so ist dieser festgestellt, wenn sich nicht Vorstand und Aufsichtsrat für eine Feststellung durch die Hauptversammlung entscheiden[3].

(4) Entscheiden sie sich für die Feststellung durch die Hauptversammlung oder billigt der Aufsichtsrat den Jahresabschluß nicht, so hat der Vorstand unverzüglich die Hauptversammlung zur Feststellung des Jahresabschlusses einzuberufen[4].

(5) Die Hauptversammlung zur Feststellung des Jahresabschlusses hat in den ersten fünf Monaten des Geschäftsjahrs stattzufinden. Die Satzung kann eine andere Frist von nicht mehr als sieben Monaten bestimmen. Der Vorstand hat den Jahresabschluß mit dem Bericht des Aufsichtsrats (§ 96) der Hauptversammlung vorzulegen.

(6) Der Jahresabschluß nebst dem Bericht des Aufsichtsrats ist mindestens während der letzten zwei Wochen vor dem Tage der Hauptversammlung in dem Geschäftsraum der Gesellschaft zur Einsicht der Aktionäre auszulegen. Auf Verlangen ist jedem Aktionär spätestens zwei Wochen vor dem Tage der Versammlung eine Abschrift der Vorlagen zu erteilen. An die Stelle des Tages der Versammlung tritt, wenn die Teilnahme an der Versammlung von der Hinterlegung

der Aktien abhängig ist, der Tag, bis zu dessen Ablauf die Aktien zu hinterlegen sind[5].

(7) Die Verhandlung über den Jahresabschluß soll mit den Verhandlungen über die Gewinnverteilung (§ 126) und die Entlastung (§ 104) verbunden werden. Die Verhandlung ist zu vertagen, wenn es die Hauptversammlung mit einfacher Stimmenmehrheit beschließt oder eine Minderheit es verlangt, deren Anteile zusammen den zehnten Teil des Grundkapitals erreichen. Das Verlangen der Minderheit ist nur zu berücksichtigen, wenn sie bestimmte Posten des Jahresabschlusses bemängelt. Ist die Verhandlung vertagt, so kann keine neue Vertagung verlangt werden.

1. Vgl. § 135.
2. Über die Pflicht zur Prüfung und zum Bericht vgl. § 96.
3. Richtigkeit: § 202.
4. Vgl. weiter § 188 Abs. 2.
5. Strafbestimmung: § 303.

§ 126

Gewinnverteilung

(1) Die Hauptversammlung beschließt alljährlich in den ersten fünf Monaten des Geschäftsjahrs über die Verteilung des Reingewinns (Gewinnverteilung). Die Satzung kann eine andere Frist von nicht mehr als sieben Monaten bestimmen.

(2) Der Vorstand hat einen Vorschlag für die Gewinnverteilung dem Aufsichtsrat und mit dessen Bericht der Hauptversammlung vorzulegen. § 125 Abs. 6 über die Auslegung des Jahresabschlusses gilt sinngemäß.

(3) An den vom Vorstand mit Billigung des Aufsichtsrats festgestellten Jahresabschluß[1] ist die Hauptversammlung gebunden. Sie kann jedoch den Reingewinn ganz oder teilweise von der Verteilung ausschließen; die Änderungen des Jahresabschlusses, die hierdurch nötig werden, hat der Vorstand vorzunehmen[2].

1. Einschließlich der Abschreibungen usw., vgl. § 131 Abs. 2 und 3.
2. Strafbestimmung: § 303.

§ 127

Aufstellung des Geschäftsberichts

(1) Der Vorstand hat in den ersten drei Monaten des Geschäftsjahrs für das vergangene Geschäftsjahr einen Geschäftsbericht aufzustellen und diesen mit dem Jahresabschluß (§ 125) und dem Vorschlag für die Gewinnverteilung (§ 126) dem Aufsichtsrat vorzulegen. Die Satzung kann eine andere Frist von nicht mehr als fünf Monaten bestimmen.

(2) Der Vorstand hat den Geschäftsbericht mit dem Bericht des Aufsichtsrats (§ 96) der Hauptversammlung zur Verhandlung über die Entlastung, die Gewinnverteilung und die Feststellung des Jahresabschlusses (§ 125 Abs. 4) vorzulegen. § 125 Abs. 6 über die Auslegung des Jahresabschlusses gilt sinngemäß[1].

1. Strafbestimmung: § 303.

§ 128

Inhalt des Geschäftsberichts

(1) Im Geschäftsbericht sind der Geschäftsverlauf und die Lage der Gesellschaft darzulegen. Zu berichten ist auch über Vorgänge von besonderer Bedeutung,

die nach dem Schlusse des Geschäftsjahrs eingetreten sind.

(2) Im Geschäftsbericht ist ferner der Jahresabschluß zu erläutern. Dabei sind auch wesentliche Abweichungen von dem letzten Jahresabschluß zu erörtern und Angaben zu machen über

1. Aktien, die ein Aktionär für Rechnung der Gesellschaft oder eines abhängigen Unternehmens oder ein abhängiges Unternehmen als Gründer oder Zeichner oder in Ausübung eines Bezugsrechts nach § 165 übernommen hat; sind solche Aktien im Geschäftsjahr verwertet worden, so ist auch über die Verwertung unter Angabe des Erlöses und die Verwendung des Erlöses zu berichten[1];
2. eigene Aktien der Gesellschaft, die sie, ein abhängiges Unternehmen oder ein anderer für Rechnung der Gesellschaft oder eines abhängigen Unternehmens erworben oder als Pfand genommen hat; sind solche Aktien im Geschäftsjahr erworben oder veräußert worden, so ist auch über den Erwerb oder die Veräußerung unter Angabe des Erwerbs- oder Veräußerungspreises und die Verwendung des Erlöses zu berichten[2];
3. über Aktien, die bei bedingter Kapitalerhöhung im Geschäftsjahr bezogen worden sind[3];
4. das genehmigte Kapital[4];
5. die bestehenden Genußrechte unter Angabe der im Geschäftsjahr geschaffenen[5];
6. aus der Jahresbilanz nicht ersichtliche Haftungsverhältnisse einschließlich von Pfandbestellungen und Sicherungsübereignungen sowie von Ver-

bindlichkeiten aus der Begebung von Wechseln und Schecks;

7. die Gesamtbezüge (Gehälter, Gewinnbeteiligungen, Aufwandsentschädigungen, Versicherungsentgelte, Provisionen und Nebenleistungen jeder Art) für das Geschäftsjahr und die darüber hinaus im Geschäftsjahr gewährten, bisher in keinem Geschäftsbericht angegebenen Bezüge der Mitglieder des Vorstands, des Aufsichtsrats und eines Beirats oder einer ähnlichen Einrichtung der Gesellschaft; in die Gesamtbezüge sind einzurechnen Abfindungen, Ruhegehälter, Hinterbliebenenbezüge und Leistungen verwandter Art an frühere Mitglieder und ihre Hinterbliebenen. Dabei sind die Gesamtbezüge des Vorstands, des Aufsichtsrats und einer sonstigen Einrichtung gesondert unter ihrer Bezeichnung anzuführen[6];
8. die Beziehungen zu einem Konzernunternehmen[7];
9. die Zugehörigkeit der Gesellschaft zu preis- und absatzregelnden Verbänden und ähnliche Bindungen.

(3) Die Berichterstattung hat den Grundsätzen einer gewissenhaften und getreuen Rechenschaft zu entsprechen. Sie kann nur soweit unterbleiben, wie überwiegende Belange der Gesellschaft oder eines beteiligten Unternehmens oder der gemeine Nutzen von Volk und Reich es fordern.

(4) Im Geschäftsbericht sind die sämtlichen Mitglieder des Vorstands und des Aufsichtsrats einschließlich der im Geschäftsjahr oder nachher ausgeschiedenen mit dem Familiennamen und mindestens einem ausgeschriebenen Vornamen anzugeben. Die Vorsitzer des

Vorstands und des Aufsichtsrats sind besonders zu bezeichnen[8].

1. Vgl. § 51.
2. Vgl. § 65.
3. Vgl. §§ 159 ff.
4. Vgl. § 169.
5. Vgl. § 174.
6. Vgl. §§ 77, 78, 98.
7. Vgl. § 15.
8. Strafbestimmung: § 301; bei unrichtigen Angaben auch § 296.

§ 129

Inhalt des Jahresabschlusses

(1) Der Jahresabschluß hat den Grundsätzen ordnungsgemäßer Buchführung zu entsprechen. Er ist so klar und übersichtlich aufzustellen, daß er einen möglichst sicheren Einblick in die Lage der Gesellschaft gewährt.

(2) Soweit in den folgenden Vorschriften nichts anderes bestimmt ist, sind die Vorschriften des Vierten Abschnitts des Ersten Buchs des Handelsgesetzbuchs über Handelsbücher[1] anzuwenden.

1. Vgl. Anhang.

§ 130.

Gesetzliche Rücklage

(1) Es ist eine gesetzliche Rücklage zu bilden.

(2) In diese sind außer den Beträgen, deren Einstellung in die gesetzliche Rücklage für den Fall der Kapitalherabsetzung nach den §§ 185, 192 Abs. 5 vorgeschrieben ist, einzustellen:

1. der Betrag, der mindestens dem zwanzigsten Teil des jährlichen Reingewinns entspricht, so lange, wie die Rücklage nicht den zehnten oder den in der Satzung bestimmten höheren Teil des Grundkapitals erreicht[1];

2. der Betrag, der bei der ersten oder einer späteren Ausgabe von Aktien für einen höheren Betrag als den Nennbetrag über diesen und den Betrag der durch die Ausgabe entstehenden Kosten hinaus erzielt wird[2];

3. der Betrag, der bei der bedingten Kapitalerhöhung durch Ausgabe von Wandelschuldverschreibungen für einen höheren Betrag als den Nennbetrag der Bezugsaktien über diesen und den Betrag der durch die Ausgabe der Schuldverschreibungen und der Bezugsaktien entstehenden Kosten hinaus erzielt wird, es sei denn, daß der Gesamtnennbetrag der Bezugsaktien zuzüglich der durch ihre Ausgabe sowie die Ausgabe der Schuldverschreibungen entstehenden Kosten den Gesamtbetrag erreicht oder übersteigt, zu dem die Schuldverbungen ausgegeben werden[3];

4. der Betrag von Zuzahlungen, die Aktionäre gegen Gewährung eines Vorzugs für ihre Aktien leisten.

(3) Die gesetzliche Rücklage darf nur zum Ausgleich von Wertminderungen und zur Deckung von sonstigen Verlusten verwandt werden[4]). Der Verwendung der gesetzlichen Rücklage steht nicht entgegen, daß freie, zum Ausgleich von Wertminderungen und zur Deckung von sonstigen Verlusten bestimmte Rücklagen vorhanden sind.

1. Vgl. §§ 6, 16.
2. Vgl. § 9.
3. Vgl. §§ 159 ff.
4. Ausweis in der Gewinn und Verlustrechnung: § 132 Abs. 1 I Nr. 7.

§ 131

Gliederung der Jahresbilanz[1]

(1) In der Jahresbilanz sind, wenn der Geschäftszweig keine abweichende Gliederung bedingt, die gleichwertig sein muß, unbeschadet einer weiteren Gliederung folgende Posten gesondert auszuweisen:

A. Auf der Aktivseite:

I. Ausstehende Einlagen auf das Grundkapital.

II. Anlagevermögen:
   1. Bebaute Grundstücke mit
      a) Geschäfts- oder Wohngebäuden,
      b) Fabrikgebäuden oder anderen Baulichkeiten;
   2. unbebaute Grundstücke;
   3. Maschinen und maschinelle Anlagen;
   4. Werkzeuge, Betriebs- und Geschäftsausstattung;
   5. Konzessionen, Patente, Lizenzen, Marken- und ähnliche Rechte;
   6. Beteiligungen, gleichviel, ob sie in Wertpapieren verkörpert sind oder nicht. Aktien oder Anteile einer Kapitalgesellschaft, deren Nennbeträge insgesamt den vierten Teil des Grundkapitals dieser Gesellschaft erreichen, sowie Kuxe einer bergrechtlichen Gewerkschaft, deren Zahl insgesamt den vierten Teil der Kuxe dieser Gewerkschaft erreicht, gelten im Zweifel als Beteiligung;
   7. andere Wertpapiere des Anlagevermögens.

III. Umlaufvermögen:
   1. Roh-, Hilfs- und Betriebsstoffe;
   2. halbfertige Erzeugnisse;

3. fertige Erzeugnisse, Waren;
4. Wertpapiere, soweit sie nicht unter II Nr. 6 oder 7, III Nr. 5, 12 oder 13 aufzuführen sind;
5. eigene Aktien und Aktien einer herrschenden Gesellschaft unter Angabe ihres Nennbetrags;
6. Hypotheken, Grund- und Rentenschulden;
7. von der Gesellschaft geleistete Anzahlungen;
8. Forderungen auf Grund von Warenlieferungen und Leistungen;
9. Forderungen an Konzernunternehmen;
10. Forderungen aus Krediten, die nach § 80 nur mit ausdrücklicher Zustimmung des Aufsichtsrats gewährt werden dürfen;
11. Forderungen an Aufsichtsratsmitglieder, soweit sie nicht aus Geschäften entstanden sind, die der Betrieb der Gesellschaft gewöhnlich mit sich bringt;
12. Wechsel;
13. Schecks;
14. Kassenbestand einschließlich von Reichsbank- und Postscheckguthaben;
15. andere Bankguthaben;
16. sonstige Forderungen.

IV. Posten, die der Rechnungsabgrenzung dienen.

B. Auf der Passivseite:

I. Grundkapital; die Gesamtnennbeträge der Aktien jeder Gattung sind gesondert anzugeben; sind Mehrstimmrechtsaktien ausgegeben, so ist ihre Gesamtstimmenzahl und die der übrigen Aktien zu vermerken; bedingtes Kapital ist mit dem Nennbetrag zu vermerken[2].

II. Rücklagen:
1. gesetzliche Rücklage[3];
2. andere Rücklagen (freie Rücklagen).

III. Wertberichtigungen zu Posten des Anlagevermögens.

IV. Rückstellungen für ungewisse Schulden.

V. Verbindlichkeiten:
1. Anleihen unter Angabe ihrer dinglichen Sicherung;
2. Hypotheken, Grund- und Rentenschulden;
3. von Arbeitern und Angestellten gegebene Pfandgelder;
4. Verbindlichkeiten aus Werksspareinlagen;
5. Anzahlungen von Kunden;
6. Verbindlichkeiten auf Grund von Warenlieferungen und Leistungen;
7. Verbindlichkeiten gegenüber Konzernunternehmen;
8. Verbindlichkeiten aus der Annahme von gezogenen Wechseln und der Ausstellung eigener Wechsel;
9. Verbindlichkeiten gegenüber Banken;
10. sonstige Verbindlichkeiten.

VI. Posten, die der Rechnungsabgrenzung dienen.

(2) Abschreibungen, Wertberichtigungen, Rücklagen und Rückstellungen, die für das Geschäftsjahr gemacht werden, sind bereits in der Jahresbilanz vorzunehmen.

(3) Der Überschuß der Aktivposten über die Passivposten (Reingewinn) oder der Überschuß der Passiv-

posten über die Aktivposten (Reinverlust) ist am Schlusse der Jahresbilanz ungeteilt und gesondert auszuweisen. Ein vorjähriger Gewinn- oder Verlustvortrag ist zu vermerken.

(4) Beim Anlagevermögen sind nur die Gegenstände auszuweisen, die am Abschlußstichtag bestimmt sind, dauernd dem Geschäftsbetrieb der Gesellschaft zu dienen. Die auf die einzelnen Posten des Anlagevermögens entfallenden Zugänge und Abgänge sind gesondert aufzuführen. Gleiches gilt für Abschreibungen und Wertberichtigungen; diese können statt in der Jahresbilanz im Geschäftsbericht vermerkt werden.

(5) Unzulässig ist eine Verrechnung von Forderungen mit Verbindlichkeiten sowie von Grundstücksrechten mit Grundstückslasten. Rücklagen, Wertberichtigungen und Rückstellungen dürfen nicht als Verbindlichkeiten aufgeführt werden.

(6) Fällt ein Gegenstand unter mehrere Posten, so ist bei dem Posten, unter dem er ausgewiesen wird, die Mitzugehörigkeit zu den anderen Posten zu vermerken, wenn dies zur Aufstellung einer klaren und übersichtlichen Jahresbilanz nötig ist. Forderungen und Verbindlichkeiten gegenüber Konzernunternehmen sind in der Regel als solche (Abs. 1 A III Nr. 9; B V Nr. 7) auszuweisen; werden sie unter anderen Posten ausgewiesen, so muß die Eigenschaft als Konzernforderung oder -verbindlichkeit vermerkt werden. Eigene Aktien und Aktien einer herrschenden Gesellschaft dürfen nicht unter anderen Posten aufgeführt werden.

(7) Verbindlichkeiten aus Bürgschaften, Wechsel- und Scheckbürgschaften sowie aus Gewährleistungsverträgen sind, auch wenn ihnen gleichwertige Rückgriffsforde-

rungen gegenüberstehen, in voller Höhe in der Jahresbilanz zu vermerken.

1. Vgl. § 134.
2. Vgl. §§ 159 ff.
3. Vgl. § 130.

§ 132

Gliederung der Gewinn- und Verlustrechnung[1]

(1) In der Gewinn- und Verlustrechnung sind, wenn der Geschäftszweig keine abweichende Gliederung bedingt, die gleichwertig sein muß, unbeschadet einer weiteren Gliederung folgende Posten gesondert auszuweisen[2]:

I. Auf der Seite der Aufwendungen:
1. Löhne und Gehälter;
2. soziale Abgaben;
3. Abschreibungen und Wertberichtigungen auf das Anlagevermögen;
4. Zinsen, soweit sie die Ertragszinsen übersteigen; den Zinsen stehen ähnliche Aufwendungen gleich;
5. Steuern vom Einkommen, vom Ertrag und vom Vermögen mit Ausnahme derjenigen Steuern vom Einkommen, die regelmäßig durch Steuerabzug erhoben werden;
6. Beiträge an Berufsvertretungen, wenn die Zugehörigkeit auf gesetzlicher Vorschrift beruht;
7. Beträge von
   a) Wertminderungen,
   b) sonstigen Verlusten,

   zu deren Ausgleich die gesetzliche Rücklage verwandt worden ist;

8. außerordentliche Aufwendungen, soweit sie nicht in Nr. 1 bis 7 und 9 enthalten sind;
9. alle übrigen Aufwendungen, soweit sie den Teil des Jahresertrags unter II Nr. 1 übersteigen.

II. Auf der Seite der Erträge:

1. der Jahresertrag nach Abzug der Aufwendungen, soweit sie nicht nach I Nr. 1 bis 8 auf der Seite der Aufwendungen gesondert auszuweisen sind, sowie nach Abzug der Erträge, die unter Nr. 2 bis 6 gesondert auszuweisen sind;
2. Erträge aus Beteiligungen;
3. Zinsen, soweit sie die Aufwandszinsen übersteigen; den Zinsen stehen ähnliche Erträge gleich;
4. außerordentliche Erträge einschließlich der Beträge, die durch die Auflösung von Wertberichtigungen, Rückstellungen und freien Rücklagen gewonnen sind;
5. die aus der Auflösung der gesetzlichen Rücklage gewonnenen Beträge;
6. außerordentliche Zuwendungen.

(2) Der Reingewinn oder Reinverlust des Jahres ist am Schlusse der Gewinn- und Verlustrechnung ungeteilt und gesondert auszuweisen. Ein vorjähriger Gewinn- oder Verlustvortrag ist zu vermerken.

1. Vgl. § 134.
2. Vgl. auch § 190.

§ 133

Wertansätze in der Jahresbilanz

Für den Ansatz der einzelnen Posten der Jahresbilanz gelten folgende Vorschriften:

1. Die im § 131 Abs. 1 A II Nr. 1 bis 4 bezeichneten Gegenstände des Anlagevermögens dürfen höchstens zu den Anschaffungs- oder Herstellungskosten angesetzt werden.

   Auch bei geringerem Wert dürfen sie zu den Anschaffungs- oder Herstellungskosten angesetzt werden, wenn der Anteil an dem Wertverlust, der sich bei der Verteilung auf die voraussichtliche Gesamtdauer der Verwendung oder Nutzung für das einzelne Geschäftsjahr ergibt, in Abzug oder in Form von Wertberichtigungen in Ansatz gebracht wird.

   Bei der Berechnung der Herstellungskosten dürfen in angemessenem Umfange Abnutzungen und sonstige Wertminderungen sowie angemessene Teile der Betriebs- und Verwaltungskosten eingerechnet werden, die auf den Zeitraum der Herstellung entfallen; Vertriebskosten gelten nicht als Betriebs- und Verwaltungskosten.

2. Die im § 131 Abs. 1 A II Nr. 5 bis 7 bezeichneten Gegenstände des Anlagevermögens dürfen höchstens zu den Anschaffungskosten angesetzt werden.

   Auch bei geringerem Wert dürfen sie zu den Anschaffungskosten angesetzt werden, wenn nicht die Grundsätze ordnungsmäßiger Buchführung Abschreibungen oder Wertberichtigungen nötig machen.

3. Die Gegenstände des Umlaufvermögens (§ 131 Abs. 1 A III) dürfen höchstens zu den Anschaffungs- oder Herstellungskosten angesetzt werden.

Für die Berechnung der Herstellungskosten gilt Nr. 1 Abs. 3.

Sind die Anschaffungs- oder Herstellungskosten höher als der Börsen- oder Marktpreis am Abschlußstichtag, so ist höchstens dieser Preis anzusetzen.

Ist ein Börsen- oder Marktpreis nicht festzustellen und übersteigen die Anschaffungs- oder Herstellungskosten den Wert, der den Gegenständen am Abschlußstichtag beizulegen ist, so ist höchstens dieser Wert anzusetzen.

4. Die Aufwendungen für die Gründung und die Kapitalbeschaffung dürfen nicht als Aktivposten eingesetzt werden. Die Kosten der Betriebseinrichtung dürfen, jedoch nur gesondert, unter die Posten des Anlagevermögens aufgenommen werden; der eingesetzte Betrag ist durch angemessene jährliche Abschreibungen oder Wertberichtigungen zu tilgen.

5. Für den Geschäfts- oder Firmenwert darf kein Aktivposten eingesetzt werden. Übersteigt jedoch die für die Übernahme eines Unternehmens bewirkte Gegenleistung die Werte der einzelnen Vermögensgegenstände des Unternehmens im Zeitpunkt der Übernahme, so darf der Unterschied, jedoch nur gesondert, unter die Posten des Anlagevermögens aufgenommen werden; der eingesetzte Betrag ist durch angemessene jährliche Abschreibungen oder Wertberichtigungen zu tilgen.

6. Anleihen der Gesellschaft sind mit ihrem Rückzahlungsbetrag unter die Passivposten aufzunehmen. Ist der Rückzahlungsbetrag höher als

der Ausgabebetrag, so darf der Unterschied, jedoch nur gesondert, unter die Aktivposten, die der Rechnungsabgrenzung dienen, aufgenommen werden; der eingesetzte Betrag ist durch jährliche Abschreibungen oder Wertberichtigungen zu tilgen, die auf die gesamte Laufzeit der Anleihen verteilt werden dürfen.

7. Das Grundkapital ist auf der Passivseite zum Nennbetrag einzusetzen.

§ 134

Formblätter für den Jahresabschluß. Jahresabschluß der Konzernunternehmen

Der Reichsminister der Justiz wird ermächtigt, im Einvernehmen mit dem Reichswirtschaftsminister

1. für die Gliederung des Jahresabschlusses Formblätter vorzuschreiben oder andere Vorschriften zu erlassen, die von den §§ 131, 132 abweichen oder sie ergänzen. Hat eine Gesellschaft mehrere Geschäftszweige und bedingen diese die Gliederung des Jahresabschlusses nach verschiedenen Gliederungsvorschriften, so hat die Gesellschaft den Jahresabschluß nach der für einen ihrer Geschäftszweige vorgeschriebenen Gliederung aufzustellen und nach der für ihre anderen Geschäftszweige vorgeschriebenen Gliederung zu ergänzen;
2. für Konzernunternehmen[1] Vorschriften über die Aufstellung des eigenen und über die Aufstellung eines gemeinschaftlichen Jahresabschlusses zu erlassen.

1. Vgl. § 15.

Zweiter Abschnitt
Prüfung des Jahresabschlusses

§ 135
Umfang der Prüfung

(1) Der Jahresabschluß ist unter Einbeziehung der Buchführung und des Geschäftsberichts, soweit er den Jahresbericht erläutert, durch einen oder mehrere sachverständige Prüfer (Abschlußprüfer) zu prüfen, bevor er dem Aufsichtsrat[1] vorgelegt wird[2]. Hat keine Prüfung stattgefunden, so kann der Jahresabschluß nicht festgestellt werden; ein trotzdem festgestellter Jahresabschluß ist nichtig.

(2) Die Abschlußprüfung darf sich nicht darauf beschränken, ob der Jahresabschluß äußerlich sachgemäß aufgestellt ist und mit dem Bestandsverzeichnis und den Geschäftsbüchern übereinstimmt, sondern hat sich auf die Beachtung der Vorschriften über den Jahresabschluß und den Geschäftsbericht zu erstrecken.

(3) Bei Meinungsverschiedenheiten zwischen den Abschlußprüfern und dem Vorstand über die Auslegung der Vorschriften über den Jahresabschluß und den Geschäftsbericht entscheidet eine Spruchstelle. Die Entscheidung bindet die Gerichte und Verwaltungsbehörden. Das Nähere bestimmt der Reichsminister der Justiz, er bestimmt namentlich die Spruchstelle und regelt ihr Verfahren.

1. Vgl. § 125 Abs. 1.
2. Prüfer: § 137.

§ 136
Bestellung der Abschlußprüfer

(1) Die Abschlußprüfer werden von der Hauptversammlung gewählt; das Wahlergebnis ist in die Nieder-

schrift aufzunehmen. Die Prüfer sollen jeweils vor Ablauf des Geschäftsjahres gewählt werden, auf das sich ihre Prüfungstätigkeit erstreckt. Der Vorstand hat den gewählten Prüfern unverzüglich den Prüfungsauftrag zu erteilen[1].

(2) Der Vorstand, der Aufsichtsrat oder eine Minderheit, deren Anteile zusammen den zehnten Teil des Grundkapitals erreichen, sind berechtigt, gegen die Auswahl der Abschlußprüfer zur Niederschrift Widerspruch zu erheben.

(3) Über den Widerspruch entscheidet nach Anhörung der Beteiligten das Gericht; die Entscheidung ist unanfechtbar. Der Widerspruch der Minderheit ist nur zu berücksichtigen, wenn glaubhaft gemacht wird, daß die die Minderheit bildenden Aktionäre seit mindestens drei Monaten vor dem Tage der Hauptversammlung Inhaber der Aktien sind; zur Glaubhaftmachung genügt eine eidesstattliche Versicherung vor einem Gericht oder einem Notar. Wird dem Widerspruch stattgegeben, so hat das Gericht nach Anhörung der amtlichen Vertretung des Handelsstands andere Abschlußprüfer zu bestellen; die Bestellung ist endgültig.

(4) Hat die Hauptversammlung bis zum Ablauf des Geschäftsjahrs keine Abschlußprüfer gewählt, so hat auf Antrag des Vorstands, des Aufsichtsrats oder eines Aktionärs das Gericht nach Anhörung der amtlichen Vertretung des Handelsstands die Abschlußprüfer zu bestellen; die Bestellung ist endgültig. Gleiches gilt für den Fall, daß ein gewählter Prüfer die Annahme des Prüfungsauftrags abgelehnt hat, weggefallen ist oder am rechtzeitigen Abschluß der Prüfung verhindert ist und die Hauptversammlung keinen

anderen Prüfer gewählt hat. Der Vorstand ist verpflichtet, den Antrag zu stellen[1].

(5) Die vom Gericht bestellten Abschlußprüfer haben Anspruch auf Ersatz angemessener barer Auslagen und auf Vergütung für ihre Tätigkeit. Die Auslagen und die Vergütung setzt das Gericht fest; gegen die Festsetzung ist die sofortige Beschwerde zulässig; die weitere Beschwerde ist ausgeschlossen. Aus der rechtskräftigen Festsetzung findet die Zwangsvollstreckung nach der Zivilprozeßordnung statt.

(6) Die Wahl zum Abschlußprüfer kann die Hauptversammlung auch vor Abschluß der Prüfung widerrufen; hat das Gericht den Prüfer bestellt, so kann es auf Antrag des Vorstands die Bestellung widerrufen.

1. Strafbestimmung: § 303.

§ 137

Auswahl der Abschlußprüfer

(1) Als Abschlußprüfer dürfen nur öffentlich bestellte Wirtschaftsprüfer oder Wirtschaftsprüfungsgesellschaften gewählt oder bestellt werden.

(2) Mitglieder des Vorstands oder des Aufsichtsrats sowie Angestellte der Gesellschaft dürfen als Prüfer weder gewählt noch bestellt werden; gleiches gilt für Mitglieder des Vorstands oder des Aufsichtsrats sowie Angestellte einer anderen Gesellschaft, die von der zu prüfenden Gesellschaft abhängig ist oder sie beherrscht, sowie für Personen, auf deren Geschäftsführung eine dieser Gesellschaften maßgebenden Einfluß hat.

§ 138

Auskunftsrecht

(1) Der Vorstand hat den Abschlußprüfern den Jahresabschluß und den Geschäftsbericht vorzulegen und ihnen zu gestatten, die Bücher und Schriften der Gesellschaft sowie die Vermögensgegenstände, namentlich die Gesellschaftskasse und die Bestände an Wertpapieren und Waren, zu prüfen.

(2) Die Abschlußprüfer können vom Vorstand alle Aufklärungen und Nachweise verlangen, welche die sorgfältige Erfüllung ihrer Prüfungspflicht fordert.

(3) Soweit es die Vorbereitung der Abschlußprüfung fordert und nicht die überwiegenden Belange der Gesellschaft oder eines beteiligten Unternehmens entgegenstehen, haben die Prüfer diese Rechte auch schon vor Aufstellung des Jahresabschlusses.

Strafbestimmung: § 303, bei falschen Angaben usw.: § 296.

§ 139

Prüfungsbericht

(1) Die Abschlußprüfer haben über das Ergebnis der Prüfung schriftlich zu berichten [1]. Im Bericht ist besonders festzustellen, ob die Buchführung, der Jahresabschluß und der Geschäftsbericht, soweit er den Jahresabschluß erläutert, den gesetzlichen Vorschriften entsprechen und ob der Vorstand die verlangten Aufklärungen und Nachweise erbracht hat. Die Prüfer haben den Bericht zu unterzeichnen.

(2) Der Bericht ist dem Vorstand und dem Aufsichtsrat vorzulegen.

1. Strafvorschrift bei falschen Berichten: § 302.

§ 140
Bestätigungsvermerk

(1) Sind nach dem abschließenden Ergebnis der Prüfung keine Einwendungen zu erheben, so haben die Abschlußprüfer dies durch einen Vermerk zu bestätigen; der Bestätigungsvermerk muß ergeben,

daß nach pflichtmäßiger Prüfung auf Grund der Bücher und der Schriften der Gesellschaft sowie der vom Vorstand erteilten Aufklärungen und Nachweise die Buchführung, der Jahresabschluß und der Geschäftsbericht, soweit er den Jahresabschluß erläutert, den gesetzlichen Vorschriften entsprechen.

(2) Sind Einwendungen zu erheben, so haben die Abschlußprüfer die Bestätigung zu versagen oder einzuschränken.

(3) Die Abschlußprüfer können die Bestätigung auch dann versagen oder einschränken, wenn der Geschäftsbericht, soweit in ihm der Geschäftsverlauf und die Lage der Gesellschaft dargelegt sind, offensichtlich eine falsche Darstellung von den Verhältnissen der Gesellschaft erweckt, die geeignet ist, das durch den Jahresabschluß vermittelte Bild von der Lage der Gesellschaft zu verfälschen.

§ 141
Verantwortlichkeit der Abschlußprüfer

(1) Die Abschlußprüfer, ihre Gehilfen und die bei der Prüfung mitwirkenden gesetzlichen Vertreter einer Prüfungsgesellschaft sind zur gewissenhaften und unparteiischen Prüfung und zur Verschwiegenheit verpflichtet [1]. Sie dürfen nicht unbefugt Geschäfts- und Betriebsgeheimnisse verwerten, die sie bei der Wahr-

nehmung ihrer Obliegenheiten erfahren haben. Wer seine Obliegenheiten verletzt, ist der Gesellschaft zum Ersatz des daraus entstehenden Schadens verpflichtet; mehrere Personen haften als Gesamtschuldner.

(2) Die Ersatzpflicht von Personen, die fahrlässig gehandelt haben, beschränkt sich auf hunderttausend Reichsmark für eine Prüfung; dies gilt auch dann, wenn an der Prüfung mehrere Personen beteiligt gewesen oder mehrere zum Ersatz verpflichtende Handlungen begangen worden sind, und ohne Rücksicht darauf, ob andere Beteiligte vorsätzlich gehandelt haben.

(3) Die Verpflichtung zur Verschwiegenheit besteht, wenn eine Prüfungsgesellschaft Abschlußprüfer ist, auch gegenüber dem Aufsichtsrat und den Mitgliedern des Aufsichtsrats der Prüfungsgesellschaft. Der Vorsitzer des Aufsichtsrats der Prüfungsgesellschaft und sein Stellvertreter dürfen jedoch die von der Prüfungsgesellschaft erstatteten Berichte einsehen, die dabei erlangten Kenntnisse aber nur verwerten, soweit es die Erfüllung der Überwachungspflicht des Aufsichtsrats fordert[2].

(4) Die Ersatzpflicht nach diesen Vorschriften kann durch Vertrag weder ausgeschlossen noch beschränkt werden.

(5) Die Ansprüche aus diesen Vorschriften verjähren in fünf Jahren.

1. Strafvorschrift bei falschen Berichten: § 302 Nr. 1; bei Verletzung der Verschwiegenheitspflicht: § 302 Nr. 2.

2. Vgl. § 302 Nr. 3.

§ 142

Ermächtigung

Der Reichsminister der Justiz wird ermächtigt, im Einvernehmen mit dem Reichswirtschaftsminister

1. allgemeine Vorschriften über die Prüfung des Jahresabschlusses zu erlassen,
2. für Gesellschaften von besonderer Art Ausnahmen von den Vorschriften über die Prüfung des Jahresabschlusses zuzulassen sowie ergänzende und abweichende Vorschriften zu treffen. Bei diesen Gesellschaften kann die Hauptversammlung mit einfacher Stimmenmehrheit die Bestellung von Prüfern zur Prüfung des Jahresabschlusses beschließen. § 118 Abs. 3 und 4 gilt sinngemäß.

Dritter Abschnitt

Bekanntmachung des Jahresabschlusses

§ 143

Einreichung des Jahresabschlusses und des Geschäftsberichts zum Handelsregister. Bekanntmachung des Jahresabschlusses

(1) Der Vorstand hat unverzüglich den Jahresabschluß und den Geschäftsbericht nebst dem Bericht des Aufsichtsrats (§ 96) zum Handelsregister des Sitzes der Gesellschaft einzureichen[1].

(2) Der Vorstand hat unverzüglich den Jahresabschluß in den Gesellschaftsblättern[2] bekanntzumachen und die Bekanntmachung zum Handelsregister des Sitzes der Gesellschaft einzureichen[3].

(3) Zu der Prüfung, ob der Jahresabschluß und der Geschäftsbericht den gesetzlichen Vorschriften entsprechen, ist das Gericht nicht verpflichtet.

1. Strafbestimmung: § 303.
2. Vgl. § 18.
3. Vgl. § 191.

§ 144

Form und Inhalt der Bekanntmachung des Jahresabschlusses

(1) Der Jahresabschluß ist in allen Veröffentlichungen und Vervielfältigungen vollständig und richtig mit dem vollen Wortlaut des Bestätigungsvermerks wiederzugeben; haben die Abschlußprüfer die Bestätigung versagt oder hat keine Prüfung des Jahresabschlusses stattgefunden (§ 142 Nr. 2), so ist hierauf in einem besonderen Vermerk hinzuweisen. In den Veröffentlichungen und Vervielfältigungen des Jahresabschlusses sind die sämtlichen Mitglieder des Vorstands und des Aufsichtsrats mit dem Familiennamen und mindestens einem ausgeschriebenen Vornamen anzugeben; die Vorsitzer des Vorstands und des Aufsichtsrats sind besonders zu bezeichnen.

(2) Bei der Aufstellung und in allen Veröffentlichungen und Vervielfältigungen des Jahresabschlusses müssen die in der Bilanz und in der Gewinn- und Verlustrechnung ausgewiesenen Posten in der Weise untereinandergesetzt werden, daß jeder Posten mit dem dazugehörigen Zahlenbetrag eine besondere Zeile erhält; die Summe der Posten auf der Aktivseite und auf der Passivseite sowie auf der Seite der Aufwendungen und auf der Seite der Erträge ist jeweils besonders anzugeben.

Vgl. § 301 (Strafbestimmung).

Sechster Teil

Satzungsänderung. Maßnahmen der Kapitalbeschaffung und Kapitalherabsetzung

Erster Abschnitt

Satzungsänderung

§ 145

Allgemeines

(1) Jede Satzungsänderung bedarf eines Beschlusses der Hauptversammlung. Die Befugnis zu Änderungen, die nur die Fassung betreffen, kann die Hauptversammlung dem Aufsichtsrat übertragen.

(2) Der Beschluß kann nur gefaßt werden, wenn die beabsichtigte Satzungsänderung nach ihrem wesentlichen Inhalt ausdrücklich und fristgemäß (§ 108 Abs. 2) angekündigt worden ist.

(3) Die rechtswirksam getroffenen Festsetzungen über Sondervorteile, Gründungsaufwand, Sacheinlagen und Sachübernahmen (§§ 19, 20) können erst nach Ablauf der Verjährungsfrist des § 44 geändert werden.

§ 146

Beschluß der Hauptversammlung

(1) Der Beschluß der Hauptversammlung bedarf einer Mehrheit, die mindestens drei Viertel des bei der Beschlußfassung vertretenen Grundkapitals umfaßt. Die Satzung kann diese Mehrheit durch eine andere, für eine Änderung des Gegenstandes des Unternehmens jedoch nur durch eine größere Kapitalmehrheit ersetzen. Sie kann noch andere Erfordernisse aufstellen.

(2) Soll das bisherige Verhältnis mehrerer Gattungen von Aktien (§ 11) zum Nachteil einer Gattung geändert werden, so bedarf der Beschluß der Hauptversammlung zu seiner Wirksamkeit eines in gesonderter Abstimmung gefaßten Beschlusses der benachteiligten Aktionäre; für diesen gilt Abs. 1. Die benachteiligten Aktionäre können den Beschluß nur fassen, wenn die gesonderte Abstimmung ausdrücklich und fristgemäß (§ 108 Abs. 2) angekündigt worden ist[1].

1. Vgl. auch § 117.

§ 147

Begründung von Nebenverpflichtungen

Ein Beschluß, der Aktionären Nebenverpflichtungen (§ 50) auferlegt, bedarf zu seiner Wirksamkeit der Zustimmung aller betroffenen Aktionäre.

§ 148

Eintragung der Satzungsänderung

(1) Der Vorstand hat die Satzungsänderung zur Eintragung in das Handelsregister anzumelden[1]. Bedarf die Satzungsänderung staatlicher Genehmigung, so ist der Anmeldung die Genehmigungsurkunde beizufügen.

(2) Soweit nicht die Änderung Angaben nach § 32 betrifft, genügt bei der Eintragung die Bezugnahme auf die beim Gericht eingereichten Urkunden. Betrifft eine Änderung Bestimmungen, die ihrem Inhalt nach bekanntzumachen sind, so ist auch die Änderung ihrem Inhalt nach bekanntzumachen.

(3) Die Änderung hat keine Wirkung, bevor sie in das Handelsregister des Sitzes der Gesellschaft eingetragen worden ist.

1. Keine Ordnungsstrafen: § 303 Abs. 2.

Zweiter Abschnitt
Maßnahmen der Kapitalbeschaffung
Erster Unterabschnitt
Kapitalerhöhung

§ 149
Voraussetzungen

(1) Eine Erhöhung des Grundkapitals durch Ausgabe neuer Aktien kann nur mit einer Mehrheit beschlossen[1] werden, die mindestens drei Viertel des bei der Beschlußfassung vertretenen Grundkapitals umfaßt. Die Satzung kann diese Mehrheit durch eine andere Kapitalmehrheit ersetzen und noch andere Erfordernisse aufstellen.

(2) Sind mehrere Gattungen von Aktien (§ 11) vorhanden, so bedarf der Beschluß der Hauptversammlung zu seiner Wirksamkeit eines in gesonderter Abstimmung gefaßten Beschlusses der Aktionäre jeder Gattung; für diesen gilt Abs. 1. Der Beschluß kann nur gefaßt werden, wenn die gesonderte Abstimmung ausdrücklich und fristgemäß (§ 108 Abs. 2) angekündigt worden ist[2].

(3) Sollen die neuen Aktien für einen höheren Betrag als den Nennbetrag ausgegeben werden, so ist der Mindestbetrag, unter dem sie nicht ausgegeben werden sollen, im Beschluß über die Erhöhung des Grundkapitals festzusetzen[3].

(4) Das Grundkapital soll nicht erhöht werden, solange noch ausstehende Einlagen auf das bisherige Grundkapital geleistet werden können[4]. Für Versicherungsgesellschaften kann die Satzung etwas anderes bestimmen. Stehen Einlagen in verhältnismäßig un-

erheblichem Umfang aus, so hindert dies die Erhöhung des Grundkapitals nicht[5].

1. Zuständig ist die Hauptversammlung: §§ 145, 103; vgl. § 16.

2. Vgl. § 117 Abs. 2.

3. Vgl. § 9.

4. Vgl. § 151 Abs. 2.

5. Über Kapitalerhöhung bei Verschmelzung: vgl. § 237.

§ 150

Kapitalerhöhung mit Sacheinlagen

(1) Wird eine Sacheinlage[1] gemacht, so muß ihr Gegenstand, die Person, von der die Gesellschaft den Gegenstand erwirbt, und der Nennbetrag der bei der Sacheinlage zu gewährenden Aktien im Beschluß über die Erhöhung des Grundkapitals festgesetzt werden. Der Beschluß kann nicht gefaßt werden, wenn die Einbringung von Sacheinlagen ausdrücklich und fristgemäß (§ 108 Abs. 2) angekündigt worden ist.

(2) Ohne diese Festsetzung sind Vereinbarungen über Sacheinlagen und die Rechtshandlungen zu ihrer Ausführung der Gesellschaft gegenüber unwirksam. Ist die Durchführung der Erhöhung des Grundkapitals eingetragen, so wird ihre Gültigkeit durch diese Unwirksamkeit nicht berührt. Der Aktionär bleibt verpflichtet, den Nennbetrag oder den höheren Ausgabebetrag der Aktien einzuzahlen. Die Unwirksamkeit kann durch Satzungsänderung nicht geheilt werden, nachdem die Durchführung der Erhöhung des Grundkapitals in das Handelsregister eingetragen worden ist.

1. Begriff der Sacheinlage: § 20.

§ 151

Anmeldung des Beschlusses

(1) Der Vorstand und der Vorsitzer des Aufsichtsrats oder dessen Stellvertreter haben den Beschluß über die Erhöhung des Grundkapitals zur Eintragung in das Handelsregister anzumelden[1].

(2) In der Anmeldung ist anzugeben, welche Einlagen auf das bisherige Grundkapital rückständig sind und warum sie nicht geleistet werden können.

(3) Das Gericht kann die Eintragung ablehnen, wenn es offensichtlich ist, daß der Wert der Sacheinlage hinter dem Nennbetrag der dafür zu gewährenden Aktien zurückbleibt[2 3].

1. Keine Ordnungsstrafen: § 303 Abs. 2.
2. Vgl. § 155 Abs. 4.
3. Strafdrohung bei falschen Angaben: § 295.

§ 152

Zeichnung der neuen Aktien

(1) Die Zeichnung der neuen Aktien geschieht durch schriftliche Erklärung (Zeichnungsschein), aus der die Beteiligung nach der Zahl, dem Nennbetrag und, wenn mehrere Gattungen ausgegeben werden, der Gattung der Aktien hervorgehen muß. Der Zeichnungsschein soll doppelt ausgestellt werden; er hat zu enthalten:

1. den Tag, an dem die Erhöhung des Grundkapitals beschlossen ist;
2. den Ausgabebetrag der Aktien, den Betrag der festgesetzten Einzahlungen sowie den Umfang von Nebenverpflichtungen;
3. die im Fall der Kapitalerhöhung mit Sacheinlagen vorgesehenen Festsetzungen und, wenn

mehrere Gattungen ausgegeben werden, den Gesamtnennbetrag einer jeden Aktiengattung;

4. den Zeitpunkt, an dem die Zeichnung unverbindlich wird, wenn nicht bis dahin die Durchführung der Erhöhung des Grundkapitals eingetragen worden ist.

(2) Zeichnungsscheine, die diese Angaben nicht vollständig oder die außer dem Vorbehalt im Abs. 1 Nr. 4 Beschränkungen der Verpflichtung des Zeichners enthalten, sind nichtig.

(3) Ist die Durchführung der Erhöhung des Grundkapitals eingetragen, so kann sich der Zeichner auf die Nichtigkeit oder Unverbindlichkeit des Zeichnungsscheins nicht berufen, wenn er auf Grund des Zeichnungsscheins als Aktionär Rechte ausgeübt oder Verpflichtungen erfüllt hat.

(4) Jede nicht im Zeichnungsschein enthaltene Beschränkung ist der Gesellschaft gegenüber unwirksam.

§ 153

Bezugsrecht

(1) Jedem Aktionär muß auf sein Verlangen ein seinem Anteil an dem bisherigen Grundkapital entsprechender Teil der neuen Aktien zugeteilt werden. Für die Ausübung des Bezugsrechts kann eine Frist von mindestens zwei Wochen bestimmt werden.

(2) Der Vorstand hat den Ausgabebetrag und zugleich eine nach Abs. 1 bestimmte Frist in den Gesellschaftsblättern bekanntzumachen.

(2) Das Bezugsrecht kann ganz oder teilweise nur im Beschluß [1] über die Erhöhung des Grundkapitals ausgeschlossen werden [2]. In diesem Fall bedarf der Be-

schluß neben den in Gesetz oder Satzung für die Kapitalerhöhung aufgestellten Erfordernissen einer Mehrheit, die mindestens drei Viertel des bei der Beschlußfassung vertretenen Grundkapitals umfaßt. Die Satzung kann diese Mehrheit durch eine größere Kapitalmehrheit ersetzen und noch andere Erfordernisse aufstellen.

(4) Ein Beschluß, durch den das Bezugsrecht ganz oder teilweise ausgeschlossen wird, kann nur gefaßt werden, wenn diese Ausschließung ausdrücklich und fristgemäß (§ 108 Abs. 2) angekündigt worden ist.

1. der Hauptversammlung: §§ 149, 145, 103.
2. für Vorzugsaktionäre vgl. § 117 Abs. 2.

§ 154

Zusicherung von Rechten auf den Bezug neuer Aktien

(1) Rechte auf den Bezug neuer Aktien können nur unter Vorbehalt des Bezugsrechts der Aktionäre (§ 153) zugesichert werden [1].

(2) Zusicherungen vor dem Beschluß über die Erhöhung des Grundkapitals sind der Gesellschaft gegenüber unwirksam.

1. Vgl. auch § 12 EG.

§ 155

Anmeldung und Eintragung der Durchführung

(1) Der Vorstand und der Vorsitzer des Aufsichtsrats oder dessen Stellvertreter haben die Durchführung der Erhöhung des Grundkapitals zur Eintragung in das Handelsregister anzumelden [1].

(2) Für die Anmeldung gelten sinngemäß § 28 Abs. 2 und § 29 Abs. 1. Durch Gutschrift auf ein Konto des Vorstands (§ 49 Abs. 3) kann die Einzahlung nicht geleistet werden.

(3) Der Anmeldung sind beizufügen:

1. die Doppelstücke der Zeichnungsscheine und ein vom Vorstand unterschriebenes Verzeichnis der Zeichner, das die auf jeden entfallenden Aktien und die auf sie geleisteten Einzahlungen angibt;
2. im Fall der Kapitalerhöhung mit Sacheinlagen die Verträge, die den Festsetzungen nach § 150 zugrundeliegen oder zu ihrer Ausführung geschlossen worden sind;
3. eine Berechnung der Kosten, die für die Gesellschaft durch die Ausgabe der neuen Aktien entstehen werden;
4. wenn die Erhöhung des Grundkapitals der staatlichen Genehmigung bedarf, die Genehmigungsurkunde.

(4) Das Gericht kann die Eintragung ablehnen, wenn es offensichtlich ist, daß der Wert der Sacheinlage hinter dem Nennbetrag der dafür zu gewährenden Aktien zurückbleibt.

(5) Anmeldung und Eintragung der Durchführung der Erhöhung des Grundkapitals können mit Anmeldung und Eintragung des Beschlusses über die Erhöhung verbunden werden.

(6) Die eingereichten Schriftstücke werden beim Gericht in Urschrift, Ausfertigung oder öffentlich beglaubigter Abschrift aufbewahrt.

1. Keine Ordnungsstrafen: § 303 Abs. 2.

§ 156

Wirksamwerden der Kapitalerhöhung

Mit der Eintragung der Durchführung der Erhöhung des Grundkapitals ist das Grundkapital erhöht.

§ 157

Bekanntmachung

In die Bekanntmachung[1] der Eintragung der Durchführung der Erhöhung des Grundkapitals sind außer deren Inhalt der Ausgabebetrag der Aktien und die im Fall der Kapitalerhöhung mit Sacheinlagen vorgesehenen Festsetzungen aufzunehmen; bei der Bekanntmachung dieser Festsetzungen genügt die Bezugnahme auf die beim Gericht eingereichten Urkunden.

1. Vgl. § 148 Abs. 2.

§ 158

Verbotene Ausgabe von Aktien und Zwischenscheinen

Die neuen Anteilsrechte können vor Eintragung der Durchführung der Erhöhung des Grundkapitals nicht übertragen werden, neue Aktien und Zwischenscheine können vorher nicht ausgegeben werden[1]. Die vorher ausgegebenen neuen Aktien und Zwischenscheine sind nichtig; für den Schaden aus der Ausgabe sind die Ausgeber den Besitzern als Gesamtschuldner verantwortlich.

1. Strafvorschrift: § 296.

Zweiter Unterabschnitt
Bedingte Kapitalerhöhung

§ 159
Voraussetzungen

(1) Die Hauptversammlung kann eine Erhöhung des Grundkapitals beschließen, die nur soweit durchgeführt werden soll, wie von einem unentziehbaren Umtausch- oder Bezugsrecht Gebrauch gemacht wird, das die Gesellschaft auf die neuen Aktien (Bezugsaktien) einräumt (bedingte Kapitalerhöhung).

(2) Die bedingte Kapitalerhöhung soll nur zum Zweck der Gewährung von Umtausch- oder Bezugsrechten an Gläubiger von Wandelschuldverschreibungen[1] oder zur Vorbereitung des Zusammenschlusses mehrerer Unternehmen beschlossen werden.

(3) Der Nennbetrag des bedingten Kapitals darf nicht höher sein als die Hälfte des zur Zeit des Beschlusses über die bedingte Kapitalerhöhung vorhandenen Grundkapitals.

(4) Ein dem Beschluß über die bedingte Kapitalerhöhung entgegenstehender Beschluß der Hauptversammlung ist nichtig.

(5) Die folgenden Vorschriften über das Bezugsrecht gelten sinngemäß für das Umtauschrecht.

1. Vgl. § 174.

§ 160
Erfordernisse des Beschlusses

(1) Der Beschluß über die bedingte Kapitalerhöhung bedarf einer Mehrheit, die mindestens drei Viertel des bei der Beschlußfassung vertretenen Grundkapitals umfaßt; die Satzung kann diese Mehrheit durch eine größere Kapitalmehrheit ersetzen und noch andere Er

forderniſſe aufſtellen. § 149 Abſ. 2 und § 154 Abſ. 2 gelten ſinngemäß.

(2) Im Beſchluß müſſen auch feſtgeſtellt werden:

1. der Zweck der bedingten Kapitalerhöhung;
2. der Kreis der Bezugsberechtigten;
3. der Ausgabebetrag[1] oder die Grundlagen, wonach dieſer Betrag errechnet wird.

1. Vgl. § 9.

§ 161

Bedingte Kapitalerhöhung mit Sacheinlagen

(1) Wird eine Sacheinlage[1] gemacht, ſo muß ihr Gegenſtand, die Perſon, von der die Geſellſchaft den Gegenſtand erwirbt, und der Nennbetrag der bei der Sacheinlage zu gewährenden Aktien im Beſchluß über die bedingte Kapitalerhöhung feſtgeſetzt werden. Als Sacheinlage gilt nicht die Hingabe von Schuldverſchreibungen im Umtauſch gegen Bezugsaktien. Der Beſchluß kann nur gefaßt werden, wenn die Einbringung von Sacheinlagen ausdrücklich und friſtgemäß (§ 108 Abſ. 2) angekündigt worden iſt.

(2) Ohne dieſe Feſtſetzung ſind Vereinbarungen über Sacheinlagen und die Rechtshandlungen zu ihrer Ausführung der Geſellſchaft gegenüber unwirkſam. Sind die Bezugsaktien ausgegeben, ſo wird die Gültigkeit der bedingten Kapitalerhöhung durch dieſe Unwirkſamkeit nicht berührt. Der Aktionär bleibt verpflichtet, den Nennbetrag oder den höheren Ausgabebetrag der Bezugsaktien einzuzahlen. Die Unwirkſamkeit kann durch Satzungsänderung nicht geheilt werden, nachdem die Bezugsaktien ausgegeben worden ſind.

1. Begriff: § 20.

§ 162

Anmeldung des Beschlusses

(1) Der Vorstand und der Vorsitzer des Aufsichtsrats oder dessen Stellvertreter haben den Beschluß über die bedingte Kapitalerhöhung zur Eintragung in das Handelsregister anzumelden[1].

(2) Der Anmeldung sind beizufügen:

1. im Fall der bedingten Kapitalerhöhung mit Sacheinlagen der Verträge, die den Festsetzungen nach § 161 zugrunde liegen oder zu ihrer Ausführung geschlossen worden sind;
2. eine Berechnung der Kosten, die für die Gesellschaft durch die Ausgabe der Bezugsaktien entstehen werden;
3. wenn die Kapitalerhöhung der staatlichen Genehmigung bedarf, die Genehmigungsurkunde.

(3) Das Gericht kann die Eintragung ablehnen, wenn es offensichtlich ist, daß der Wert der Sacheinlage hinter dem Nennbetrag der dafür zu gewährenden Aktien zurückbleibt.

(4) Die eingereichten Schriftstücke werden beim Gericht in Urschrift, Ausfertigung oder öffentlich beglaubigter Abschrift aufbewahrt.

1. Keine Ordnungsstrafen: § 303 Abs. 2.

§ 163

Bekanntmachung der Eintragung

In die Bekanntmachung[1] der Eintragung des Beschlusses über die bedingte Kapitalerhöhung sind außer deren Inhalt die Angaben im § 160 Abs. 2 und die im § 161 für den Fall der Einbringung von Sacheinlagen vorgesehenen Festsetzungen aufzunehmen; für die Festsetzungen nach § 161 genügt die Bezugnahme auf die beim Gericht eingereichten Urkunden.

1. Vgl. § 148 Abs. 2.

§ 164

Verbotene Aktienausgabe

Die Bezugsaktien können nicht vor Eintragung des Beschlusses über die bedingte Kapitalerhöhung ausgegeben werden [1]. Ein Anspruch des Bezugsberechtigten entsteht vor diesem Zeitpunkt nicht. Die vorher ausgegebenen Bezugsaktien sind nichtig; für den Schaden aus der Ausgabe sind die Ausgeber den Besitzern als Gesamtschuldner verantwortlich.

1. Strafvorschrift: § 296.

§ 165

Bezugserklärung

(1) Das Bezugsrecht wird durch schriftliche Erklärung ausgeübt. Die Erklärung (Bezugserklärung) soll doppelt ausgestellt werden; sie hat die Beteiligung nach der Zahl, dem Nennbetrag und, wenn mehrere Gattungen ausgegeben werden, der Gattung der Aktien sowie die Feststellungen nach § 160 Abs. 2, § 161 und den Tag anzugeben, an dem der Beschluß über die bedingte Kapitalerhöhung gefaßt ist.

(2) Die Bezugserklärung hat die gleiche Wirkung wie die Abgabe einer Zeichnungserklärung. Bezugserklärungen, deren Inhalt nicht dem Abs. 1 entspricht oder die Beschränkungen der Verpflichtung des Erklärenden enthalten, sind nichtig.

(3) Werden Bezugsaktien ungeachtet der Nichtigkeit einer Bezugserklärung ausgegeben, so kann sich der Er-

klärende auf die Nichtigkeit nicht berufen, wenn er auf Grund der Bezugserklärung als Aktionär Rechte ausgeübt oder Verpflichtungen erfüllt hat.

(4) Jede nicht in der Bezugserklärung enthaltene Beschränkung ist der Gesellschaft gegenüber unwirksam.

§ 166

Ausgabe der Bezugsaktien

(1) Der Vorstand darf die Bezugsaktien nur in Erfüllung des im Beschluß über die bedingte Kapitalerhöhung festgesetzten Zwecks und nicht vor der vollen Leistung des Gegenwerts ausgeben, der sich aus dem Beschluß ergibt[1].

(2) Die Ausgabe gegen Wandelschuldverschreibungen darf nur geschehen, wenn der Unterschied zwischen dem Ausgabebetrag der zum Umtausch eingereichten Schuldverschreibungen und dem höheren Nennbetrag der für sie zu gewährenden Bezugsaktien gedeckt ist aus dem Reingewinn, einer freien Rücklage oder durch Zuzahlung des Umtauschberechtigten. Dies gilt nicht, wenn der Gesamtbetrag, zu dem die Schuldverschreibungen ausgegeben sind, den Gesamtnennbetrag der Bezugsaktien erreicht oder übersteigt.

1. Strafdrohung bei vorzeitiger Ausgabe: § 296.

§ 167

Wirksamwerden der bedingten Kapitalerhöhung

Mit der Ausgabe der Bezugsaktien ist das Grundkapital erhöht.

§ 168

Anmeldung der Ausgabe von Bezugsaktien

(1) Der Vorstand hat spätestens innerhalb eines Monats nach Ablauf des Geschäftsjahrs zur Eintragung in das Handelsregister anzumelden, in welchem Umfang im abgelaufenen Geschäftsjahr Bezugsaktien ausgegeben worden sind[1].

(2) Der Anmeldung sind die Doppelstücke der Bezugserklärungen und ein vom Vorstand unterschriebenes Verzeichnis der Personen, die das Bezugsrecht ausgeübt haben, beizufügen; das Verzeichnis hat die auf jeden Aktionär entfallenden Aktien und die auf sie gemachten Einlagen anzugeben.

(3) In der Anmeldung hat der Vorstand die Erklärung abzugeben, daß die Bezugsaktien nur in Erfüllung des im Beschluß über die bedingte Kapitalerhöhung festgestellten Zwecks und nicht vor der vollen Leistung des Gegenwerts ausgegeben worden sind, der der sich aus dem Beschluß ergibt.

(4) Die eingereichten Schriftstücke werden beim Gericht in Urschrift, Ausfertigung oder öffentlich beglaubigter Abschrift aufbewahrt.

1. Strafbestimmung: § 295 Abs. 1 Nr. 4. Über die Angabe im Geschäftsbericht: § 128 Abs. 2 Nr. 3.

Dritter Unterabschnitt

Genehmigtes Kapital

§ 169

Voraussetzungen

(1) Die Satzung kann den Vorstand für höchstens fünf Jahre nach Eintragung der Gesellschaft ermäch-

tigen, das Grundkapital bis zu einem bestimmten Nennbetrag durch Ausgabe neuer Aktien gegen Einlagen zu erhöhen (genehmigtes Kapital).

(2) Die Ermächtigung kann auch durch Satzungsänderung[1] für höchstens fünf Jahre nach Eintragung der Satzungsänderung erteilt werden. Der Beschluß der Hauptversammlung bedarf einer Mehrheit, die mindestens drei Viertel des bei der Beschlußfassung vertretenen Grundkapitals umfaßt; die Satzung kann diese Mehrheit durch eine größere Kapitalmehrheit ersetzen und noch andere Erfordernisse aufstellen. § 149 Abs. 2 gilt sinngemäß.

(3) Der Nennbetrag des genehmigten Kapitals darf nicht höher sein als die Hälfte des zur Zeit der Ermächtigung vorhandenen Grundkapitals. Die neuen Aktien sollen nur mit Zustimmung des Aufsichtsrats ausgegeben werden.

1. Vgl. § 145.

§ 170

Ausgabe der neuen Aktien

(1) Für die Ausgabe der neuen Aktien gelten sinngemäß, soweit sich aus den folgenden Bestimmungen nichts anderes ergibt, die §§ 152, 153 Abs. 1 und 2, §§ 154 bis 158 über die Kapitalerhöhung; an die Stelle des Beschlusses über die Erhöhung des Grundkapitals tritt die Ermächtigung der Satzung zur Ausgabe neuer Aktien.

(2) Die neuen Aktien sollen nicht ausgegeben werden, solange noch ausstehende Einlagen auf das bisherige Grundkapital geleistet werden können. Für Versiche-

rungsgesellschaften kann die Satzung etwas anderes bestimmen. Stehen Einlagen in verhältnismäßig unerheblichem Umfang aus, so hindert dies die Ausgabe der neuen Aktien nicht. In der ersten Anmeldung der Durchführung der Erhöhung des Grundkapitals ist anzugeben, welche Einlagen auf das bisherige Grundkapital rückständig sind und warum sie nicht geleistet werden können [1].

1. Strafdrohung: §§ 295, 296.

§ 171

Bedingungen der Aktienausgabe

(1) Über den Inhalt der Aktienrechte, den Ausschluß des Bezugsrechts und die sonstigen Bedingungen der Aktienausgabe entscheidet der Vorstand, soweit die Ermächtigung keine Bestimmungen enthält. Der Vorstand soll die Entscheidung nur mit Zustimmung des Aufsichtsrats treffen.

(2) Sind Vorzugsaktien ohne Stimmrecht [1] vorhanden, so können Aktien mit vorhergehenden oder gleichstehenden Rechten nur ausgegeben werden, wenn die Ermächtigung dies vorsieht.

1. Vgl. §§ 115 ff.

§ 172

Ausgabe gegen Sacheinlagen

(1) Gegen Sacheinlagen [1] dürfen Aktien nur ausgegeben werden, wenn die Ermächtigung dies vorsieht.

(2) Der Gegenstand der Sacheinlage, die Person, von der die Gesellschaft den Gegenstand erwirbt, und der Nennbetrag der bei der Sacheinlage zu gewährenden

Aktien sind, wenn sie nicht in der Ermächtigung festgesetzt sind, vom Vorstand festzusetzen und in den Zeichnungsschein aufzunehmen. Der Vorstand soll die Entscheidung nur mit Zustimmung des Aufsichtsrats treffen.

(3) Ohne die vorgeschriebene Festsetzung sind Vereinbarungen über Sacheinlagen und die Rechtshandlungen zu ihrer Ausführung der Gesellschaft gegenüber unwirksam. Gleiches gilt, wenn die Festsetzung des Vorstands nicht in den Zeichnungsschein aufgenommen ist. Ist die Durchführung der Erhöhung des Grundkapitals eingetragen, so wird ihre Gültigkeit durch diese Unwirksamkeit nicht berührt. Der Aktionär bleibt verpflichtet, den Nennbetrag oder den höheren Ausgabebetrag der Aktien einzuzahlen. Die Unwirksamkeit kann durch Satzungsänderung nicht geheilt werden, nachdem die Durchführung der Erhöhung des Grundkapitals in das Handelsregister eingetragen worden ist.

1. Begriff: § 20.

§ 173

Vereinbarungen über Sacheinlagen vor Eintragung der Gesellschaft

Sind vor Eintragung der Gesellschaft Vereinbarungen getroffen worden, wonach auf das genehmigte Kapital eine Sacheinlage zu leisten ist, so muß die Satzung die im Fall der Ausgabe gegen Sacheinlagen bezeichneten Festsetzungen enthalten. Dabei gelten sinngemäß § 20 Abs. 2, §§ 24 bis 27, § 29 Abs. 2 Nr. 2, 4 und 5, § 42 über die Gründung der Gesellschaft; an die Stelle der Gründer tritt der Vorstand und an die Stelle der

Anmeldung und Eintragung der Gesellschaft die Anmeldung und Eintragung der Durchführung der Erhöhung des Grundkapitals.

Vierter Unterabschnitt

Wandelschuldverschreibungen. Gewinnschuldverschreibungen

§ 174

(1) Die Ausgabe von Schuldverschreibungen, bei denen den Gläubigern ein Umtausch- oder Bezugsrecht auf Aktien eingeräumt wird (Wandelschuldverschreibungen)[1] oder von Schuldverschreibungen, bei denen die Rechte der Gläubiger mit Gewinnanteilen von Aktionären in Verbindung gebracht werden (Gewinnschuldverschreibungen), ist nur auf Grund eines Beschlusses der Hauptversammlung zulässig. Der Beschluß bedarf einer Mehrheit die mindestens drei Viertel des bei der Beschlußfassung vertretenen Grundkapitals umfaßt. Die Satzung kann diese Mehrheit durch eine andere Kapitalmehrheit ersetzen und noch andere Erfordernisse aufstellen. § 149 Abs. 2 gilt sinngemäß.

(2) Wandelschuldverschreibungen dürfen nur mit Genehmigung des Reichswirtschaftsministers im Einvernehmen mit dem Reichsminister der Justiz und dem Reichsminister der Finanzen ausgegeben werden[2].

(3) Abs. 1 gilt sinngemäß für die Gewährung von Genußrechten.

(4) Auf Wandelschuldverschreibungen, Gewinnschuldverschreibungen und Genußrechte haben die Aktionäre ein Bezugsrecht; § 153 gilt sinngemäß.

1. Vgl. §§ 159 ff.
2. Strafvorschrift: § 296.

Dritter Abschnitt

Maßnahmen der Kapitalherabsetzung[1]

1. Übergangsregelung: § 13 EG.

Erster Unterabschnitt

Ordentliche Kapitalherabsetzung

§ 175

Voraussetzungen

(1) Eine Herabsetzung des Grundkapitals kann nur mit einer Mehrheit[1] beschlossen werden, die mindestens drei Viertel des bei der Beschlußfassung vertretenen Grundkapitals umfaßt. Die Satzung kann diese Mehrheit durch eine größere Kapitalmehrheit ersetzen und noch andere Erfordernisse aufstellen.

(2) Sind mehrere Gattungen von Aktien (§ 11) vorhanden, so bedarf der Beschluß der Hauptversammlung zu seiner Wirksamkeit eines in gesonderter Abstimmung gefaßten Beschlusses der Aktionäre jeder Gattung; für diesen gilt Abs. 1. Der Beschluß kann nur gefaßt werden, wenn die gesonderte Abstimmung ausdrücklich und fristgemäß (§ 108 Abs. 2) angekündigt worden ist.

(3) In dem Beschluß ist festzusetzen, zu welchem Zweck die Herabsetzung stattfindet, namentlich ob Teile des Grundkapitals zurückgezahlt werden sollen.

(4) Das Grundkapital kann herabgesetzt werden:

1. durch Herabsetzung des Nennbetrags der Aktien;
2. durch Zusammenlegung der Aktien; diese ist nur zulässig, soweit der Mindestnennbetrag[2] für Aktien nicht innegehalten werden kann.

Der Beschluß muß die Art der Herabsetzung angeben.

1. der Hauptversammlung: §§ 145, 103, vgl. § 16.
2. Vgl. § 8.

§ 176
Anmeldung des Beschlusses

Der Vorstand und der Vorsitzer des Aufsichtsrats oder dessen Stellvertreter haben den Beschluß über die Herabsetzung des Grundkapitals zur Eintragung in das Handelsregister anzumelden[1].

1. Keine Ordnungsstrafen: § 303 Abs. 2.

§ 177
Wirksamwerden der Kapitalherabsetzung

Mit der Eintragung des Beschlusses über die Herabsetzung des Grundkapitals ist das Grundkapital herabgesetzt.

§ 178
Gläubigerschutz

(1) Den Gläubigern, deren Forderungen begründet worden sind, bevor die Eintragung des Beschlusses bekanntgemacht worden ist, muß, wenn sie sich binnen sechs Monaten nach der Bekanntmachung zu diesem Zweck melden, Sicherheit geleistet werden, soweit sie nicht Befriedigung verlangen können. Die Gläubiger sind in der Bekanntmachung der Eintragung auf dieses Recht hinzuweisen. Das Recht, Sicherheitsleistung zu verlangen, steht solchen Gläubigern nicht zu, die im Fall des Konkurses ein Recht auf vorzugsweise Befriedigung aus einer nach gesetzlicher Vorschrift zu ihrem Schutz errichteten und staatlich überwachten Deckungsmasse haben[1].

(2) Zahlungen an die Aktionäre dürfen auf Grund der Herabsetzung des Grundkapitals erst geleistet werden, nachdem seit der Bekanntmachung der Eintragung sechs

Monate verstrichen sind und nachdem den Gläubigern, die sich rechtzeitig gemeldet haben, Befriedigung oder Sicherheit gewährt worden ist. Auch eine Befreiung der Aktionäre von der Verpflichtung zur Leistung von Einlagen wird nicht vor dem bezeichneten Zeitpunkt und nicht vor Befriedigung oder Sicherstellung der Gläubiger wirksam, die sich rechtzeitig gemeldet haben.

(3) Das Recht der Gläubiger, Sicherheitsleistung zu verlangen, ist unabhängig davon, ob Zahlungen an die Aktionäre auf Grund der Herabsetzung des Grundkapitals geleistet werden.

1. Vgl. § 35 Abs. 1 des Hypothekenbankgesetzes.

§ 179

Kraftloserklärung von Aktien

(1) Sollen zur Ausführung der Herabsetzung des Grundkapitals Aktien durch Umtausch, Abstempelung oder durch ein ähnliches Verfahren zusammengelegt werden, so kann die Gesellschaft die Aktien für kraftlos erklären, die trotz Aufforderung nicht bei ihr eingereicht worden sind[1]. Gleiches gilt für eingereichte Aktien, welche die zum Ersatz durch neue Aktien nötige Zahl nicht erreichen und der Gesellschaft nicht zur Verwertung für Rechnung der Beteiligten zur Verfügung gestellt sind.

(2) Die Aufforderung zur Einreichung der Aktien hat die Kraftloserklärung anzudrohen. Die Kraftloserklärung kann nur erfolgen, wenn die Aufforderung nach § 58 Abs. 2 in den Gesellschaftsblättern[2] bekanntgemacht worden ist.

(3) Die an Stelle der für kraftlos erklärten Aktien auszugebenden neuen Aktien hat die Gesellschaft un-

verzüglich für Rechnung der Beteiligten zum amtlichen Börsenpreise durch Vermittlung eines Kursmaklers und beim Fehlen eines Börsenpreises durch öffentliche Versteigerung zu verkaufen. Ist von der Versteigerung am Sitz der Gesellschaft kein angemessener Erfolg zu erwarten, so sind die Aktien an einem geeigneten Ort zu verkaufen. Zeit, Ort und Gegenstand der Versteigerung sind öffentlich bekanntzumachen. Die Beteiligten sind besonders zu benachrichtigen; die Benachrichtigung kann unterbleiben, wenn sie untunlich ist. Bekanntmachung und Benachrichtigung müssen mindestens zwei Wochen vor der Versteigerung ergehen. Der Erlös ist den Beteiligten auszuzahlen oder, wenn ein Recht zur Hinterlegung besteht, zu hinterlegen.

1. Vgl. § 67.
2. Vgl. § 18.

§ 180

Anmeldung der Durchführung

(1) Der Vorstand und der Vorsitzer des Aufsichtsrats oder dessen Stellvertreter haben die Durchführung der Herabsetzung des Grundkapitals zur Eintragung in das Handelsregister anzumelden.

(2) Anmeldung und Eintragung der Durchführung der Herabsetzung des Grundkapitals können mit Anmeldung und Eintragung des Beschlusses über die Herabsetzung verbunden werden.

§ 181

Herabsetzung unter den Mindestnennbetrag

(1) Das Grundkapital kann unter den nach § 7 zulässigen Mindestnennbetrag herabgesetzt werden, wenn

dieser durch eine zugleich mit der Kapitalherabsetzung beschlossene Kapitalerhöhung, bei der Sacheinlagen nicht bedungen sind, wieder erreicht wird.

(2) Die Beschlüsse sind nichtig, wenn sie und die Durchführung der Erhöhung nicht binnen sechs Monaten nach der Beschlußfassung in das Handelsregister eingetragen worden sind; der Lauf der Frist ist gehemmt, solange eine Anfechtungs- oder Nichtigkeitsklage rechtshängig ist oder eine zur Kapitalherabsetzung oder Kapitalerhöhung beantragte staatliche Genehmigung noch nicht erteilt ist. Die Beschlüsse und die Durchführung der Erhöhung des Grundkapitals sollen nur zusammen in das Handelsregister eingetragen werden.

Zweiter Unterabschnitt

Vereinfachte Kapitalherabsetzung

§ 182

Voraussetzungen

(1) Eine Herabsetzung des Grundkapitals, die dazu dienen soll, Wertminderungen auszugleichen, sonstige Verluste zu decken oder Beträge in die gesetzliche Rücklage[1] einzustellen, kann in vereinfachter Form vorgenommen werden. Im Beschluß ist festzusetzen, daß die Herabsetzung zu diesen Zwecken stattfindet[2].

(2) § 175 Abs. 1, 2 und 4, §§ 176, 177, 179 bis 181 über die ordentliche Kapitalherabsetzung gelten sinngemäß. Daneben gelten die folgenden Vorschriften.

1. Vgl. § 130.
2. Vgl. § 184 Satz 2.

§ 183

Auflösung von Rücklagen

Die vereinfachte Kapitalherabsetzung ist nur zulässig, nachdem der über zehn vom Hundert des nach der Herabsetzung verbleibenden Grundkapitals hinausgehende Teil der gesetzlichen Rücklage und die zum Ausgleich von Wertminderungen und zur Deckung von sonstigen Verlusten bestimmten freien Rücklagen vorweg aufgelöst sind. Der Reichsminister der Justiz kann im Einvernehmen mit dem Reichswirtschaftsminister Ausnahmen zulassen.

§ 184

Verbot von Zahlungen an die Aktionäre

Die Beträge, die aus der Auflösung der Rücklagen und aus der Kapitalherabsetzung gewonnen werden, dürfen nicht zu Zahlungen an die Aktionäre und nicht dazu verwandt werden, die Aktionäre von der Verpflichtung zur Leistung von Einlagen zu befreien. Sie dürfen nur zum Ausgleich von Wertminderungen, zur Deckung von sonstigen Verlusten und zur Einstellung von Beträgen in die gesetzliche Rücklage verwandt werden; auch eine Verwendung zu einem dieser Zwecke ist nur zulässig, soweit sie im Beschluß als Zweck der Herabsetzung angegeben ist[1].

1. Vgl. § 182 Abs. 1 Satz 2. Vgl. auch über Gewinnausschüttungen: § 187.

§ 185

Einstellung von Beträgen in die gesetzliche Rücklage bei zu hoch angenommenen Verlusten

Ergibt sich bei Aufstellung der Jahresbilanz für ein Geschäftsjahr, das in den ersten zwei Jahren nach der Beschlußfassung über die Kapitalherabsetzung beginnt, daß Wertminderungen und sonstige Verluste in der bei der Beschlußfassung angenommenen Höhe tatsächlich nicht eingetreten oder ausgeglichen waren, so ist der Unterschiedsbetrag in die gesetzliche Rücklage[1] einzustellen.

1. § 130.

§ 186

Beschränkung der Einstellung von Beträgen in die gesetzliche Rücklage

Die Beträge, die aus der Auflösung der Rücklagen und aus der Kapitalherabsetzung gewonnen werden, dürfen in die gesetzliche Rücklage nur eingestellt werden, soweit diese zehn vom Hundert des Grundkapitals nicht übersteigt; als Grundkapital gilt dabei der Nennbetrag, der sich durch die Herabsetzung ergibt, mindestens aber der nach § 7 zulässige Mindestnennbetrag. Bei der Bemessung der zulässigen Höhe bleiben Beträge, die nach der Beschlußfassung über die Kapitalherabsetzung nach § 130 Abs. 2 Nr. 2 bis 4 in die gesetzliche Rücklage einzustellen sind, auch dann außer Betracht, wenn ihre Zahlung auf einem Beschluß beruht, der zugleich mit dem Beschluß über die Kapitalherabsetzung gefaßt wird.

§ 187

Gewinnausschüttung. Gläubigerschutz

(1) Gewinn darf nicht ausgeschüttet werden, bevor die gesetzliche Rücklage zehn vom Hundert des Grundkapitals erreicht hat; als Grundkapital gilt dabei der Nennbetrag, der sich durch die Herabsetzung ergibt, mindestens aber der nach § 7 zulässige Mindestnennbetrag.

(2) Die Zahlung eines Gewinnanteils von mehr als vier vom Hundert oder einem anderen Hundertsatz

des Nennbetrags der Aktien, den der Reichswirtschaftsminister im Einvernehmen mit dem Reichsminister der Justiz festsetzt, ist erst für ein Geschäftsjahr zulässig, das später als zwei Jahre nach der Beschlußfassung über die Kapitalherabsetzung beginnt. Dies gilt nicht, wenn die Gläubiger, deren Forderungen vor der Bekanntmachung der Eintragung des Beschlusses begründet worden waren, befriedigt oder sichergestellt sind, soweit sie sich binnen sechs Monaten nach der Bekanntmachung des Jahresabschlusses, auf Grund dessen die Gewinnverteilung beschlossen ist, zu diesem Zweck gemeldet haben; einer Sicherstellung solcher Gläubiger bedarf es nicht, die im Falle des Konkurses ein Recht auf vorzugsweise Befriedigung aus einer nach gesetzlicher Vorschrift zu ihrem Schutz errichteten und staatlich überwachten Deckungsmasse haben. Die Gläubiger sind in der Bekanntmachung des Jahresabschlusses auf die Befriedigung oder Sicherstellung hinzuweisen.

(3) Die Beträge, die aus der Auflösung von Rücklagen und aus der Kapitalherabsetzung gewonnen sind, dürfen auch nach diesen Vorschriften nicht als Gewinn ausgeschüttet werden.

§ 188

Rückwirkung der Kapitalherabsetzung

(1) Im Jahresabschluß für das letzte vor der Beschlußfassung über die Kapitalherabsetzung abgelaufene Geschäftsjahr können Grundkapital und Rücklagen in der Höhe ausgewiesen werden, wie sie nach der Kapitalherabsetzung bestehen sollen.

(2) In diesem Fall beschließt die Hauptversammlung

über den Jahresabschluß[1]. Der Beschluß soll zugleich mit dem Beschluß über die Kapitalherabsetzung gefaßt werden. § 125 Abs. 1, 2, 4 bis 7 gilt sinngemäß.

(3) Die Beschlüsse sind nichtig, wenn der Beschluß über die Kapitalherabsetzung nicht binnen drei Monaten nach der Beschlußfassung in das Handelsregister eingetragen worden ist; der Lauf der Frist ist gehemmt, solange eine Anfechtungs- oder Nichtigkeitsklage rechtshängig ist oder eine zur Kapitalherabsetzung beantragte staatliche Genehmigung noch nicht erteilt ist.

1. Vgl. § 125.

§ 189

Rückwirkung der Kapitalherabsetzung bei gleichzeitiger Kapitalerhöhung

(1) Wird im Fall des § 188 zugleich mit der Kapitalherabsetzung eine Erhöhung des Grundkapitals beschlossen, so kann auch die Kapitalerhöhung in dem Jahresabschluß als vollzogen berücksichtigt werden. Die Beschlußfassung ist nur zulässig, wenn die neuen Aktien gezeichnet, keine Sacheinlagen bedungen sind und wenn auf jede Aktie die Einzahlung geleistet ist, die nach § 155 Abs. 2 zur Zeit der Anmeldung der Durchführung der Kapitalerhöhung bewirkt sein muß. Der Nachweis der Zeichnung und der Einzahlung ist dem Richter oder dem Notar zu erbringen, der den Beschluß über die Erhöhung des Grundkapitals beurkundet.

(2) Sämtliche Beschlüsse sind nichtig, wenn die Beschlüsse über die Kapitalherabsetzung und die Kapitalerhöhung und die Durchführung der Erhöhung nicht binnen drei Monaten nach der Beschlußfassung in das

Handelsregister eingetragen worden sind; der Lauf der Frist ist gehemmt, solange eine Anfechtungs- oder Nichtigkeitsklage rechtshängig ist oder eine zur Kapitalherabsetzung oder Kapitalerhöhung beantragte staatliche Genehmigung noch nicht erteilt ist. Die Beschlüsse und die Durchführung der Erhöhung des Grundkapitals sollen nur zusammen in das Handelsregister eingetragen werden.

§ 190

Gewinn- und Verlustrechnung

In den Fällen der § 188, 189 sind in der Gewinn- und Verlustrechnung auf der Seite der Erträge die aus der Auflösung der Rücklagen und aus der Kapitalherabsetzung gewonnenen Beträge gesondert auszuweisen. Ferner ist auf der Seite der Aufwendungen gesondert anzugeben, ob und in welcher Höhe diese Beträge

a) zum Ausgleich von Wertminderungen,

b) zur Deckung von sonstigen Verlusten oder

c) zur Einstellung in die gesetzliche Rücklage

verwandt werden[1].

1. Vgl. § 132.

§ 191

Bekanntmachung

Die Bekanntmachung des Jahresabschlusses nach § 143 Abs. 2 darf im Fall des § 188 erst nach Eintragung des Beschlusses über die Kapitalherabsetzung, im Fall des § 189 erst ergehen, nachdem die Beschlüsse über die Kapitalherabsetzung und Kapitalerhöhung und die Durchführung der Kapitalerhöhung eingetragen worden sind.

Dritter Unterabschnitt[1]

Kapitalherabsetzung durch Einziehung von Aktien

1. Übergangsregelung: § 13 EG.

§ 192

Voraussetzungen

(1) Aktien können zwangsweise oder nach Erwerb durch die Gesellschaft[1] eingezogen werden. Eine Zwangseinziehung ist nur zulässig, wenn sie in der ursprünglichen Satzung oder durch eine Satzungsänderung vor Übernahme oder Zeichnung der Aktien angeordnet oder gestattet war.

(2) Bei der Einziehung sind die Vorschriften über die ordentliche Kapitalherabsetzung[2] zu befolgen. Für die Zahlung des Entgelts, das Aktionären bei einer Zwangseinziehung oder bei einem Erwerb von Aktien zum Zwecke der Einziehung gewährt wird, und für die Befreiung dieser Aktionäre von der Verpflichtung zur Leistung von Einlagen gilt § 178 Abs. 2 sinngemäß.

(3) Die Vorschriften über die ordentliche Kapitalherabsetzung brauchen nicht befolgt zu werden, wenn Aktien, auf die der Nennbetrag oder der höhere Ausgabebetrag voll geleistet ist,

1. der Gesellschaft unentgeltlich zur Verfügung gestellt oder
2. zu Lasten des aus der Jahresbilanz sich ergebenden Reingewinns oder einer freien Rücklage eingezogen werden.

(4) Auch in den Fällen des Abs. 3 Nr. 1 und 2 kann die Kapitalherabsetzung durch Einziehung nur von der Hauptversammlung beschlossen werden. Für den Beschluß genügt die einfache Stimmenmehrheit; die Satzung kann diese Mehrheit durch eine größere ersetzen und

noch andere Erfordernisse aufstellen. Im Beschluß ist der Zweck der Kapitalherabsetzung festzusetzen. Der Vorstand und der Vorsitzer des Aufsichtsrats oder dessen Stellvertreter haben den Beschluß zur Eintragung in das Handelsregister anzumelden[3].

(5) In den Fällen des Abs. 3 Nr. 1 und 2 ist in die gesetzliche Rücklage[4] ein Betrag einzustellen, der dem Gesamtnennbetrag der eingezogenen Aktien gleichkommt.

(6) Soweit es sich um eine durch die Satzung angeordnete Zwangseinziehung handelt, bedarf es eines Beschlusses der Hauptversammlung nicht. In diesem Fall tritt für die Anwendung der Vorschriften über die ordentliche Kapitalherabsetzung an die Stelle des Hauptversammlungsbeschlusses die Entscheidung des Vorstands über die Einziehung.

1. Vgl. § 65.
2. Vgl. §§ 175—181.
3. Keine Ordnungsstrafen: § 303 Abs. 2.
4. § 130.

§ 193

Wirksamwerden der Einziehung

Mit der Eintragung des Beschlusses oder, wenn die Einziehung nachfolgt, mit der Einziehung ist das Grundkapital um den Gesamtnennbetrag der eingezogenen Aktien herabgesetzt. Handelt es sich um eine durch die Satzung angeordnete Zwangseinziehung, so ist, wenn die Hauptversammlung nicht über die Kapitalherabsetzung beschließt, das Grundkapital mit der Zwangseinziehung herabgesetzt. Zur Einziehung bedarf es einer auf Vernichtung der Rechte aus bestimmten Aktien gerichteten Handlung der Gesellschaft.

§ 194

Anmeldung der Durchführung

(1) Der Vorstand und der Vorsitzer des Aufsichtsrats oder dessen Stellvertreter haben die Durchführung der Herabsetzung des Grundkapitals in das Handelsregister anzumelden. Dies gilt auch dann, wenn es sich um eine durch die Satzung angeordnete Zwangseinziehung handelt.

(2) Anmeldung und Eintragung der Durchführung der Herabsetzung können mit Anmeldung und Eintragung des Beschlusses über die Herabsetzung verbunden werden.

Siebenter Teil

Nichtigkeit von Hauptversammlungsbeschlüssen und der vom Vorstand festgestellten Jahresabschlüsse

§ 195

Nichtigkeitsgründe

Ein Beschluß der Hauptversammlung ist außer in den Fällen des § 135 Abs. 1, § 159 Abs. 4, § 181 Abs. 2, § 188 Abs. 3, § 189 Abs. 2 und unbeschadet der Nichtigkeit auf Grund eines auf Anfechtungsklage ergangenen rechtskräftigen Urteils nur dann nichtig[1], wenn

1. die Hauptversammlung nicht nach § 105 Abs. 1 und 2 einberufen ist, es sei denn, daß alle Aktionäre erschienen oder vertreten sind,
2. er nicht nach § 111 Abs. 1, 2 und 4 beurkundet ist,
3. er mit dem Wesen der Aktiengesellschaft unverein-

bar ist oder durch seinen Inhalt Vorschriften verletzt, die ausschließlich oder überwiegend zum Schutze der Gläubiger der Gesellschaft oder sonst im öffentlichen Interesse gegeben sind,

4. er durch seinen Inhalt gegen die guten Sitten verstößt,
5. er nach § 144 Abs. 2 des Gesetzes über die Angelegenheiten der freiwilligen Gerichtsbarkeit[2] auf Grund rechtskräftiger Entscheidung als nichtig gelöscht worden ist.

1. Unwirksame Beschlüsse: §§ 146 Abs. 2; 147, 149 Abs. 2; 175 Abs. 2; 227 Abs. 2; 117 Abs. 2; unwirksam, wenn nicht die weitere Zustimmung erteilt wird.
2. Vgl. Anhang.

§ 196

Heilung der Nichtigkeit

(1) Die Nichtigkeit eines Hauptversammlungsbeschlusses, der entgegen § 111 Abs. 1, 2 und 4 nicht oder nicht gehörig beurkundet worden ist, kann nicht mehr geltend gemacht werden, wenn der Beschluß in das Handelsregister eingetragen ist.

(2) Ist ein Hauptversammlungsbeschluß nach § 195 Nr. 1, 3 oder 4 nichtig, so kann die Nichtigkeit nicht mehr geltend gemacht werden, wenn der Beschluß in das Handelsregister eingetragen worden ist und seitdem drei Jahre verstrichen sind. Eine Löschung des Beschlusses von Amts wegen nach § 144 Abs. 2 des Gesetzes über die Angelegenheiten der freiwilligen Gerichtsbarkeit wird durch den Zeitablauf nicht ausgeschlossen[1].

1. Übergangsregelung: § 14 EG.

§ 197

Anfechtungsgründe

(1) Ein Beschluß der Hauptversammlung kann wegen Verletzung des Gesetzes oder der Satzung durch Klage angefochten werden.

(2) Die Anfechtung kann auch darauf gestützt werden, daß ein Aktionär mit der Stimmrechtsausübung vorsätzlich für sich oder einen Dritten gesellschaftsfremde Sondervorteile zum Schaden der Gesellschaft oder ihrer Aktionäre zu erlangen suchte und der Beschluß geeignet ist, diesem Zweck zu dienen. § 101 Abs. 3 gilt sinngemäß.

(3) Stellt die Hauptversammlung den Jahresabschluß fest[1], so kann eine Anfechtung auf eine Verletzung der Vorschriften über die Gliederung des Jahresabschlusses nicht gestützt werden, wenn Klarheit und Übersichtlichkeit des Jahresabschlusses nur unwesentlich beeinträchtigt sind.

1. Vgl. § 125 Abs. 4 u. 5, § 188 Abs. 2.

§ 198

Anfechtungsbefugnis

(1) Zur Anfechtung ist befugt:

1. jeder in der Hauptversammlung erschienene Aktionär, wenn er gegen den Beschluß Widerspruch zur Niederschrift[1] erklärt hat;
2. jeder in der Hauptversammlung nicht erschienene Aktionär, wenn er zu der Hauptversammlung zu Unrecht nicht zugelassen worden ist oder die Versammlung nicht gehörig berufen oder der Gegenstand der Beschlußfassung nicht gehörig angekündigt worden ist[2];
3. im Fall des § 197 Abs. 2 jeder Aktionär;

4. der Vorstand;
5. jedes Mitglied des Vorstands und des Aufsichtsrats, wenn sich die Mitglieder des Vorstands und des Aufsichtsrats durch die Ausführung des Beschlusses strafbar oder ersatzpflichtig machen würden.

(2) Aktionäre sind zu einer Anfechtung, die darauf gestützt wird, daß durch den Beschluß Abschreibungen, Wertberichtigungen, Rücklagen oder Rückstellungen über das nach Gesetz oder Satzung statthafte Maß hinaus [3] vorgenommen seien, nur befugt, wenn ihre Anteile zusammen den zwanzigsten Teil des Grundkapitals erreichen.

1. Vgl. § 111.
2. Vgl. §§ 105 ff.
3. Vgl. § 131.

§ 199

Anfechtungsklage

(1) Die Klage muß innerhalb eines Monats nach der Beschlußfassung erhoben werden.

(2) Die Klage ist gegen die Gesellschaft zu richten [1]. Die Gesellschaft wird durch Vorstand und Aufsichtsrat und, wenn der Vorstand klagt, durch den Aufsichtsrat vertreten.

(3) Zuständig für die Klage ist ausschließlich das Landgericht, in dessen Bezirk die Gesellschaft ihren Sitz hat. Die mündliche Verhandlung findet nicht vor Ablauf der Monatsfrist des Abs. 1 statt. Mehrere Anfechtungsprozesse sind zur gleichzeitigen Verhandlung und Entscheidung zu verbinden.

(4) Macht die Gesellschaft glaubhaft, daß ihr nach § 200 Abs. 2 oder nach Vorschriften des bürgerlichen Rechts gegen den klagenden Aktionär ein Ersatzanspruch

zusteht oder erwachsen kann, so kann das Prozeßgericht auf ihren Antrag anordnen, daß der klagende Aktionär der Gesellschaft Sicherheit leiste. Art und Höhe der Sicherheit bestimmt es nach freiem Ermessen. Die Vorschriften der Zivilprozeßordnung über die Festsetzung einer Frist zur Sicherheitsleistung und über die Folgen der Versäumung der Frist sind anzuwenden.

(5) Der Vorstand hat die Erhebung der Klage und den Termin zur mündlichen Verhandlung unverzüglich in den Gesellschaftsblättern bekanntzumachen[2].

(6) Den Streitwert bestimmt das Prozeßgericht nach den gesamten im einzelnen Fall gegebenen Verhältnissen unter Berücksichtigung des Interesses der Gesellschaft an der Aufrechterhaltung des angefochtenen Beschlusses nach freiem Ermessen.

1. Anfechtung des Verschmelzungsbeschlusses: § 246.
2. Strafbestimmung: § 303.

§ 200

Urteilswirkung

(1) Soweit der Beschluß durch rechtskräftiges Urteil für nichtig erklärt ist, wirkt das Urteil für und gegen alle Aktionäre sowie die Mitglieder des Vorstands und des Aufsichtsrats, auch wenn sie nicht Partei sind. Der Vorstand hat das Urteil unverzüglich zum Handelsregister einzureichen. War der Beschluß in das Handelsregister eingetragen, so ist auch das Urteil einzutragen; die Eintragung des Urteils ist in gleicher Weise wie die des Beschlusses bekanntzumachen.

(2) Für einen Schaden aus unbegründeter Anfechtung sind der Gesellschaft die Kläger, denen Vorsatz oder grobe Fahrlässigkeit zur Last fällt, als Gesamtschuldner verantwortlich.

§ 201

Nichtigkeitsklage

(1) Erhebt ein Aktionär, der Vorstand oder ein Mitglied des Vorstands oder des Aufsichtsrats Klage auf Feststellung der Nichtigkeit eines Hauptversammlungsbeschlusses gegen die Gesellschaft, so gelten § 199 Abs. 2, Abs. 3 Satz 1, Abs. 4 bis 6, § 200 sinngemäß. Es ist nicht ausgeschlossen, die Nichtigkeit auf andere Weise als durch Erhebung der Klage geltend zu machen.

(2) Mehrere Nichtigkeitsprozesse sind zur gleichzeitigen Verhandlung und Entscheidung zu verbinden. Nichtigkeits- und Anfechtungsprozesse können verbunden werden.

§ 202

Nichtigkeit des vom Vorstand festgestellten Jahresabschlusses

(1) Ein vom Vorstand mit Billigung des Aufsichtsrats[1] festgestellter Jahresabschluß ist außer im Fall des § 135 Abs. 1 nur dann nichtig, wenn

1. der Vorstand oder der Aufsichtsrat bei seiner Feststellung nicht ordnungsmäßig mitgewirkt haben,
2. er mit dem Wesen der Aktiengesellschaft unvereinbar ist oder durch seinen Inhalt Vorschriften verletzt, die ausschließlich oder überwiegend zum Schutze der Gläubiger der Gesellschaft oder sonst im öffentlichen Interesse gegeben sind,
3. er durch seinen Inhalt gegen die guten Sitten verstößt.

(2) Ist ein Jahresabschluß nach Abs. 1 Nr. 1 nichtig, so kann die Nichtigkeit nicht mehr geltend gemacht werden, wenn die Bekanntmachung des Jahresabschlusses

zum Handelsregister des Sitzes der Gesellschaft eingereicht ist und seitdem sechs Monate verstrichen sind.

(3) Für die Klage auf Feststellung der Nichtigkeit eines Jahresabschlusses gegen die Gesellschaft gilt § 201 sinngemäß.

1. Vgl. § 125 Abs. 3.

Achter Teil
Auflösung und Nichtigkeit der Gesellschaft
Erster Abschnitt
Auflösung
Erster Unterabschnitt
Auflösungsgründe und Anmeldung
§ 203
Auflösungsgründe

(1) Die Aktiengesellschaft wird aufgelöst[1]:

1. durch Ablauf der in der Satzung bestimmten Zeit;
2. durch Beschluß der Hauptversammlung; dieser bedarf einer Mehrheit, die mindestens drei Viertel des bei der Beschlußfassung vertretenen Grundkapitals umfaßt; die Satzung kann diese Mehrheit durch eine größere Kapitalmehrheit ersetzen und noch andere Erfordernisse aufstellen;
3. durch die Eröffnung des Konkursverfahrens über das Vermögen der Gesellschaft[2];
4. mit der Rechtskraft des Beschlusses, durch den die Eröffnung des Konkursverfahrens mangels einer den Kosten des Verfahrens entsprechenden Konkursmasse abgelehnt wird.

(2) Dieser Abschnitt gilt auch, wenn die Aktiengesellschaft aus anderen Gründen aufgelöst wird.

1. S. auch § 288.
2. Vgl. Ges. vom 9. Juli 1934, Anhang

§ 204

Anmeldung und Eintragung der Auflösung

Der Vorstand hat die Auflösung der Gesellschaft zur Eintragung in das Handelsregister anzumelden. Dies gilt nicht in den Fällen der Eröffnung und der Ablehnung der Eröffnung des Konkursverfahrens (§ 203 Abs. 1 Nr. 3 und 4); diese Fälle hat das Gericht[1] von Amts wegen einzutragen.

1. Vgl. § 14.

Zweiter Unterabschnitt

Abwicklung

§ 205

Notwendigkeit der Abwicklung

(1) Nach der Auflösung der Gesellschaft findet die Abwicklung statt, wenn nicht über das Vermögen der Gesellschaft das Konkursverfahren eröffnet worden ist.

(2) Bis zum Schluß der Abwicklung sind die Vorschriften der vorausgehenden Teile anzuwenden, soweit sich aus diesem Unterabschnitt oder aus dem Zweck der Abwicklung nichts anderes ergibt.

§ 206

Abwickler

(1) Die Abwicklung besorgen die Vorstandsmitglieder als Abwickler, wenn nicht die Satzung oder ein Beschluß

der Hauptversammlung andere Personen bestellt. Auch eine juristische Person kann zum Abwickler bestellt werden.

(2) Auf Antrag des Aufsichtsrats oder einer Minderheit von Aktionären, deren Anteile zusammen den zwanzigsten Teil des Grundkapitals erreichen, kann das Gericht aus wichtigen Gründen die Abwickler bestellen und abberufen. Die Aktionäre haben glaubhaft zu machen, daß sie seit mindestens drei Monaten Inhaber der Aktien sind; zur Glaubhaftmachung genügt eine eidesstattliche Versicherung vor einem Gericht oder Notar. Abwickler, die nicht vom Gericht bestellt sind, kann die Hauptversammlung jederzeit abberufen. Für die Ansprüche aus dem Anstellungsvertrag gelten die allgemeinen Vorschriften.

Strafdrohungen: §§ 294 ff.

§ 207

Anmeldung der Abwickler

(1) Die ersten Abwickler hat der Vorstand, jeden Wechsel der Abwickler haben diese zur Eintragung in das Handelsregister anzumelden. Ist bei der Bestellung der Abwickler eine Bestimmung über ihre Vertretungsbefugnis getroffen, so ist auch diese Bestimmung anzumelden.

(2) Der Anmeldung sind die Urkunden über die Bestellung oder Abberufung sowie über die Vertretungsbefugnis in Urschrift oder öffentlich beglaubigter Abschrift für das Gericht des Sitzes der Gesellschaft beizufügen.

(3) Die Bestellung oder Abberufung von Abwicklern durch das Gericht wird von Amts wegen eingetragen.

(4) Die Abwickler haben ihre Unterschrift zur Aufbewahrung beim Gericht zu zeichnen.

§ 208

Aufruf der Gläubiger

Die Abwickler haben unter Hinweis auf die Auflösung der Gesellschaft die Gläubiger der Gesellschaft aufzufordern, ihre Ansprüche anzumelden. Die Aufforderung ist dreimal in den Gesellschaftsblättern [1] bekanntzumachen.

1. Vgl. § 18.

§ 209

Pflichten der Abwickler

(1) Die Abwickler haben die laufenden Geschäfte zu beenden, die Forderungen einzuziehen, das übrige Vermögen in Geld umzusetzen und die Gläubiger zu befriedigen; um schwebende Geschäfte zu beenden, können sie auch neue eingehen.

(2) Wird die Gesellschaft zahlungsunfähig, so haben die Abwickler ohne schuldhaftes Zögern, spätestens aber zehn Tage nach Eintritt der Zahlungsunfähigkeit, die Eröffnung des Konkursverfahrens oder des gerichtlichen Vergleichsverfahrens zu beantragen. Dies gilt sinngemäß, wenn das Vermögen der Gesellschaft nicht mehr die Schulden deckt. Schuldhaft verzögert ist der Antrag nicht, wenn die Abwickler die Eröffnung des gerichtlichen Vergleichsverfahrens mit der Sorgfalt eines ordentlichen und gewissenhaften Geschäftsleiters betreiben [1].

(3) Im übrigen haben die Abwickler innerhalb ihres Geschäftskreises die Rechte und Pflichten des Vorstands;

sie unterliegen wie dieser der Überwachung durch den Aufsichtsrat.

(4) Das Wettbewerbsverbot des § 79 gilt für sie nicht.

(5) Auf allen Geschäftsbriefen müssen die sämtlichen Abwickler und der Vorsitzer des Aufsichtsrats mit dem Familiennamen und mindestens einem ausgeschriebenen Vornamen angegeben werden.

1. Strafvorschrift: § 301.

§ 210

Vertretung der aufgelösten Gesellschaft durch die Abwickler

(1) Die Abwickler vertreten innerhalb ihres Geschäftskreises die Gesellschaft gerichtlich und außergerichtlich.

(2) Sind mehrere Abwickler bestellt, so sind, wenn in der Satzung oder bei ihrer Bestellung nichts anderes bestimmt ist, sämtliche Abwickler nur gemeinschaftlich zur Abgabe von Willenserklärungen und zur Zeichnung für die Gesellschaft befugt. In der Satzung oder bei der Bestellung kann auch bestimmt werden, daß einzelne Abwickler allein zur Vertretung der Gesellschaft befugt sein sollen; gleiches kann der Aufsichtsrat bestimmen, wenn die Satzung oder ein Beschluß der Hauptversammlung ihn hierzu ermächtigt hat. Die Abwickler können durch Beschluß einzelne von ihnen zur Vornahme bestimmter Geschäfte oder bestimmter Arten von Geschäften ermächtigen. Ist eine Willenserklärung der Gesellschaft gegenüber abzugeben, so genügt die Abgabe gegenüber einem Abwickler.

(3) Die Abwickler haben in der Weise zu zeichnen,

daß sie der Firma einen die Abwicklung andeutenden Zusatz und ihre Namensunterschrift hinzufügen.

(4) Dritten gegenüber ist eine Beschränkung der Vertretungsbefugnis der Abwickler unwirksam.

(5) Prokuristen können nicht bestellt werden.

§ 211

Eröffnungsbilanz. Jahresabschluß und Geschäftsbericht

(1) Die Abwickler haben für den Beginn der Abwicklung eine Bilanz (Eröffnungsbilanz) und weiterhin für den Schluß jedes Jahres einen Jahresabschluß und einen Geschäftsbericht aufzustellen; das bisherige Geschäftsjahr der Gesellschaft kann beibehalten werden[1].

(2) Die Hauptversammlung beschließt über die Eröffnungsbilanz, den Jahresabschluß und über die Entlastung der Abwickler und des Aufsichtsrats. Für den Jahresabschluß und den Geschäftsbericht gelten sinngemäß § 125 Abs. 1, 2, 4 bis 7, §§ 127, 128, 134, 142 bis 144[1].

(3) Die §§ 131 bis 133, 135 bis 141 über die Wertansätze in der Jahresbilanz und über die Gliederung und die Prüfung des Jahresabschlusses gelten nicht. Das Gericht kann jedoch aus wichtigem Grund eine Prüfung des Jahresabschlusses anordnen; in diesem Fall gelten die §§ 135 bis 141 über die Prüfung des Jahresabschlusses sinngemäß.

(4) Der Jahresabschluß hat den Grundsätzen ordnungsmäßiger Buchführung zu entsprechen. Er ist so klar und übersichtlich aufzustellen, daß er einen möglichst sicheren Einblick in die Lage der Gesellschaft gewährt. Die Vorschriften des Vierten Abschnitts des Ersten

Buchs des Handelsgesetzbuchs über die Handelsbücher[2] sind anzuwenden.

(5) Die Vorschriften für den Jahresabschluß gelten sinngemäß für die Eröffnungsbilanz.

1. Strafbestimmung: § 303.
2. Vgl. Anhang.

§ 212

Verteilung des Vermögens

(1) Das nach der Berichtigung der Schulden verbleibende Vermögen der Gesellschaft wird unter die Aktionäre verteilt.

(2) Die Verteilung geschieht nach dem Verhältnis der Aktiennennbeträge, wenn nicht mehrere Gattungen von Aktien mit verschiedenen Rechten bei der Verteilung des Gesellschaftsvermögens vorhanden sind.

(3) Sind die Einlagen nicht auf alle Aktien in demselben Verhältnis geleistet, so werden die auf das Grundkapital geleisteten Einlagen erstattet und ein Überschuß nach dem Verhältnis der Aktiennennbeträge verteilt. Reicht das Vermögen zur Erstattung der Einlagen nicht aus, so haben die Aktionäre den Verlust nach dem Verhältnis der Aktiennennbeträge zu tragen; die noch ausstehenden Einlagen sind, soweit nötig, einzuziehen.

§ 213

Gläubigerschutz

(1) Das Vermögen darf nur verteilt werden, wenn ein Jahr seit dem Tage verstrichen ist, an dem der Aufruf der Gläubiger (§ 208) zum dritten Mal bekanntgemacht worden ist.

(2) Meldet sich ein bekannter Gläubiger nicht, so

ist der geschuldete Betrag für ihn zu hinterlegen, wenn ein Recht zur Hinterlegung besteht.

(3) Kann eine Verbindlichkeit zur Zeit nicht berichtigt werden oder ist sie streitig, so darf das Vermögen nur verteilt werden, wenn dem Gläubiger Sicherheit geleistet ist.

§ 214

Schluß der Abwicklung

(1) Ist die Abwicklung beendet und die Schlußrechnung gelegt, so haben die Abwickler den Schluß der Abwicklung zum Handelsregister anzumelden. Der Schluß der Abwicklung ist einzutragen; die Gesellschaft ist zu löschen.

(2) Die Bücher und Schriften der Gesellschaft sind an einem vom Gericht bestimmten sicheren Ort zur Aufbewahrung auf zehn Jahre zu hinterlegen [1].

(3) Das Gericht kann den Aktionären und den Gläubigern die Einsicht der Bücher und Schriften gestatten.

(4) Stellt sich nachträglich heraus, daß weitere Abwicklungsmaßnahmen nötig sind, so hat auf Antrag eines Beteiligten das Gericht die bisherigen Abwickler neu zu bestellen oder andere Abwickler zu berufen.

1. Strafbestimmung: § 303.

§ 215

Fortsetzung einer aufgelösten Gesellschaft

(1) Ist eine Aktiengesellschaft durch Zeitablauf oder durch Beschluß der Hauptversammlung aufgelöst worden, so kann die Hauptversammlung, solange noch nicht mit der Verteilung des Vermögens unter die Aktionäre begonnen ist, die Fortsetzung der Gesellschaft beschließen.

Der Beschluß bedarf einer Mehrheit, die mindestens drei Viertel des bei der Beschlußfassung vertretenen Grundkapitals umfaßt; die Satzung kann diese Mehrheit durch eine größere Kapitalmehrheit ersetzen und noch andere Erfordernisse aufstellen.

(2) Gleiches gilt, wenn die Gesellschaft durch die Eröffnung des Konkursverfahrens aufgelöst, das Konkursverfahren aber nach Abschluß eines Zwangsvergleichs aufgehoben oder auf Antrag der Gesellschaft eingestellt worden ist.

(3) Die Abwickler haben die Fortsetzung der Gesellschaft zur Eintragung in das Handelsregister anzumelden [1]; sie haben bei der Anmeldung nachzuweisen, daß noch nicht mit der Verteilung des Vermögens der Gesellschaft unter die Aktionäre begonnen worden ist [2].

(4) Der Fortsetzungsbeschluß hat keine Wirkung, bevor er in das Handelsregister des Sitzes der Gesellschaft eingetragen worden ist.

1. Keine Ordnungsstrafen: § 303 Abs. 2.

2. Strafvorschrift bei falschen Angaben usw.: § 295 Abs. 1 Nr. 5.

Zweiter Abschnitt

Nichtigkeit der Gesellschaft

§ 216

Klage auf Nichtigerklärung

(1) Enthält die Satzung nicht die nach § 16 Abs. 3 wesentlichen Bestimmungen oder ist eine dieser Bestimmungen nichtig, so kann jeder Aktionär und jedes Mitglied des Vorstands und des Aufsichtsrats darauf klagen, daß die Gesellschaft für nichtig erklärt werde. Auf andere Gründe kann die Klage nicht gestützt werden.

(2) Ist der Mangel nach § 217 heilbar, so kann die Klage erst erhoben werden, nachdem ein Klageberechtigter die Gesellschaft aufgefordert hat, den Mangel zu beseitigen, und sie binnen drei Monaten dieser Aufforderung nicht nachgekommen ist.

(3) Die Klage muß binnen fünf Jahren nach Eintragung der Gesellschaft erhoben werden. Eine Löschung der Gesellschaft von Amts wegen nach § 144 Abs. 1 des Gesetzes über die Angelegenheiten der freiwilligen Gerichtsbarkeit wird durch den Zeitablauf nicht ausgeschlossen.

(4) Für die Klage gelten § 199 Abs. 2 bis 6, § 200 Abs. 1 Satz 1, Abs. 2, § 201 Abs. 2 sinngemäß; der Vorstand hat eine Abschrift der Klage und des rechtskräftigen Urteils zum Handelsregister einzureichen. Das Urteil ist einzutragen und die Eintragung bekanntzumachen.

§ 217

Heilung der Nichtigkeit

Ein Mangel, der die Bestimmungen über die Firma[1] oder den Sitz[2] der Gesellschaft, den Gegenstand des Unternehmens, die Zusammensetzung des Vorstands[3] oder die Form der Bekanntmachung der Gesellschaft betrifft, kann unter Beachtung der Vorschriften über Satzungsänderungen geheilt werden.

1. Vgl. § 4.
2. Vgl. § 5.
3. §§ 70 ff.

§ 218

Wirkung der Eintragung der Nichtigkeit

(1) Ist die Nichtigkeit einer Gesellschaft auf Grund rechtskräftigen Urteils oder einer Entscheidung des

Registergerichts in das Handelsregister eingetragen, so findet die Abwicklung nach den Vorschriften über die Abwicklung bei Auflösung[1] statt.

(2) Die Wirksamkeit der im Namen der Gesellschaft vorgenommenen Rechtsgeschäfte wird durch die Nichtigkeit nicht berührt.

(3) Die Gesellschafter haben die bedungenen Einlagen zu leisten, soweit es zur Erfüllung der eingegangenen Verbindlichkeiten nötig ist.

1. §§ 205 ff.

Zweites Buch

Kommanditgesellschaft auf Aktien

§ 219

Wesen der Kommanditgesellschaft auf Aktien

(1) Die Kommanditgesellschaft auf Aktien ist eine Gesellschaft mit eigener Rechtspersönlichkeit, bei der mindestens ein Gesellschafter den Gesellschaftsgläubigern unbeschränkt haftet (persönlich haftender Gesellschafter) und die übrigen mit Einlagen auf das in Aktien zerlegte Grundkapital beteiligt sind, ohne persönlich für die Verbindlichkeiten der Gesellschaft zu haften (Kommanditaktionäre).

(2) Das Rechtsverhältnis der persönlich haftenden Gesellschafter untereinander und gegenüber der Gesamtheit der Kommanditaktionäre sowie gegenüber Dritten, namentlich die Befugnis der persönlich haftenden Gesellschafter zur Geschäftsführung und zur Vertretung der Gesellschaft, bestimmt sich nach den Vor-

schriften des Handelsgesetzbuchs über die Kommanditgesellschaft[1].

(3) Im übrigen gelten für die Kommanditgesellschaft auf Aktien, soweit sich aus den folgenden Vorschriften oder aus dem Fehlen eines Vorstands nichts anderes ergibt, die Vorschriften des Ersten Buchs über die Aktiengesellschaft sinngemäß.

1. Vgl. §§ 161—177 HGB.

§ 220

Firma

(1) Die Firma der Kommanditgesellschaft auf Aktien ist in der Regel dem Gegenstand des Unternehmens zu entnehmen. Sie muß die Bezeichnung „Kommanditgesellschaft auf Aktien" enthalten.

(2) Führt die Kommanditgesellschaft auf Aktien die Firma eines von ihr erworbenen Handelsgeschäfts fort (§ 22 des Handelsgesetzbuchs), so muß sie die Bezeichnung „Kommanditgesellschaft auf Aktien" in die Firma aufnehmen.

§ 221

Errichtung der Gesellschaft

(1) Die Satzung muß von mindestens fünf Personen durch gerichtliche oder notarische Beurkundung festgestellt werden. In der Urkunde sind der Nennbetrag, der Ausgabebetrag und, wenn mehrere Gattungen bestehen, die Gattung der Aktien anzugeben, die jeder Beteiligte übernimmt. Bevollmächtigte bedürfen einer gerichtlich oder notarisch beglaubigten Vollmacht. Die persönlich haftenden Gesellschafter müssen sich sämtlich bei der Feststellung der Satzung beteiligen; außer ihnen

können nur Personen mitwirken, die als Kommandit-aktionäre Aktien übernehmen.

(2) Die Gesellschafter, die die Satzung festgestellt haben, sind die Gründer der Gesellschaft. Bei der Stufengründung sind Gründer auch die Kommandit-aktionäre, die Sacheinlagen machen, ohne sich an der Feststellung der Satzung beteiligt zu haben.

§ 222

Inhalt der Satzung

(1) Die Satzung muß außer den im § 16 Abs. 3 Nr. 1 bis 4 und 6 vorgesehenen Festsetzungen den Namen, Vornamen, Stand und Wohnort jedes persönlich haftenden Gesellschafters enthalten.

(2) Vermögenseinlagen der persönlich haftenden Gesellschafter müssen, wenn sie nicht auf das Grundkapital geleistet werden, nach Höhe und Art in der Satzung festgesetzt werden.

(3) § 19 Abs. 1 über Sondervorteile gilt für alle besonderen Vorteile, die zugunsten eines persönlich haftenden Gesellschafters bedungen sind.

§ 223

Eintragung der persönlich haftenden Gesellschafter

Bei der Eintragung der Gesellschaft in das Handelsregister sind statt der Vorstandsmitglieder die persönlich haftenden Gesellschafter anzugeben. Enthält die Satzung besondere Bestimmungen über die Befugnis der persönlich haftenden Gesellschafter zur Vertretung der Gesellschaft, so sind auch diese Bestimmungen einzutragen.

§ 224

Stufengründung

(1) Im Zeichnungsschein ist besonders anzugeben, welche Gründer persönlich haftende Gesellschafter sind.

(2) Zur Teilnahme an der Verhandlung des § 30 Abs. 6 sind auch die persönlich haftenden Gesellschafter berechtigt.

§ 225

Persönlich haftende Gesellschafter

Für die persönlich haftenden Gesellschafter gelten sinngemäß die für den Vorstand der Aktiengesellschaft geltenden Vorschriften:

1. über die Anmeldungen, Einreichungen, Erklärungen und Nachweise zum Handelsregister [1];
2. über die Gründungsprüfung [2];
3. über die Sorgfaltspflicht und Verantwortlichkeit [3];
4. über die Obliegenheiten gegenüber dem Aufsichtsrat [4];
5. über die Zulässigkeit einer Kreditgewährung [5];
6. über die Einberufung der Hauptversammlung [6];
7. über das Verfahren bei Bestellung von Sonderprüfern und über die Obliegenheiten gegenüber den Sonderprüfern [7];
8. über die Geltendmachung von Ersatzansprüchen wegen der Geschäftsführung [8];
9. über die Aufstellung und Vorlegung des Jahresabschlusses, Geschäftsberichts und eines Vorschlags für die Gewinnverteilung [9];
10. über die Prüfung des Jahresabschlusses [10];
11. über die Einreichung des Jahresabschlusses und

des Geschäftsberichts sowie über die Bekanntmachung des Jahresabschlusses[11];

12. über die Ausgabe von Aktien bei bedingter Kapitalerhöhung und genehmigtem Kapital[12];
13. über die Nichtigkeit und Anfechtung von Hauptversammlungsbeschlüssen[13];
14. über den Antrag auf Eröffnung des Konkursverfahrens oder des gerichtlichen Vergleichsverfahrens[14].

1. Vgl. z. B. §§ 28, 29, 35.
2. Vgl. §§ 25 ff.
3. Vgl. § 84.
4. Vgl. z. B. § 95.
5. Vgl. § 80, § 131 Abs. 1, III, 10.
6. Vgl. § 83 Abs. 1.
7. §§ 118 ff.
8. §§ 122 ff.
9. §§ 125 ff.
10. §§ 135 ff.
11. §§ 143 ff.
12. §§ 159 ff.
13. §§ 195 ff.
14. Vgl. § 83.

§ 226

Wettbewerbsverbot

(1) Ein persönlich haftender Gesellschafter darf ohne Einwilligung der übrigen persönlich haftenden Gesellschafter und des Aufsichtsrats weder im Geschäftszweig der Gesellschaft für eigene oder fremde Rechnung Geschäfte machen noch an einer anderen gleichartigen Handelsgesellschaft als persönlich haftender Gesellschafter teilnehmen.

(2) Verstößt ein persönlich haftender Gesellschafter gegen dieses Verbot, so kann die Gesellschaft Schaden-

ersatz fordern; sie kann statt dessen von dem Gesellschafter verlangen, daß er die für eigene Rechnung gemachten Geschäfte als für Rechnung der Gesellschaft eingegangen gelten lasse und die aus Geschäften für fremde Rechnung bezogene Vergütung herausgebe oder seinen Anspruch auf die Vergütung abtrete.

(3) Die Ansprüche der Gesellschaft verjähren in drei Monaten seit dem Zeitpunkt, in dem die übrigen persönlich haftenden Gesellschafter und der Aufsichtsrat von der zum Schadenersatz verpflichtenden Handlung Kenntnis erlangen; sie verjähren ohne Rücksicht auf diese Kenntnis in fünf Jahren seit ihrer Entstehung.

§ 227

Hauptversammlung

(1) In der Hauptversammlung haben die persönlich haftenden Gesellschafter nur ein Stimmrecht für ihre Aktien. Sie haben kein Stimmrecht für folgende Beschlußfassungen[1]:

1. über die Wahl und Abberufung des Aufsichtsrats (§ 87);
2. über die Entlastung der persönlich haftenden Gesellschafter und des Aufsichtsrats (§ 104);
3. über die Bestellung von Sonderprüfern (§ 118);
4. über die Geltendmachung von Ersatzansprüchen (§ 122);
5. über den Verzicht auf Ersatzansprüche (§ 124);
6. über die Wahl von Abschlußprüfern (§ 136).

(2) Die Beschlüsse der Hauptversammlung bedürfen der Zustimmung der persönlich haftenden Gesellschafter, soweit sie Angelegenheiten betreffen, für die bei einer Kommanditgesellschaft das Einverständnis der persön-

lich haftenden Gesellschafter und der Kommanditisten erforderlich ist. Die Ausübung der Befugnisse, die der Hauptversammlung oder einer Minderheit von Kommanditaktionären bei der Bestellung von Prüfern und der Geltendmachung von Ansprüchen der Gesellschaft aus der Gründung oder der Geschäftsführung zustehen (§§ 118 bis 123, § 136), bedarf nicht der Zustimmung der persönlich haftenden Gesellschafter.

(3) Beschlüsse der Hauptversammlung, die der Zustimmung der persönlich haftenden Gesellschafter bedürfen, sind zum Handelsregister erst einzureichen, wenn die Zustimmung vorliegt. Bei Beschlüssen, die in das Handelsregister einzutragen sind, ist die Zustimmung in der Verhandlungsniederschrift oder in einem Anhang zur Niederschrift zu beurkunden.

1. Strafvorschrift gegen Umgehungen: § 300 Nr. 3.

§ 228

Feststellung des Jahresabschlusses

Die Hauptversammlung beschließt über den Jahresabschluß. § 125 Abs. 5 bis 7 gilt sinngemäß.

§ 229

Aufsichtsrat

(1) Die Beschlüsse der Kommanditaktionäre führt der Aufsichtsrat aus, wenn die Satzung nichts anderes bestimmt.

(2) In Rechtsstreitigkeiten, die die Gesamtheit der Kommanditaktionäre gegen die persönlich haftenden Gesellschafter oder diese gegen die Gesamtheit der Kommanditaktionäre führen, vertritt der Aufsichtsrat die Kommanditaktionäre, wenn die Hauptversammlung

keine besonderen Vertreter gewählt hat[1]. Für die Kosten des Rechtsstreits, die den Kommanditaktionären zur Last fallen, haftet die Gesellschaft unbeschadet ihres Rückgriffs gegen die Kommanditaktionäre.

(3) Der Aufsichtsrat kann, wenn die Verantwortlichkeit eines seiner Mitglieder in Frage kommt, ohne und selbst gegen den Beschluß der Hauptversammlung gegen die persönlich haftenden Gesellschafter klagen.

(4) Persönlich haftende Gesellschafter können nicht Aufsichtsratsmitglieder sein.

1. Vgl. § 227 Abs. 1 Nr. 4 in Verb. mit § 122 Abs. 2.

§ 230

Gewinnanteil der persönlich haftenden Gesellschafter

(1) Ergibt sich für die persönlich haftenden Gesellschafter nach dem Jahresertrag ein Gewinnanteil, der nicht auf ihre Aktien fällt, so hat die Auszahlung zu unterbleiben, wenn die Jahresbilanz einen Verlust aufweist, der ihre nicht in Aktien bestehenden Kapitalanteile übersteigt. Solange die Bilanz einen solchen Verlust aufweist, ist auch jede Entnahme von Geld auf den Kapitalanteil ausgeschlossen.

(2) Für den Gewinn, der sich für die persönlich haftenden Gesellschafter ergibt, gilt § 130 Abs. 2 Nr. 1 über die gesetzliche Rücklage.

§ 231

Auflösung

(1) Die Gründe für die Auflösung der Kommanditgesellschaft auf Aktien und das Ausscheiden eines von mehreren persönlich haftenden Gesellschaftern aus der

Gesellschaft richten sich nach den Vorschriften des Handelsgesetzbuchs über die Kommanditgesellschaft[1]. Doch gelten folgende Ausnahmen:

(2) Die Kommanditgesellschaft auf Aktien wird auch mit der Rechtskraft des Beschlusses aufgelöst, durch den die Eröffnung des Konkursverfahrens mangels einer den Kosten des Verfahrens entsprechenden Konkursmasse abgelehnt wird.

(3) Die Eröffnung des Konkursverfahrens über das Vermögen eines Kommanditaktionärs hat nicht die Auflösung der Gesellschaft zur Folge; die Gläubiger eines Kommanditaktionärs sind nicht berechtigt, die Gesellschaft zu kündigen.

(4) Für die Kündigung der Gesellschaft durch die Kommanditaktionäre und für ihre Zustimmung zur Auflösung der Gesellschaft ist ein Beschluß der Hauptversammlung nötig; gleiches gilt für den Antrag auf Auflösung der Gesellschaft durch gerichtliche Entscheidung. Der Beschluß bedarf einer Mehrheit, die mindestens drei Viertel des bei der Beschlußfassung vertretenen Grundkapitals umfaßt; die Satzung kann diese Mehrheit durch eine größere Kapitalmehrheit ersetzen und noch andere Erfordernisse aufstellen.

(5) Persönlich haftende Gesellschafter können außer durch Ausschließung nur ausscheiden, wenn es die Satzung für zulässig erklärt.

(6) Die Auflösung der Gesellschaft und das Ausscheiden eines persönlich haftenden Gesellschafters ist von sämtlichen persönlich haftenden Gesellschaftern zur Eintragung in das Handelsregister anzumelden. § 143 Abs. 3 des Handelsgesetzbuchs gilt sinngemäß.

1. Vgl. §§ 161 ff. HGB.

§ 232

Abwicklung

(1) Die Abwicklung besorgen sämtliche persönlich haftenden Gesellschafter und eine oder mehrere von der Hauptversammlung gewählte Personen als Abwickler, wenn die Satzung nichts anderes bestimmt.

(2) Die Bestellung oder Abberufung von Abwicklern durch das Gericht kann auch jeder persönlich haftende Gesellschafter beantragen.

Drittes Buch

Verschmelzung. Vermögensübertragung. Umwandlung

Erster Teil

Verschmelzung[1]

1. Übergangsregelung: § 15 EG.

Erster Abschnitt

Verschmelzung von Aktiengesellschaften

§ 233

Wesen der Verschmelzung

Aktiengesellschaften können unter Ausschluß der Abwicklung vereinigt (verschmolzen) werden. Die Verschmelzung kann erfolgen:

1. durch Veräußerung des Vermögens der Gesellschaft (übertragende Gesellschaft) als Ganzes an eine andere Gesellschaft (übernehmende Gesellschaft) gegen Gewährung von Aktien dieser Gesellschaft (Verschmelzung durch Aufnahme);
2. durch Bildung einer neuen Aktiengesellschaft, auf die das Vermögen jeder der sich vereinigenden

Gesellschaften als Ganzes gegen Gewährung von Aktien der neuen Gesellschaft übergeht (Verschmelzung durch Neubildung).

Erster Unterabschnitt
Verschmelzung durch Aufnahme

§ 234
Beschlüsse der Hauptversammlungen

(1) Die Verschmelzung durch Aufnahme ist nur zulässig, wenn die Hauptversammlung jeder Gesellschaft sie beschließt. Eines Beschlusses der Hauptversammlung der übernehmenden Gesellschaft bedarf es nicht, wenn der Gesamtnennbetrag der zu gewährenden Aktien den zehnten Teil des Grundkapitals dieser Gesellschaft nicht übersteigt; wird zur Durchführung der Verschmelzung das Grundkapital erhöht, so ist der Berechnung das erhöhte Grundkapital zugrunde zu legen.

(2) Der Beschluß bedarf einer Mehrheit, die mindestens drei Viertel des bei der Beschlußfassung vertretenen Grundkapitals umfaßt; die Satzung kann diese Mehrheit durch eine größere Kapitalmehrheit ersetzen und noch andere Erfordernisse aufstellen. Die übernehmende Gesellschaft kann die Verschmelzung auch nach den Vorschriften beschließen, die die Satzung für die Beschlußfassung über die Erhöhung des Grundkapitals vorsieht.

§ 235
Verschmelzungsvertrag

(1) Der Verschmelzungsvertrag bedarf der gerichtlichen oder notarischen Beurkundung; § 310 des Bürgerlichen Gesetzbuchs gilt für ihn nicht[1].

(2) Soll die Wirkung des Verschmelzungsvertrags

erst nach mehr als zehn Jahren eintreten, so können beide Teile den Vertrag nach zehn Jahren mit halbjähriger Frist kündigen; gleiches gilt, wenn der Vertrag unter einer Bedingung geschlossen und die Bedingung binnen zehn Jahren nicht eingetreten ist. Die Kündigung ist stets nur zulässig für den Schluß des Geschäftsjahrs der Gesellschaft, der gegenüber die Kündigung erklärt wird.

(3) Ein Beschluß der Hauptversammlung, der sich auf die Aufhebung des Verschmelzungsvertrags richtet, ist während der Vertragsdauer dem anderen Teile gegenüber unwirksam.

1. Heilung des Formmangels: § 240 Abs. 5.

§ 236
Anwendung der Vorschriften über die Nachgründung

Wird der Verschmelzungsvertrag in den ersten zwei Jahren seit der Eintragung der übernehmenden Gesellschaft in das Handelsregister geschlossen, so gilt § 45 Abs. 2, 3, 6 bis 8 über die Nachgründung sinngemäß. Dies gilt nicht, wenn der Gesamtnennbetrag der zu gewährenden Aktien den zehnten Teil des Grundkapitals dieser Gesellschaft nicht übersteigt; wird zur Durchführung der Verschmelzung das Grundkapital erhöht, so ist der Berechnung das erhöhte Grundkapital zugrunde zu legen.

§ 237
Erhöhung des Grundkapitals zur Durchführung der Verschmelzung

(1) Erhöht die übernehmende Gesellschaft zur Durchführung der Verschmelzung das Grundkapital, so sind

§ 149 Abs. 4, § 151 Abs. 2, §§ 152, 153, 154 Abs. 1, § 155 Abs. 2 und 3 Nr. 1 nicht anzuwenden; dies gilt auch dann, wenn das Grundkapital durch Ausgabe neuer Aktien auf Grund der Ermächtigung nach § 169 erhöht wird.

(2) Der Vorstand hat außer den Schriftstücken im § 155 Abs. 3 Nr. 2 bis 4 den Verschmelzungsvertrag und die Niederschriften der Verschmelzungsbeschlüsse in Ausfertigung oder öffentlich beglaubigter Abschrift zum Handelsregister einzureichen.

§ 238

Durchführung der Verschmelzung

(1) Die Verschmelzung kann ohne Erhöhung des Grundkapitals durchgeführt werden, soweit die übernehmende Gesellschaft Aktien der übertragenden Gesellschaft oder eigene Aktien besitzt.

(2) Leistet die übernehmende Gesellschaft bare Zuzahlungen, so dürfen diese nicht den zehnten Teil des Gesamtnennbetrags der gewährten Aktien der übernehmenden Gesellschaft übersteigen.

§ 239

Anmeldung der Verschmelzung

(1) Der Vorstand jeder Gesellschaft hat die Verschmelzung zur Eintragung in das Handelsregister des Sitzes seiner Gesellschaft anzumelden[1].

(2) Der Anmeldung sind der Verschmelzungsvertrag, die Niederschriften der Verschmelzungsbeschlüsse in Ausfertigung oder öffentlich beglaubigter Abschrift sowie, wenn die Verschmelzung der staatlichen Genehmigung bedarf, die Genehmigungsurkunde beizufügen.

(3) Der Anmeldung zum Handelsregister des Sitzes der übertragenden Gesellschaft ist ferner eine Bilanz der übertragenden Gesellschaft beizufügen, die für einen höchstens sechs Monate vor der Anmeldung liegenden Zeitpunkt aufgestellt worden ist (Schlußbilanz). Für diese Bilanz gelten die Vorschriften über die Jahresbilanz sinngemäß; sie braucht nicht bekanntgemacht zu werden.

1. Keine Ordnungsstrafen: § 303 Abs. 2.

§ 240

Eintragung der Verschmelzung

(1) Wird zur Durchführung der Verschmelzung das Grundkapital erhöht, so darf die Verschmelzung nicht eingetragen werden, bevor die Durchführung der Erhöhung des Grundkapitals der übernehmenden Gesellschaft im Handelsregister eingetragen worden ist [1].

(2) Die übertragende Gesellschaft hat einen Treuhänder für den Empfang der zu gewährenden Aktien zu bestellen. Die Verschmelzung darf erst eingetragen werden, wenn der Treuhänder dem Gericht angezeigt hat, daß er im Besitz der Aktien ist.

(3) Mit der Eintragung der Verschmelzung in das Handelsregister des Sitzes der übertragenden Gesellschaft geht das Vermögen dieser Gesellschaft einschließlich der Schulden auf die übernehmende Gesellschaft über. Treffen dabei aus gegenseitigen Verträgen, die zur Zeit der Verschmelzung von keiner Seite vollständig erfüllt sind, Abnahme-, Lieferungs- oder ähnliche Verpflichtungen zusammen, die miteinander unvereinbar sind, oder, die beide zu erfüllen, eine schwere Unbilligkeit für die übernehmende Gesellschaft bedeuten

würde, so bestimmt sich der Umfang der Verpflichtungen nach Billigkeit unter Würdigung der vertraglichen Rechte aller Beteiligten.

(4) Mit der Eintragung der Verschmelzung in das Handelsregister des Sitzes der übertragenden Gesellschaft erlischt diese. Einer besonderen Löschung der übertragenden Gesellschaft bedarf es nicht[2].

(5) Der Mangel der gerichtlichen oder notarischen Beurkundung des Verschmelzungsvertrags wird durch die Eintragung geheilt.

(6) Das Gericht des Sitzes der übertragenden Gesellschaft hat von Amts wegen die bei ihm aufbewahrten Urkunden und sonstigen Schriftstücke nach der Eintragung der Verschmelzung dem Gericht des Sitzes der übernehmenden Gesellschaft zur Aufbewahrung zu übersenden.

(7) Für den Umtausch der Aktien der übertragenden Gesellschaft gilt § 67, bei Zusammenlegung von Aktien § 179 über die Kraftloserklärung von Aktien sinngemäß; einer Genehmigung des Gerichts bedarf es nicht.

1. Vgl. §§ 155 ff.
2. Vgl. jedoch § 243 Abs. 2.

§ 241

Gläubigerschutz

(1) Den Gläubigern der übertragenden Gesellschaft ist, wenn sie sich binnen sechs Monaten nach der Bekanntmachung der Eintragung der Verschmelzung in das Handelsregister des Sitzes der übertragenden Gesellschaft zu diesem Zwecke melden, Sicherheit zu leisten, soweit sie nicht Befriedigung verlangen können. Die

Gläubiger sind in der Bekanntmachung der Eintragung auf dieses Recht hinzuweisen.

(2) Das Recht, Sicherheitsleistung zu verlangen, steht solchen Gläubigern nicht zu, die im Fall des Konkurses ein Recht auf vorzugsweise Befriedigung aus einer nach gesetzlicher Vorschrift zu ihrem Schutz errichteten und staatlich überwachten Deckungsmasse haben[1].

1. Vgl. § 178.

§ 242

Wertansätze der übernehmenden Gesellschaft

(1) Die in der Schlußbilanz der übertragenden Gesellschaft angesetzten Werte gelten für die Jahresbilanzen der übernehmenden Gesellschaft als Anschaffungskosten im Sinne des § 133 Nr. 1 bis 3.

(2) Übersteigt der Gesamtnennbetrag oder der höhere Gesamtausgabebetrag der für die Veräußerung des Vermögens der übertragenden Gesellschaft gewährten Aktien die in der Schlußbilanz angesetzten Werte der einzelnen Vermögensgegenstände, so darf der Unterschied, jedoch nur gesondert, unter die Posten des Anlagevermögens aufgenommen werden; der eingesetzte Betrag ist durch angemessene jährliche Abschreibungen zu tilgen.

§ 243

Schadenersatzpflicht der Verwaltungsträger der übertragenden Gesellschaft

(1) Die Mitglieder des Vorstands und des Aufsichtsrats der übertragenden Gesellschaft sind als Gesamtschuldner zum Ersatz des Schadens verpflichtet, den

diese Gesellschaft, ihre Aktionäre und Gläubiger durch die Verschmelzung erleiden. Mitglieder, die bei der Prüfung der Vermögenslage der Gesellschaften und beim Abschluß des Verschmelzungsvertrags ihre Sorgfaltspflicht beobachtet haben, sind von der Ersatzpflicht befreit.

(2) Für diese Ansprüche sowie weitere Ansprüche, die sich für und gegen die übertragende Gesellschaft nach den allgemeinen Vorschriften auf Grund der Verschmelzung ergeben, gilt die übertragende Gesellschaft als fortbestehend. Forderungen und Schulden vereinigen sich insoweit durch die Verschmelzung nicht.

(3) Die Ansprüche aus Abs. 1 verjähren in fünf Jahren seit Eintragung der Verschmelzung in das Handelsregister des Sitzes der übertragenden Gesellschaft.

§ 244

Durchführung des Schadenersatzanspruchs

(1) Die Ansprüche nach § 243 Abs. 1 und 2 können nur durch einen besonderen Vertreter geltend gemacht werden. Das Gericht des Sitzes der übertragenden Gesellschaft hat einen Vertreter auf Antrag eines Aktionärs oder eines Gläubigers dieser Gesellschaft zu bestellen. Antragsberechtigt sind nur solche Aktionäre, die ihre Aktien bereits gegen Aktien der übernehmenden Gesellschaft umgetauscht haben, und nur solche Gläubiger, die von der übernehmenden Gesellschaft keine Befriedigung erlangen können.

(2) Der Vertreter hat unter Hinweis auf den Zweck seiner Bestellung die Aktionäre und Gläubiger der übertragenden Gesellschaft aufzufordern, die Ansprüche nach § 243 Abs. 1 und 2 innerhalb einer angemessenen

Frist, die mindestens einen Monat betragen soll, anzumelden. Die Aufforderung ist in den Gesellschaftsblättern[1] der übertragenden Gesellschaft bekanntzumachen.

(3) Den Betrag, der aus der Geltendmachung der Ansprüche der übertragenden Gesellschaft erzielt wird, hat der Vertreter zur Befriedigung der Gläubiger der übertragenden Gesellschaft zu verwenden, soweit diese nicht durch die übernehmende Gesellschaft befriedigt oder sichergestellt sind. Der Rest wird unter die Aktionäre verteilt; für die Verteilung gilt § 212 Abs. 2 und 3 sinngemäß. Gläubiger und Aktionäre, die sich nicht fristgemäß gemeldet haben, werden bei der Verteilung nicht berücksichtigt.

(4) Der besondere Vertreter hat Anspruch auf Ersatz angemessener barer Auslagen und auf Vergütung für seine Tätigkeit. Die Auslagen und die Vergütung setzt das Gericht fest. Es bestimmt nach den gesamten Verhältnissen des einzelnen Falls nach freiem Ermessen, in welchem Umfange die Auslagen und die Vergütung von beteiligten Aktionären und Gläubigern zu tragen sind. Gegen die Entscheidung ist die sofortige Beschwerde zulässig; die weitere Beschwerde ist ausgeschlossen. Aus der rechtskräftigen Entscheidung findet die Zwangsvollstreckung nach der Zivilprozeßordnung statt.

1. Vgl. § 18.

§ 245

Schadenersatzpflicht der Verwaltungsträger der übernehmenden Gesellschaft

(1) Die Ersatzpflicht der Mitglieder des Vorstands und des Aufsichtsrats der übernehmenden Gesellschaft

richtet sich nach den §§ 84, 99 und den Vorschriften des bürgerlichen Rechts [1].

(2) Die Verjährung der Ersatzansprüche nach den §§ 84, 99 beginnt mit der Eintragung der Verschmelzung in das Handelsregister des Sitzes der übernehmenden Gesellschaft oder, wenn die Verschmelzung in das Handelsregister der übertragenden Gesellschaft später eingetragen worden ist, erst mit dieser Eintragung.

1. Vgl. §§ 122 ff.

§ 246

Anfechtung des Verschmelzungsbeschlusses der übertragenden Gesellschaft

Nach Eintragung der Verschmelzung in das Handelsregister des Sitzes der übertragenden Gesellschaft ist eine Anfechtung des Verschmelzungsbeschlusses dieser Gesellschaft gegen die übernehmende Gesellschaft zu richten [1].

1. Vgl. § 199.

Zweiter Unterabschnitt

Verschmelzung durch Neubildung

§ 247

(1) Bei Verschmelzung von Aktiengesellschaften durch Bildung einer neuen Aktiengesellschaft gelten sinngemäß § 234 Abs. 1 Satz 1, Abs. 2 Satz 1, § 235, § 238 Abs. 2, § 239 Abs. 2 und 3, § 240 Abs. 2, 5 bis 7, §§ 241 bis 244, § 246; jede der sich vereinigenden Gesellschaften gilt als übertragende und die neue Gesellschaft als übernehmende; außerdem gelten die folgenden Vorschriften:

(2) Die Verschmelzung ist nur zulässig, wenn jede

der sich vereinigenden Gesellschaften mindestens zwei Jahre im Handelsregister eingetragen war.

(3) Die Satzung der neuen Gesellschaft und die Bestellung ihrer Aufsichtsratsmitglieder bedürfen der Zustimmung der Hauptversammlungen der sich vereinigenden Gesellschaften.

(4) Für die Bildung der neuen Gesellschaft gelten die Gründungsvorschriften des § 16 Abs. 3 und der §§ 22, 23, 32, 34 Abs. 1 sinngemäß. Festsetzungen über Sondervorteile, Gründungsaufwand, Sacheinlagen und Sachübernahmen (§§ 19, 20), die in den Satzungen der sich vereinigenden Gesellschaften enthalten waren, sind in die Satzung der neuen Gesellschaft zu übernehmen. § 145 Abs. 3 über die Änderung dieser Festsetzungen bleibt unberührt.

(5) Die Vorstände der sich vereinigenden Gesellschaften haben die neue Gesellschaft bei dem Gericht, in dessen Bezirk sie ihren Sitz hat, zur Eintragung in das Handelsregister anzumelden. Die Verschmelzung darf nicht eingetragen werden, bevor die neue Gesellschaft eingetragen worden ist. Mit der Eintragung der neuen Gesellschaft geht das Vermögen der übertragenden Gesellschaften einschließlich der Schulden auf die neue Gesellschaft über. Treffen dabei aus gegenseitigen Verträgen, die zur Zeit der Verschmelzung von keiner Seite vollständig erfüllt sind, Abnahme-, Lieferungs- oder ähnliche Verpflichtungen zusammen, die miteinander unvereinbar sind oder, die beide zu erfüllen, eine schwere Unbilligkeit für die übernehmende Gesellschaft bedeuten würde, so bestimmt sich der Umfang der Verpflichtungen nach Billigkeit unter Würdigung der vertraglichen Rechte aller Beteiligten.

(6) Mit der Eintragung der neuen Gesellschaft erlöschen die übertragenden Gesellschaften. Einer besonderen Löschung der übertragenden Gesellschaften bedarf es nicht.

(7) In die Bekanntmachung der Eintragung der neuen Gesellschaft sind außer deren Inhalt aufzunehmen:

1. der Name, Stand und Wohnort der Mitglieder des ersten Aufsichtsrats,
2. die Bestimmungen des Verschmelzungsvertrags über die Zahl und, wenn mehrere Gattungen bestehen, die Gattung der Aktien, die die neue Gesellschaft den Aktionären der übertragenden Gesellschaften gewährt und über die Art und den Zeitpunkt der Zuteilung dieser Aktien.

Zweiter Abschnitt

Verschmelzung von Kommanditgesellschaften auf Aktien und von Kommanditgesellschaften auf Aktien und Aktiengesellschaften

§ 248

(1) Kommanditgesellschaften auf Aktien können miteinander verschmolzen werden. Ebenso kann eine Kommanditgesellschaft auf Aktien mit einer Aktiengesellschaft oder eine Aktiengesellschaft mit einer Kommanditgesellschaft auf Aktien verschmolzen werden.

(2) Für die Verschmelzung gelten die §§ 233 bis 247 sinngemäß; an die Stelle des Vorstands der Aktiengesellschaft treten die persönlich haftenden Gesellschafter der Kommanditgesellschaft auf Aktien.

Dritter Abschnitt

Verschmelzung einer Gesellschaft mit beschränkter Haftung mit einer Aktiengesellschaft oder einer Kommanditgesellschaft auf Aktien

§ 249

Verschmelzung einer Gesellschaft mit beschränkter Haftung mit einer Aktiengesellschaft

(1) Eine Gesellschaft mit beschränkter Haftung kann mit einer Aktiengesellschaft durch Veräußerung des Vermögens der Gesellschaft als Ganzes an die Aktiengesellschaft gegen Gewährung von Aktien dieser Gesellschaft verschmolzen werden.

(2) Für die Verschmelzung gelten, soweit sich aus Abs. 3 und 4 nichts anderes ergibt, die §§ 234, 235, 237 bis 241, §§ 245, 246 sinngemäß; an die Stelle des Vorstands und der Hauptversammlung der übertragenden Aktiengesellschaft treten die Geschäftsführer und die Versammlung der Gesellschafter der Gesellschaft mit beschränkter Haftung.

(3) Der Verschmelzungsbeschluß der Versammlung der Gesellschafter bedarf einer Mehrheit von drei Vierteln der abgegebenen Stimmen. Der Gesellschaftsvertrag kann diese Mehrheit durch eine größere ersetzen und noch andere Erfordernisse aufstellen. Der Beschluß muß gerichtlich oder notarisch beurkundet werden.

(4) Die Verschmelzung ist nur zulässig, wenn die Aktiengesellschaft mindestens zwei Jahre im Handelsregister eingetragen war.

(5) Die Geschäftsführer und, wenn ein Aufsichtsrat bestellt ist, die Aufsichtsratsmitglieder der Gesellschaft mit beschränkter Haftung sind als Gesamtschuldner zum

Ersatz des Schadens verpflichtet, den die Gesellschaft, ihre Mitglieder und Gläubiger durch die Verschmelzung erleiden. Geschäftsführer und Aufsichtsratsmitglieder, die bei Prüfung der Vermögenslage der Gesellschaften und bei Abschluß des Verschmelzungsvertrags die Sorgfalt eines ordentlichen Geschäftsleiters angewandt haben, sind von der Ersatzpflicht befreit. § 243 Abs. 2 und 3, § 244 gelten sinngemäß.

§ 250

Verschmelzung einer Gesellschaft mit beschränkter Haftung mit einer Kommanditgesellschaft auf Aktien

(1) Eine Gesellschaft mit beschränkter Haftung kann mit einer Kommanditgesellschaft auf Aktien durch Veräußerung des Vermögens der Gesellschaft als Ganzes an die Kommanditgesellschaft auf Aktien gegen Gewährung von Aktien dieser Gesellschaft verschmolzen werden.

(2) Für die Verschmelzung gilt § 249 sinngemäß; an die Stelle des Vorstands der Aktiengesellschaft treten die persönlich haftenden Gesellschafter der Kommanditgesellschaft auf Aktien.

Vierter Abschnitt

Verschmelzung einer bergrechtlichen Gewerkschaft mit einer Aktiengesellschaft oder einer Kommanditgesellschaft auf Aktien

§ 251

Verschmelzung einer bergrechtlichen Gewerkschaft mit einer Aktiengesellschaft

(1) Eine bergrechtliche Gewerkschaft mit eigener Rechtspersönlichkeit kann mit einer Aktiengesellschaft durch

Veräußerung des Vermögens der Gewerkschaft als Ganzes an die Aktiengesellschaft gegen Gewährung von Aktien dieser Gesellschaft verschmolzen werden.

(2) Für die Verschmelzung gelten, soweit sich aus den folgenden Vorschriften nichts anderes ergibt, die §§ 234 bis 241, §§ 245, 246 sinngemäß; an die Stelle des Vorstands und der Hauptversammlung der übertragenden Aktiengesellschaft treten die entsprechenden Verwaltungsträger der Gewerkschaft.

(3) Für den Beschluß nach § 234 Abs. 1 Satz 1 bedarf es bei der übertragenden Gewerkschaft einer Mehrheit von mindestens drei Vierteln aller Kuxe. Die Satzung kann diese Mehrheit durch eine größere ersetzen und noch andere Erfordernisse aufstellen. Der Beschluß muß gerichtlich oder notarisch beurkundet werden. Er bedarf zu seiner Wirksamkeit der Bestätigung durch die Bergbehörde. Die Bestätigung soll nur versagt werden, wenn das öffentliche Interesse entgegensteht.

(4) Ist die Gewerkschaft nicht in das Handelsregister eingetragen, so wird auch die Verschmelzung nicht in das Handelsregister des Sitzes der Gewerkschaft eingetragen. Die Rechtsfolgen der Eintragung (§ 240 Abs. 3 bis 5) treten in diesem Fall ein, wenn die Verschmelzung in das Handelsregister des Sitzes der übernehmenden Gesellschaft eingetragen ist.

(5) Die gesetzlichen Vertreter der Gewerkschaft und, falls ein Aufsichtsrat bestellt ist, die Mitglieder des Aufsichtsrats der Gewerkschaft sind als Gesamtschuldner zum Ersatz des Schadens verpflichtet, den die Gewerkschaft, die Gewerken und die Gläubiger der Gewerk-

schaft durch die Verschmelzung erleiden. § 243 Abs. 1 Satz 2, Abs. 2 und 3, § 244 gelten sinngemäß.

§ 252

Verschmelzung einer bergrechtlichen Gewerkschaft mit einer Kommanditgesellschaft auf Aktien

(1) Eine bergrechtliche Gewerkschaft mit eigener Rechtspersönlichkeit kann mit einer Kommanditgesellschaft auf Aktien durch Veräußerung des Vermögens der Gewerkschaft als Ganzes an die Kommanditgesellschaft auf Aktien gegen Gewährung von Aktien dieser Gesellschaft verschmolzen werden.

(2) Für die Verschmelzung gilt § 251 sinngemäß; an die Stelle des Vorstands der Aktiengesellschaft treten die persönlich haftenden Gesellschafter der Kommanditgesellschaft auf Aktien.

Zweiter Teil

Vermögensübertragung. Gewinngemeinschaft[1]

1. Übergangsregelung: § 15 EG.

§ 253

Verstaatlichung

(1) Eine Aktiengesellschaft oder eine Kommanditgesellschaft auf Aktien kann ihr Vermögen als Ganzes unter Ausschluß der Abwicklung auf das Reich, ein Land, einen Gemeindeverband oder eine Gemeinde übertragen.

(2) Für die übertragende Gesellschaft gelten § 234 Abs. 1 Satz 1, Abs. 2 Satz 1, §§ 235, 239, 240

Abs. 3 bis 5, §§ 241 bis 244, § 246 und bei der Verstaatlichung einer Kommanditgesellschaft auf Aktien § 248 Abs. 2 Halbsatz 2 sinngemäß.

§ 254

Vermögensübertragung auf einen Versicherungsverein auf Gegenseitigkeit

(1) Eine Aktiengesellschaft, die den Betrieb von Versicherungsgeschäften zum Gegenstand hat, kann ihr Vermögen als Ganzes unter Ausschluß der Abwicklung auf einen Versicherungsverein auf Gegenseitigkeit übertragen.

(2) Für die Vermögensübertragung gelten, soweit sich aus den folgenden Vorschriften nichts anderes ergibt, § 234 Abs. 1 Satz 1, Abs. 2 Satz 1, §§ 235, 239, 240 Abs. 3 bis 5, §§ 241 bis 246 sinngemäß.

(3) Der Beschluß der obersten Vertretung des Versicherungsvereins auf Gegenseitigkeit bedarf einer Mehrheit, die mindestens drei Viertel der abgegebenen Stimmen umfaßt. Die Satzung kann diese Mehrheit durch eine größere ersetzen und noch andere Erfordernisse aufstellen.

(4) Die übertragende Gesellschaft hat einen Treuhänder für den Empfang des Entgelts zu bestellen. Die Vermögensübertragung darf erst eingetragen werden, wenn der Treuhänder dem Gericht anzeigt, daß er im Besitz des Entgelts ist.

(5) Die Urkunden über die Genehmigung nach § 14 des Gesetzes über die Beaufsichtigung der privaten Versicherungsunternehmungen und Bausparkassen vom 6. Juni 1931 (Reichsgesetzbl. I S. 315) sind zum Handelsregister einzureichen.

§ 255

Vermögensübertragung in anderer Weise

(1) Eine Übertragung des ganzen Gesellschaftsvermögens einer Aktiengesellschaft oder einer Kommanditgesellschaft auf Aktien, die nicht unter die §§ 233 bis 254 fällt, ist nur auf Grund eines Beschlusses der Hauptversammlung zulässig. Der Beschluß bedarf einer Mehrheit, die mindestens drei Viertel des bei der Beschlußfassung vertretenen Grundkapitals umfaßt; die Satzung kann diese Mehrheit durch eine größere Kapitalmehrheit ersetzen und noch andere Erfordernisse aufstellen.

(2) Für den Vertrag, durch den sich die Gesellschaft zur Vermögensübertragung verpflichtet, gilt § 235 Abs. 1.

(3) Wird aus Anlaß der Übertragung des Gesellschaftsvermögens die Auflösung der Gesellschaft beschlossen, so gelten die §§ 205 bis 214; die Abwickler sind zu den Geschäften und Rechtshandlungen befugt, die die Ausführung der beschlossenen Maßregel mit sich bringt. Die Anmeldung der Auflösung der Gesellschaft ist der Vertrag in Ausfertigung oder öffentlich beglaubigter Abschrift beizufügen.

§ 256

Gewinngemeinschaft

(1) Ein Vertrag, durch den sich eine Aktiengesellschaft oder eine Kommanditgesellschaft auf Aktien verpflichtet, an einen anderen Gewinn abzuführen, bedarf zu seiner Wirksamkeit der Zustimmung der Hauptversammlung, wenn die Gesellschaft nach diesem Ver-

trag allein oder in Zusammenhang mit anderen Verträgen mehr als drei Viertel ihres gesamten Gewinns abzuführen hat.

(2) Der Zustimmung der Hauptversammlung bedarf auch ein Vertrag, durch den eine Aktiengesellschaft oder eine Kommanditgesellschaft auf Aktien einem anderen den Betrieb ihres Unternehmens verpachtet oder sonst überläßt oder in dem sie ihr Unternehmen für Rechnung eines anderen zu führen übernimmt.

(3) Die Beschlüsse bedürfen einer Mehrheit, die mindestens drei Viertel des bei der Beschlußfassung vertretenen Grundkapitals umfaßt. Die Satzung kann diese Mehrheit durch eine größere Kapitalmehrheit ersetzen und noch andere Erfordernisse aufstellen.

Dritter Teil

Umwandlung

Erster Abschnitt

Umwandlung einer Aktiengesellschaft in eine Kommanditgesellschaft auf Aktien

§ 257

Voraussetzungen

(1) Eine Aktiengesellschaft kann in eine Kommanditgesellschaft auf Aktien umgewandelt werden.

(2) Zur Umwandlung bedarf es eines Beschlusses der Hauptversammlung und des Beitritts mindestens eines persönlich haftenden Gesellschafters. Der Beschluß bedarf einer Mehrheit, die mindestens drei Viertel des bei der Beschlußfassung vertretenen Grundkapitals umfaßt. Die Satzung kann diese Mehrheit durch eine

größere Kapitalmehrheit ersetzen und noch andere Erfordernisse aufstellen. Im Beschluß sind die Firma und die weiteren zur Durchführung der Umwandlung nötigen Satzungsänderungen festzusetzen. Der Beitritt der persönlich haftenden Gesellschafter bedarf gerichtlicher oder notarischer Beurkundung; hierbei haben die persönlich haftenden Gesellschafter die Satzungsänderungen zu genehmigen.

(3) Für die Umwandlung gelten die §§ 24 bis 27, §§ 31, 39 bis 44 sinngemäß; an die Stelle der Gründer treten die persönlich haftenden Gesellschafter.

§ 258

Anmeldung des Umwandlungsbeschlusses

(1) Zugleich mit dem Umwandlungsbeschluß sind die persönlich haftenden Gesellschafter zur Eintragung in das Handelsregister anzumelden[1]. Eine Ausfertigung oder öffentlich beglaubigte Abschrift der Urkunden über ihren Beitritt ist beizufügen.

(2) Der Anmeldung ist die Bilanz beizufügen, die der Umwandlung zugrunde gelegt ist.

1. Keine Ordnungsstrafen: § 303 Abs. 2.

§ 259

Wirkung der Eintragung

Von der Eintragung der Umwandlung an besteht die Gesellschaft als Kommanditgesellschaft auf Aktien weiter. Die persönlich haftenden Gesellschafter haften den Gläubigern der Gesellschaft auch für die bereits bestehenden Verbindlichkeiten unbeschränkt.

Zweiter Abschnitt

Umwandlung einer Kommanditgesellschaft auf Aktien in eine Aktiengesellschaft

§ 260

Voraussetzungen

(1) Eine Kommanditgesellschaft auf Aktien kann durch Beschluß der Hauptversammlung unter Zustimmung aller persönlich haftenden Gesellschafter in eine Aktiengesellschaft umgewandelt werden.

(2) Im Beschluß sind die Firma[1], die Art der Zusammensetzung des Vorstands[2] und die weiteren zur Durchführung der Umwandlung nötigen Satzungsänderungen festzusetzen.

1. Vgl. § 4.
2. Vgl. § 70.

§ 261

Anmeldung des Umwandlungsbeschlusses

(1) Zugleich mit dem Umwandlungsbeschluß sind die Vorstandsmitglieder zur Eintragung in das Handelsregister anzumelden[1]. Eine Ausfertigung oder öffentlich beglaubigte Abschrift der Urkunden über ihre Bestellung ist beizufügen.

(2) Der Anmeldung ist die Bilanz beizufügen, die der Umwandlung zugrunde gelegt ist.

1. Keine Ordnungsstrafen: § 303 Abs. 2.

§ 262

Wirkung der Eintragung

Von der Eintragung der Umwandlung an besteht die Gesellschaft als Aktiengesellschaft weiter. Die persönlich haftenden Gesellschafter scheiden aus der Gesellschaft aus; ihre Haftung für die bis zur Eintragung entstandenen Verbindlichkeiten der Gesellschaft bleibt unberührt.

Dritter Abschnitt

Umwandlung einer Aktiengesellschaft in eine Gesellschaft mit beschränkter Haftung

§ 263

Voraussetzungen

(1) Eine Aktiengesellschaft kann durch Beschluß der Hauptversammlung in eine Gesellschaft mit beschränkter Haftung umgewandelt werden.

(2) Der Beschluß bedarf einer Mehrheit, die mindestens drei Viertel des bei der Beschlußfassung vertretenen Grundkapitals umfaßt. Die Satzung kann diese Mehrheit durch eine größere Kapitalmehrheit ersetzen und noch andere Erfordernisse aufstellen.

(3) Im Beschluß sind die Firma und die weiteren zur Durchführung der Umwandlung nötigen Satzungsänderungen festzusetzen.

(4) Der Nennbetrag der Geschäftsanteile kann abweichend von dem Nennbetrag der Aktien festgesetzt werden; der abweichenden Festsetzung muß jeder Aktionär zustimmen, der durch sie gehindert wird, dem Gesamtnennbetrag seiner Aktien entsprechend sich zu beteiligen.

§ 264

Anmeldung des Umwandlungsbeschlusses

(1) Zugleich mit dem Umwandlungsbeschluß sind die Geschäftsführer zur Eintragung in das Handels-

register anzumelden[1]. Der Anmeldung muß eine von dem Anmeldenden unterschriebene Liste der Gesellschafter beigefügt sein, aus der ihr Name, Stand und Wohnort sowie der Betrag der Stammeinlage eines jeden Gesellschafters ersichtlich ist. Soweit Aktionäre unbekannt sind, ist dies unter Bezeichnung der Aktienurkunde und des auf die Aktie entfallenden Geschäftsanteils anzugeben.

(2) Der Anmeldung ist die Bilanz beizufügen, die der Umwandlung zugrunde gelegt ist.

1. Keine Ordnungsstrafen: § 303.

§ 265

Wirkung der Eintragung

Von der Eintragung der Umwandlung an besteht die Gesellschaft als Gesellschaft mit beschränkter Haftung weiter. Das Grundkapital ist zum Stammkapital, die Aktien sind zu Geschäftsanteilen geworden; die an einer Aktie bestehenden Rechte Dritter bestehen an dem an die Stelle tretenden Geschäftsanteil weiter. Sieht der Gesellschaftsvertrag einen Aufsichtsrat vor, so bleiben die Mitglieder des bisherigen Aufsichtsrats als Mitglieder des neuen Aufsichtsrats im Amt, wenn die Hauptversammlung nichts anderes beschließt.

§ 266

Umtausch der Aktien

Für den Umtausch der Aktien gegen Geschäftsanteile gilt § 67, bei Zusammenlegung von Aktien § 179 über die Kraftloserklärung von Aktien sinngemäß; einer Genehmigung des Gerichts bedarf es nicht.

§ 267

Gläubigerschutz

Den Gläubigern der Gesellschaft, deren Forderungen vor der Bekanntmachung der Eintragung der Umwandlung in das Handelsregister begründet sind, ist, wenn sie sich binnen sechs Monaten nach der Bekanntmachung der Eintragung zu diesem Zwecke melden, Sicherheit zu leisten, soweit sie nicht Befriedigung verlangen können. Die Gläubiger sind in der Bekanntmachung auf dieses Recht hinzuweisen.

§ 268

Widersprechende Gesellschafter

(1) Jeder Aktionär, der gegen die Umwandlung Widerspruch zur Niederschrift erklärt hat, kann seinen Geschäftsanteil der Gesellschaft zur Verfügung stellen. Die Geschäftsführer können den Gesellschaftern hierfür eine Ausschlußfrist von mindestens drei Monaten setzen. Die Fristsetzung ist erst nach der Eintragung der Umwandlung zulässig. Sie ist, wenn der Gesellschafter bekannt ist, ihm besonders mitzuteilen, sonst ist sie dreimal in den Gesellschaftsblättern[1] bekanntzumachen.

(2) Die der Gesellschaft zur Verfügung gestellten Geschäftsanteile sind durch die Gesellschaft für Rechnung des Gesellschafters durch öffentliche Versteigerung zu verkaufen. § 179 Abs. 3 Satz 2 bis 6 gilt sinngemäß.

(3) Durch Abs. 1 und 2 wird das Recht des Gesellschafters, seinen Geschäftsanteil selbst zu veräußern, nicht berührt.

(4) Satzungsmäßige Verfügungsbeschränkungen stehen einer Veräußerung nach Abs. 2 und 3 nicht entgegen.

1. Gesellschaftsblätter: § 18.

Vierter Abschnitt
Umwandlung einer Gesellschaft mit beschränkter Haftung in eine Aktiengesellschaft

§ 269
Voraussetzungen

(1) Eine Gesellschaft mit beschränkter Haftung kann durch Beschluß der Gesellschafterversammlung in eine Aktiengesellschaft umgewandelt werden.

(2) Die Vorschriften des Gesetzes, betreffend die Gesellschaften mit beschränkter Haftung über Abänderungen des Gesellschaftsvertrags sind anzuwenden. Ist die Abtretung der Geschäftsanteile von der Genehmigung einzelner Gesellschafter abhängig, so bedarf der Umwandlungsbeschluß zu seiner Wirksamkeit ihrer Zustimmung. Sind Gesellschaftern außer der Leistung von Kapitaleinlagen noch andere Verpflichtungen gegenüber der Gesellschaft auferlegt und können diese Verpflichtungen wegen der einschränkenden Bestimmung des § 50 bei der Umwandlung nicht aufrechterhalten werden, so bedarf der Umwandlungsbeschluß zu seiner Wirksamkeit der Zustimmung dieser Gesellschafter.

(3) Im Beschluß sind die Firma [1], die Art der Zusammensetzung des Vorstands [2] und des Aufsichtsrats [3] und die weiteren zur Durchführung der Umwandlung nötigen Abänderungen des Gesellschaftsvertrags festzusetzen.

(4) Der Nennbetrag der Aktien kann auf einen höheren Betrag als den nach § 8 Abs. 1 und 2 zulässigen Mindestnennbetrag nur mit Zustimmung aller Gesellschafter festgesetzt werden; die Zustimmung muß gerichtlich oder notarisch beurkundet werden. § 17 Abs. 6

des Gesetzes, betreffend die Gesellschaften mit beschränkter Haftung über die Unzulässigkeit einer Teilung von Geschäftsanteilen gilt insoweit nicht.

1. § 4.
2. §§ 70 ff.
3. §§ 86 ff.

§ 270

Durchführung der Umwandlung

(1) Die Gesellschafter, die für die Umwandlung gestimmt haben, sind in der Niederschrift namentlich aufzuführen.

(2) Die Gesellschafter haben den ersten Aufsichtsrat zu bestellen; die Bestellung bedarf gerichtlicher oder notarischer Beurkundung. Wenn ein Aufsichtsrat schon für die Gesellschaft mit beschränkter Haftung bestand, können sie seine Mitglieder im Amt bestätigen.

(3) Die Geschäftsführer haben eine Bilanz[1] aufzustellen, die den §§ 129, 131 und 133 über den Jahresabschluß entsprechen muß.

1. Bekanntmachung: § 275.

§ 271

Gründungsprüfung und Verantwortlichkeit der Gesellschafter

(1) Für die Umwandlung gelten, soweit sich aus den folgenden Vorschriften nichts anderes ergibt, die §§ 19, 20, 24 bis 27, §§ 31, 39 bis 46 sinngemäß; den Gründern stehen gleich die Gesellschafter, die für die Umwandlung gestimmt haben.

(2) Im Bericht nach § 24 sind der Geschäftsverlauf und die Lage der Gesellschaft mit beschränkter Haftung darzulegen und die Bilanz des § 270 Abs. 3 zu erläutern.

(3) Die Prüfung durch einen oder mehrere besondere Prüfer nach § 25 Abs. 2 hat in jedem Fall stattzufinden. Sie hat sich namentlich darauf zu erstrecken, ob die Bilanz den gesetzlichen Vorschriften entsprechend aufgestellt ist.

(4) Die Frist von zwei Jahren nach § 45 Abs. 1 wird von der Eintragung der Umwandlung in das Handelsregister gerechnet.

§ 272

Anmeldung des Umwandlungsbeschlusses

(1) Zugleich mit dem Umwandlungsbeschluß sind die Vorstandsmitglieder zur Eintragung in das Handelsregister anzumelden [1]. Eine Ausfertigung oder öffentlich beglaubigte Abschrift der Urkunden über die Bestellung des Vorstands und des Aufsichtsrats ist beizufügen. Der Anmeldung sind ferner die Prüfungsberichte der Mitglieder des Vorstands und des Aufsichtsrats sowie der Prüfer nebst ihren urkundlichen Grundlagen, ferner die Bescheinigung beizufügen, daß der Bericht der Prüfer bei der amtlichen Vertretung des Handelsstands eingereicht ist.

(2) Der Anmeldung ist die Bilanz des § 270 Abs. 3 beizufügen.

1. Keine Ordnungsstrafen: § 303.

§ 273

Inhalt der Bekanntmachung der Eintragung

In die Bekanntmachung der Eintragung der Umwandlung sind außer deren Inhalt der Name, Stand und Wohnort der Mitglieder des ersten Aufsichtsrats aufzunehmen. § 33 Abs. 2 gilt sinngemäß.

§ 274

Wirkung der Eintragung

Von der Eintragung der Umwandlung an besteht die Gesellschaft als Aktiengesellschaft weiter. Das Stammkapital ist zum Grundkapital, die Geschäftsanteile sind zu Aktien geworden; die an einem Geschäftsanteil bestehenden Rechte Dritter bestehen an der an die Stelle tretenden Aktie weiter.

§ 275

Bekanntmachung der Bilanz

Unverzüglich nach der Eintragung hat der Vorstand in den Gesellschaftsblättern[1] die Bilanz des § 270 Abs. 3 bekanntzumachen.

1. § 18.

§ 276

Umtausch der Geschäftsanteile

Für den Umtausch der Geschäftsanteile gegen Aktien gilt § 67, bei Zusammenlegung von Geschäftsanteilen § 179 über die Kraftloserklärung von Aktien sinngemäß; einer Genehmigung des Gerichts bedarf es nicht.

§ 277

Widersprechende Gesellschafter

(1) Jeder Gesellschafter, der gegen die Umwandlung Widerspruch zur Niederschrift erklärt hat, kann seine Aktie der Gesellschaft zur Verfügung stellen. Der Vorstand kann den Aktionären hierfür eine Ausschlußfrist von mindestens drei Monaten setzen. Die Fristsetzung ist erst nach der Eintragung der Umwandlung zulässig. Sie ist, wenn der Aktionär bekannt ist, ihm besonders

mitzuteilen, sonst ist sie dreimal in den Gesellschaftsblättern bekanntzumachen.

(2) Die der Gesellschaft zur Verfügung gestellten Aktien sind durch die Gesellschaft für Rechnung des Aktionärs zum Börsenpreis, beim Fehlen eines solchen durch öffentliche Versteigerung zu verkaufen. § 179 Abs. 3 Satz 2 bis 6 gilt sinngemäß.

(3) Durch Abs. 1 und 2 wird das Recht des Aktionärs, seine Aktien selbst zu veräußern, nicht berührt.

(4) Satzungsmäßige Verfügungsbeschränkungen stehen einer Veräußerung nach Abs. 2 und 3 nicht entgegen.

Fünfter Abschnitt

Umwandlung einer bergrechtlichen Gewerkschaft in eine Aktiengesellschaft

§ 278

Voraussetzungen

(1) Eine bergrechtliche Gewerkschaft mit eigener Rechtspersönlichkeit kann durch Beschluß der Gewerkenversammlung in eine Aktiengesellschaft umgewandelt werden.

(2) Der Beschluß bedarf einer Mehrheit von mindestens drei Vierteln aller Kuxe. Die Satzung kann diese Mehrheit durch eine größere ersetzen und noch andere Erfordernisse aufstellen. Der Beschluß muß gerichtlich oder notarisch beurkundet werden. Er bedarf zu seiner Wirksamkeit der Bestätigung durch die Bergbehörde. Die Bestätigung soll nur versagt werden, wenn das öffentliche Interesse entgegensteht.

(3) Im Beschluß sind die Firma sowie die Art der Zusammensetzung des Vorstands und des Aufsichtsrats

festzusetzen und die weiteren zur Durchführung der Umwandlung erforderlichen Maßnahmen zu treffen.

(4) Der Nennbetrag der Aktien kann auf einen höheren Betrag als tausend Reichsmark nur mit Zustimmung aller Gewerken festgesetzt werden; die Zustimmung muß gerichtlich oder notarisch beurkundet werden.

§ 279

Wirkung der Eintragung

(1) Von der Eintragung an besteht die Gewerkschaft als Aktiengesellschaft weiter. Die Kuxe sind zu Aktien geworden; die an einem Kux bestehenden Rechte Dritter bestehen an der an die Stelle tretenden Aktie weiter.

(2) Im übrigen gelten die §§ 270 bis 273, §§ 275 bis 277 sinngemäß.

Sechster Abschnitt

Umwandlung einer Kommanditgesellschaft auf Aktien in eine Gesellschaft mit beschränkter Haftung

§ 280

Voraussetzungen

Eine Kommanditgesellschaft auf Aktien kann durch Beschluß der Hauptversammlung unter Zustimmung aller persönlich haftenden Gesellschafter in eine Gesellschaft mit beschränkter Haftung umgewandelt werden.

§ 281

Wirkung der Eintragung

Von der Eintragung der Umwandlung an besteht die Gesellschaft als Gesellschaft mit beschränkter Haftung weiter. Das Grundkapital ist zum Stammkapital, die Aktien sind zu Geschäftsanteilen geworden; die an einer Aktie bestehenden Rechte Dritter bestehen an dem an die Stelle tretenden Geschäftsanteil weiter. Sieht der Gesellschaftsvertrag einen Aufsichtsrat vor, so bleiben die Mitglieder des bisherigen Aufsichtsrats als Mitglieder des neuen Aufsichtsrats im Amt, wenn die Hauptversammlung nichts anderes beschließt. Die persönlich haftenden Gesellschafter scheiden aus der Gesellschaft aus; ihre Haftung für die bis zur Eintragung entstandenen Verbindlichkeiten der Gesellschaft bleibt unberührt.

§ 282

Anwendbarkeit der Vorschriften über die Umwandlung einer Aktiengesellschaft

Soweit sich aus den vorstehenden Vorschriften nichts anderes ergibt, sind die Vorschriften über die Umwandlung einer Aktiengesellschaft in eine Gesellschaft mit beschränkter Haftung anzuwenden.

Siebenter Abschnitt

Umwandlung einer Gesellschaft mit beschränkter Haftung in eine Kommanditgesellschaft auf Aktien

§ 283

Voraussetzungen

(1) Eine Gesellschaft mit beschränkter Haftung kann in eine Kommanditgesellschaft auf Aktien umgewandelt werden.

(2) Zur Umwandlung bedarf es eines Beschlusses der Gesellschafterversammlung und des Beitritts mindestens eines persönlich haftenden Gesellschafters. Der

Beitritt muß gerichtlich oder notarisch beurkundet werden; dabei haben die persönlich haftenden Gesellschafter die Satzungsänderungen zu genehmigen.

(3) Für die Umwandlung gelten sinngemäß die §§ 19, 20, 24 bis 27, §§ 31, 39 bis 46; an die Stelle der Gründer treten die Gesellschafter, die für die Umwandlung gestimmt haben, sowie die persönlich haftenden Gesellschafter. Die Frist von zwei Jahren nach § 45 Abs. 1 wird von der Eintragung der Umwandlung in das Handelsregister gerechnet.

§ 284

Anmeldung der Umwandlung

Zugleich mit dem Umwandlungsbeschluß sind die persönlich haftenden Gesellschafter zur Eintragung in das Handelsregister anzumelden[1]. Eine Ausfertigung oder öffentlich beglaubigte Abschrift der Urkunden über ihren Beitritt ist beizufügen.

1. Keine Ordnungsstrafen: § 303 Abs. 2.

§ 285

Wirkung der Eintragung

Von der Eintragung der Umwandlung an besteht die Gesellschaft als Kommanditgesellschaft auf Aktien weiter. Das Stammkapital ist zum Grundkapital, die Geschäftsanteile sind zu Aktien geworden; die an einem Geschäftsanteil bestehenden Rechte Dritter bestehen an der an die Stelle tretenden Aktie weiter. Die persönlich haftenden Gesellschafter haften den Gläubigern der Gesellschaft auch für die bereits bestehenden Verbindlichkeiten unbeschränkt.

§ 286

Anwendbarkeit der Vorschriften über die Umwandlung in eine Aktiengesellschaft

Soweit sich aus den vorstehenden Vorschriften oder aus dem Fehlen eines Vorstands nichts anderes ergibt, sind die Vorschriften über die Umwandlung einer Gesellschaft mit beschränkter Haftung in eine Aktiengesellschaft sinngemäß anzuwenden.

Achter Abschnitt

Umwandlung einer bergrechtlichen Gewerkschaft in eine Kommanditgesellschaft auf Aktien

§ 287

(1) Eine bergrechtliche Gewerkschaft mit eigener Rechtspersönlichkeit kann in eine Kommanditgesellschaft auf Aktien umgewandelt werden.

(2) Für die Umwandlung gelten die §§ 283 bis 285 und, soweit sich aus ihnen oder aus dem Fehlen eines Vorstands nichts anderes ergibt, die Vorschriften über die Umwandlung einer bergrechtlichen Gewerkschaft in eine Aktiengesellschaft sinngemäß.

Viertes Buch.

Aktiengesellschaft und Staat. Strafvorschriften.

Erster Teil

Aktiengesellschaft und Staat

§ 288

Wahrung des Gemeinwohls durch den Staat

(1) Gefährdet eine Aktiengesellschaft oder eine Kommanditgesellschaft auf Aktien das Gemeinwohl, nament-

lich durch ein Verhalten ihrer Verwaltungsträger, das gröblich gegen das Gesetz oder gegen die Grundsätze verantwortungsbewußter Wirtschaftsführung verstößt, so kann das Reichswirtschaftsgericht auf Antrag des Reichswirtschaftsministers die Gesellschaft auflösen. Der Reichswirtschaftsminister stellt den Antrag im Einvernehmen mit dem Reichsminister der Justiz und den sonst beteiligten Reichsministern.

(2) Nach der Auflösung findet die Abwicklung nach den §§ 205 bis 214 statt, wenn das Reichswirtschaftsgericht nichts anderes bestimmt.

§ 289

Anordnungen vor der Auflösung

Ist die Auflösung beantragt, so kann das Reichswirtschaftsgericht auf Antrag des Reichswirtschaftsministers vor der Entscheidung über die Auflösung die nötigen Anordnungen treffen. Der Reichswirtschaftsminister stellt den Antrag im Einvernehmen mit dem Reichsminister der Justiz und den sonst beteiligten Reichsministern.

§ 290

Eintragung

Die Entscheidungen des Reichswirtschaftsgerichts sind dem Registergericht mitzuteilen; dieses trägt sie, soweit sie eintragungspflichtige Rechtsverhältnisse betreffen, in das Handelsregister ein.

§ 291

Ausschluß der Entschädigung

Maßnahmen auf Grund dieser Vorschriften begründen keinen Anspruch auf Entschädigung.

§ 292

Zulassung ausländischer Aktiengesellschaften oder Kommanditgesellschaften auf Aktien

Die Zulassung einer ausländischen Aktiengesellschaft oder einer Kommanditgesellschaft auf Aktien zum Gewerbebetrieb im Inland bedarf der Genehmigung des Reichswirtschaftsministers. Bestimmungen in Staatsverträgen bleiben unberührt[1].

1. Übergangsregelung: § 16 EG.

§ 293

Durchführungsvorschriften

Der Reichsminister der Justiz und der Reichswirtschaftsminister erlassen die zur Durchführung dieser Vorschriften nötigen Rechts- und Verwaltungsvorschriften.

Zweiter Teil

Strafvorschriften

§ 294

Handeln zum Nachteil der Gesellschaft

(1) Wer als Mitglied des Vorstands oder des Aufsichtsrats oder als Abwickler vorsätzlich zum Nachteil der Gesellschaft handelt, wird mit Gefängnis bestraft.

(2) Zugleich kann auf Verlust der bürgerlichen Ehrenrechte erkannt werden.

(3) In besonders schweren Fällen tritt an die Stelle der Gefängnisstrafe Zuchthaus bis zu zehn Jahren; ein besonders schwerer Fall liegt namentlich dann vor, wenn die Tat das Wohl des Volks geschädigt oder

einen besonders großen Schaden zur Folge gehabt oder der Täter besonders arglistig gehandelt hat.

§ 295

Falsche Angaben

(1) Mit Gefängnis werden bestraft:

1. Gründer oder Mitglieder des Vorstands oder des Aufsichtsrat, die zum Zweck der Eintragung der Gesellschaft über die Zeichnung, die Einzahlung auf die Aktien, die Verwendung eingezahlter Beträge, den Ausgabebetrag der Aktien, über Sondervorteile, Gründungsaufwand, Sacheinlagen und Sachübernahmen sowie im Gründungsbericht oder im Prüfungsbericht falsche Angaben machen oder erhebliche Umstände verschweigen[1];
2. Personen, die in der öffentlichen Ankündigung nach § 40 Nr. 3 falsche Angaben machen oder erhebliche Umstände verschweigen;
3. Mitglieder des Vorstands oder des Aufsichtsrats, die zum Zweck der Eintragung einer Erhöhung des Grundkapitals (§§ 149 ff., 169 ff.) über die Einbringung des bisherigen, die Zeichnung oder Einbringung des neuen Kapitals, den Ausgabebetrag der Aktien oder über Sacheinlagen falsche Angaben machen oder erhebliche Umstände verschweigen;
4. Vorstandsmitglieder, die zum Zweck der Eintragung einer bedingten Kapitalerhöhung über die Ausgabe der Bezugsaktien falsche Angaben machen oder erhebliche Umstände verschweigen[2];
5. Abwickler, die zum Zweck der Eintragung der Fortsetzung der Gesellschaft in dem von ihnen

nach § 215 Abs. 3 zu führenden Nachweis falsche Angaben machen oder erhebliche Umstände verschweigen.

(2) Zugleich kann auf Verlust der bürgerlichen Ehrenrechte erkannt werden.

1. Vgl. §§ 19 ff.
2. Vgl. § 168.

§ 296

Unrichtige Darstellung. Verbotene Aktienausgabe

(1) Mitglieder des Vorstands oder des Aufsichtsrats oder Abwickler werden mit Gefängnis bestraft, wenn sie

1. in ihren Darstellungen, in ihren Übersichten über den Vermögensstand der Gesellschaft, in den den Abschlußprüfern oder sonstigen Prüfern[1] gegebenen Auskünften oder in Vorträgen und Auskünften in der Hauptversammlung die Verhältnisse der Gesellschaft unwahr darstellen oder verschleiern[2];
2. im Geschäftsbericht über die Tatsachen des § 128 Abs. 2 Nr. 1 bis 9 falsche Angaben machen oder erhebliche Umstände verschweigen;
3. Namensaktien ausgeben, in denen der Betrag der Teilleistung nicht angegeben ist, oder Inhaberaktien ausgeben, bevor auf sie der Nennbetrag oder der höhere Ausgabebetrag voll geleistet ist (§ 10 Abs. 2);
4. Aktien oder Zwischenscheine ausgeben, bevor die Gesellschaft[3] oder im Fall einer Kapitalerhöhung (§§ 149 ff., 169 ff.) die Durchführung der Erhöhung des Grundkapitals[4] oder im Falle einer

bedingten Kapitalerhöhung der Beschluß über die bedingte Kapitalerhöhung eingetragen ist[5];

5. Aktien oder Zwischenscheine ausgeben, die auf einen geringeren als den nach § 8 zulässigen Mindestnennbetrag lauten;
6. Wandelschuldverschreibungen ohne Genehmigung ausgeben (§ 174).

(2) In den Fällen der Nr. 1 und 2 kann zugleich auf Verlust der bürgerlichen Ehrenrechte, in besonders schweren Fällen kann auf Zuchthaus bis zu zehn Jahren erkannt werden.

1. Vgl. §§ 121, 138.
2. Vgl. § 112.
3. Vgl. § 34.
4. Vgl. §§ 158, 170.
5. § 164.

§ 297

Fehlen von Aufsichtsratsmitgliedern. Unterlassen des Konkurs- oder Vergleichsantrags

Mit Gefängnis bis zu drei Monaten wird bestraft:

1. wer es als Mitglied des Vorstands oder des Aufsichtsrats oder als Abwickler vorsätzlich oder fahrlässig nicht hindert, daß länger als drei Monate im Aufsichtsrat die zur Beschlußfähigkeit nötige Zahl von Mitgliedern fehlt[1];
2. wer es als Vorstandsmitglied vorsätzlich oder fahrlässig unterläßt, bei Verlust die Hauptversammlung zu berufen und dieser von dem Eintritt des Verlustes Anzeige zu machen (§ 83 Abs. 1) oder bei Zahlungsunfähigkeit oder Überschuldung die Eröffnung des Konkursverfahrens oder des

gerichtlichen Vergleichsverfahrens zu beantragen (§ 83 Abs. 2);

3. wer es als Abwickler vorsätzlich oder fahrlässig unterläßt, bei Zahlungsunfähigkeit oder Überschuldung die Eröffnung des Konkursverfahrens oder des gerichtlichen Vergleichsverfahrens zu beantragen (§ 209 Abs. 2).

1. Vgl. § 89.

§ 298

Fälschung oder Verfälschung von Hinterlegungsbescheinigungen

(1) Mit Gefängnis wird bestraft, wer über die Hinterlegung von Aktien oder Zwischenscheinen Bescheinigungen, die zum Nachweis des Stimmrechts [1] in einer Hauptversammlung dienen sollen, wissentlich falsch ausstellt oder verfälscht oder von einer solchen Bescheinigung wissend, daß sie falsch oder verfälscht ist, zur Ausübung des Stimmrechts Gebrauch macht.

(2) Zugleich kann auf Verlust der bürgerlichen Ehrenrechte, in besonders schweren Fällen kann auf Zuchthaus bis zu zehn Jahren erkannt werden.

1. Vgl. §§ 113 ff.

§ 299

Stimmenkauf

Mit Geldstrafe oder Gefängnis bis zu einem Jahr wird bestraft:

1. wer sich besondere Vorteile dafür gewähren oder versprechen läßt, daß er bei einer Abstimmung in der Hauptversammlung nicht oder in einem gewissen Sinne stimme;

2. wer besondere Vorteile dafür gewährt oder verspricht, daß jemand bei einer Abstimmung in der Hauptversammlung nicht oder in einem gewissen Sinne stimme.

§ 300

Stimmrechtsmißbrauch

Mit Geldstrafe bis zu hunderttausend Reichsmark wird bestraft:

1. wer die Aktien eines anderen, zu dessen Vertretung er nicht befugt ist, ohne dessen Einwilligung zur Ausübung des Stimmrechts in der Hauptversammlung oder zur Ausübung eines der Rechte in den §§ 106, 112, 118, 122, 125 Abs. 7, §§ 137, 197, 206, 216, 244 benutzt;
2. wer zur Ausübung des Stimmrechts oder der in Nr. 1 bezeichneten Rechte Aktien eines anderen benutzt, die er sich zu diesem Zweck durch Gewähren oder Versprechen besonderer Vorteile verschafft hat, und wer die Aktien zu dem bezeichneten Zweck gegen Gewähren oder Versprechen besonderer Vorteile überlassen hat;
3. wer Aktien, für die er das Stimmrecht nach § 114 Abs. 4 bis 7, § 118 Abs. 1 Satz 2, § 227 Abs. 1 nicht ausüben darf, einem anderen zum Zweck der Ausübung des Stimmrechts überläßt sowie wer solche Aktien zur Ausübung des Stimmrechts benutzt;
4. wer Angaben nach § 110 nicht oder nicht richtig macht.

§ 301

Unrichtige Wiedergabe des Jahresabschlusses. Unterlassen der Namensangabe

(1) Mitglieder des Vorstands und des Aufsichtsrats oder Abwickler werden mit Geldstrafe bestraft, wenn sie es vorsätzlich oder fahrlässig unterlassen, für die Einhaltung des § 144 über die Wiedergabe des Jahresabschlusses und der §§ 100, 128 Abs. 4 und des § 209 Abs. 5 über die Angaben der Mitglieder des Vorstands und des Aufsichtsrats und der Abwickler zu sorgen.

(2) Die Strafverfolgung tritt nur auf Antrag der amtlichen Vertretung des Handelsstands ein.

§ 302

Verletzung der Berichts- und Verschwiegenheitspflicht

Mit Gefängnis oder Geldstrafe wird bestraft:

1. wer als Prüfer oder als Gehilfe eines Prüfers über das Ergebnis der Prüfung falsch berichtet oder erhebliche Umstände im Bericht verschweigt[1];
2. wer als Prüfer oder als Gehilfe eines Prüfers seine Pflicht zur Verschwiegenheit verletzt oder unbefugt Geschäfts- und Betriebsgeheimnisse, die er bei Wahrnehmung seiner Obliegenheiten erfahren hat, verwertet[2];
3. wer als Vorsitzer des Aufsichtsrats einer Prüfungsgesellschaft oder als sein Stellvertreter die durch Einsicht eines Berichts erlangten Kenntnisse

verwertet, ohne daß es die Erfüllung der Überwachungspflicht des Aufsichtsrats fordert.

1. Vgl. §§ 26, 121, 139.
2. Vgl. § 141, § 142.

§ 303

Ordnungsstrafen

(1) Die Vorstandsmitglieder oder die Abwickler sind außer den im § 14 des Handelsgesetzbuchs bezeichneten Fällen zur Befolgung der §§ 81, 89 Abs. 1, § 95 Abs. 2 und 3, § 104 Abs. 2, § 121 Abs. 1 bis 3, § 125 Abs. 1, 4 bis 6, §§ 126, 127, 136 Abs. 1 und 4, §§ 138, 199 Abs. 5, § 211 Abs. 1 und 2, § 214 Abs. 2 vom Gericht durch Ordnungsstrafen anzuhalten.

(2) Die Anmeldungen zum Handelsregister nach den §§ 28, 38, 45, 148 Abs. 1, §§ 151, 155, 162, 176, 192 Abs. 4, §§ 215, 239 Abs. 1, § 247 Abs. 5, §§ 258, 261, 264, 272, 284 werden durch Ordnungsstrafen nicht erzwungen. Für die Einreichung der der Zahl der Zweigniederlassungen entsprechenden Stückzahl der Anmeldungen verbleibt es bei § 14 des Handelsgesetzbuchs.

§ 304

Strafbarkeit persönlich haftender Gesellschafter einer Kommanditgesellschaft auf Aktien

Die Vorschriften dieses Buches über Vorstandsmitglieder gelten sinngemäß für die persönlich haftenden Gesellschafter der Kommanditgesellschaft auf Aktien.

Einführungsgesetz zum Gesetz über Aktiengesellschaften und Kommanditgesellschaften auf Aktien

Vom 30. Januar 1937 (RGBl. Teil I S. 166)

Die Reichsregierung hat das folgende Gesetz beschlossen, das hiermit verkündet wird:

Erster Abschnitt

Inkrafttreten der Gesetze

§ 1

(1) Das Aktiengesetz tritt zugleich mit den nachfolgenden Abschnitten dieses Gesetzes am 1. Oktober 1937 in Kraft.

(2) Schon vor diesem Zeitpunkt sollen Aktiengesellschaften nicht mehr in das Handelsregister eingetragen werden, wenn ihr Grundkapital den nach § 7 des Aktiengesetzes zulässigen Mindestnennbetrag nicht erreicht. Gleiches gilt für Satzungsänderungen, durch die Mehrstimmrechte geschaffen werden sollen.

(3) Schon vor diesem Zeitpunkt können Vorschriften und Anordnungen auf Grund der Ermächtigungen im Aktiengesetz und in diesem Gesetz getroffen werden.

Zweiter Abschnitt
Übergangsvorschriften

§ 2
Mindestnennbetrag des Grundkapitals

(1) Für Aktiengesellschaften, deren Grundkapital beim Inkrafttreten des Aktiengesetzes weniger als fünfhunderttausend Reichsmark beträgt, gilt der Nennbetrag des in diesem Zeitpunkt vorhandenen Grundkapitals als Mindestnennbetrag im Sinne des § 7 Abs. 1 des Aktiengesetzes. Ändern jedoch solche Gesellschaften ihre Verhältnisse wesentlich, nehmen sie namentlich eine wesentliche Änderung des Gegenstands des Unternehmens, ihrer Verfassung oder der Art ihres Geschäftsbetriebs vor, so sind diese Änderungen nur dann einzutragen, wenn das Grundkapital spätestens zugleich mit den Änderungen auf fünfhunderttausend Reichsmark erhöht wird.

(2) Aktiengesellschaften mit einem Grundkapital von weniger als einhunderttausend Reichsmark müssen sich umwandeln oder auflösen. Soweit solche Aktiengesellschaften am 31. Dezember 1940 noch bestehen, sind sie mit Ablauf dieses Tages aufgelöst; die Vorschriften über die Auflösung der Gesellschaft durch Ablauf der in der Satzung bestimmten Zeit gelten sinngemäß.

(3) Der Reichsminister der Justiz kann im Einvernehmen mit dem Reichswirtschaftsminister Ausnahmen zulassen.

§ 3
Mindestnennbetrag der Aktien

(1) Aktien dürfen nur noch nach der Vorschrift des § 8 des Aktiengesetzes ausgegeben werden.

(2) Für Aktiengesellschaften, die beim Inkrafttreten des Aktiengesetzes in das Handelsregister eingetragen sind, gilt im Sinne der Vorschriften über die Kapitalherabsetzung als Mindestnennbetrag der Aktien der Betrag von hundert Reichsmark; dies gilt nicht für Aktien, die auf einen Nennbetrag von tausend Reichsmark oder mehr lauten.

(3) Über den Umtausch der Aktien über einen geringeren als den nach § 8 Abs. 1 und 2 des Aktiengesetzes zulässigen Nennbetrag trifft der Reichsminister der Justiz im Einvernehmen mit dem Reichswirtschaftsminister Bestimmungen.

§ 4

Nachgründung

§ 45 Abs. 9 des Aktiengesetzes gilt auch für Verträge, die vor dem 1. Januar 1937 geschlossen worden sind. Findet durch diese Vorschrift ein anhängiger Rechtsstreit seine Erledigung, so verteilt das Gericht die Kosten nach billigem Ermessen.

§ 5

Einzahlung auf die Aktien

(1) Der vor der Anmeldung einer Aktiengesellschaft zur Eintragung in das Handelsregister eingeforderte Betrag (§ 28 Abs. 2, § 49 Abs. 3 des Aktiengesetzes) kann bis auf weiteres auch in Rentenbankscheinen eingezahlt werden. Dies gilt sinngemäß für die Kapitalerhöhung, die bedingte Kapitalerhöhung und das genehmigte Kapital.

(2) Soweit die Aktionäre vor dem Inkrafttreten des Aktiengesetzes mit Zustimmung der Gesellschaft Leistungen auf ihre Einlageschuld zwar nicht in der ge-

setzlich vorgeschriebenen, aber in wirtschaftlich gleichwertiger Weise erbracht haben, gilt die Leistung als bewirkt; die §§ 19, 20, 150 des Aktiengesetzes bleiben unberührt. Findet durch diese Vorschrift ein anhängiger Rechtsstreit seine Erledigung, so verteilt das Gericht die Kosten nach billigem Ermessen.

§ 6

Vorratsaktien

(1) § 51 Abs. 1 des Aktiengesetzes über die Aktienübernahme für Rechnung der Gesellschaft oder eines abhängigen Unternehmens gilt auch für solche Rechtsverhältnisse, die vor dem Inkrafttreten des Aktiengesetzes begründet wurden.

(2) Stellt jedoch der Aktionär vor dem 1. Januar 1938 durch schriftliche Erklärung der Gesellschaft die Aktien unter Aushändigung der dazugehörigen Urkunden zur Verfügung, so wird er von seiner Haftung frei.

(3) Der Vorstand hat die zur Verfügung gestellten Aktien nach den Vorschriften des Aktiengesetzes über die durch die Satzung angeordnete Zwangseinziehung unentgeltlich zur Verfügung gestellten Aktien einzuziehen. Der Vorstand kann von der Einziehung absehen, wenn er die Aktien bis zum 31. Dezember 1938 veräußert. Der Gegenwert muß mindestens dem Nennbetrag der Aktien entsprechen und in Geld deutscher Reichswährung gezahlt werden. Der Vertrag bedarf der Schriftform und soll nur mit Genehmigung des Aufsichtsrats geschlossen werden. Die Genehmigung darf nur erteilt werden, wenn der Vorstand dem Aufsichtsrat nachweist, daß der Gegenwert gezahlt und der

Vorstand in der Verfügung über den gezahlten Betrag nicht, namentlich nicht durch Gegenforderungen, beschränkt ist. Ein den Nennbetrag der Aktien übersteigender Teil des Gegenwerts ist in die gesetzliche Rücklage einzustellen. Wenn der Vorstand die zur Verfügung gestellten Aktien nicht rechtzeitig veräußert, kann ihn das Registergericht durch Ordnungsstrafen zur Zwangseinziehung anhalten.

§ 7

Vorstand

(1) Die Entscheidungsbefugnis nach § 70 Abs. 2 Satz 2 steht nur einem nach Inkrafttreten des Aktiengesetzes ernannten Vorsitzer des Vorstands zu.

(2) Die im § 75 des Aktiengesetzes bestimmte Frist von höchstens fünf Jahren beginnt für Vorstandsmitglieder, die beim Inkrafttreten des Aktiengesetzes im Amt sind, erst mit diesem Zeitpunkt.

(3) Jedes Vorstandsmitglied kann seinen Anstellungsvertrag auf den 1. April 1938 mit einer Kündigungsfrist von drei Monaten kündigen, wenn sich der Vertrag auf einen Zeitraum von mehr als fünf Jahren seit dem Inkrafttreten des Aktiengesetzes erstreckt haben würde. Gleiches gilt, wenn anzunehmen ist, daß sich seine Gesamtbezüge durch die Vorschrift des § 77 Abs. 1 und 2 des Aktiengesetzes über die Gewinnbeteiligung der Vorstandsmitglieder erheblich verschlechtert werden.

§ 8

Aufsichtsrat

(1) Bestimmungen der Satzung über die Zusammensetzung, Wahl und Abberufung und die Entsendung

von Aufsichtsratsmitgliedern treten mit Beendigung der Hauptversammlung außer Kraft, die über die Entlastung des Aufsichtsrats für das bei Inkrafttreten des Aktiengesetzes laufende Geschäftsjahr abgehalten wird, spätestens mit Ablauf der im § 104 Abs. 1 des Aktiengesetzes für die Beschlußfassung über die Entlastung bestimmten Frist. Eine Hauptversammlung, die innerhalb dieser Frist stattfindet, kann neue Bestimmungen mit einfacher Stimmenmehrheit beschließen.

(2) Das Amt der Aufsichtsratsmitglieder erlischt mit dem im Abs. 1 bezeichneten Zeitpunkt.

§ 9

Mehrstimmrechtsaktien

Mehrstimmrechtsaktien, deren Ausgabe vor dem Inkrafttreten des Aktiengesetzes beschlossen worden ist, verlieren ihren Vorzug im Stimmrecht zu einem von der Reichsregierung zu bestimmenden Zeitpunkt, wenn nicht der Reichswirtschaftsminister im Einvernehmen mit dem Reichsminister der Justiz und den sonst beteiligten Reichsministern nach § 12 des Aktiengesetzes Ausnahmen zuläßt.

§ 10

Stimmrecht nicht volleingezahlter Aktien

§ 114 Abs. 2 des Aktiengesetzes gilt auch für Aktien, die beim Inkrafttreten des Aktiengesetzes nicht volleingezahlt sind.

§ 11

Rechnungslegung und Entlastung

(1) Die Vorschriften des Fünften Teils des Ersten Buchs des Aktiengesetzes über die Rechnungslegung

gelten erstmals für das beim Inkrafttreten des Aktiengesetzes laufende Geschäftsjahr. Gleiches gilt für die Vorschrift des § 104 des Aktiengesetzes über die Entlastung des Vorstands und des Aufsichtsrats.

(2) Für frühere Geschäftsjahre bleibt es bei den bisherigen Vorschriften.

§ 12

Gründerbezugsrechte

Rechte auf den Bezug neuer Aktien, die nach früheren Vorschriften vor dem Beschluß über die Erhöhung des Grundkapitals zulässig zugesichert worden sind, können nicht mehr ausgeübt werden.

§ 13

Kapitalherabsetzung

(1) Die Vorschriften des dritten Abschnitts des Sechsten Teils des Aktiengesetzes über Maßnahmen der Kapitalherabsetzung gelten nicht für Kapitalherabsetzungen, bei denen der Beschluß über die Herabsetzung des Grundkapitals beim Inkrafttreten des Aktiengesetzes bereits in das Handelsregister eingetragen ist. Für diese Kapitalherabsetzungen bleibt es bei den bisherigen Vorschriften.

(2) Eine Kapitalherabsetzung durch Einziehung entgeltlich erworbener Aktien kann bis zum 31. Dezember 1939 auch nach den Vorschriften des Aktiengesetzes über die vereinfachte Kapitalherabsetzung beschlossen werden, wenn die Gesellschaft die Aktien vor dem 18. Februar 1932 erworben hat; der Reichsminister der Justiz kann die Einziehung später erworbener Aktien zulassen. Auf die Einziehung sind die Vorschriften über die vereinfachte Kapitalherabsetzung anzuwenden; für den Be-

schluß über die Herabsetzung des Grundkapitals genügt die einfache Stimmenmehrheit; § 183 des Aktiengesetzes über die Auflösung von Rücklagen und § 186 des Aktiengesetzes über die Beschränkung der Einstellung von Beträgen in die gesetzliche Rücklage gelten nicht.

§ 14

Nichtigkeit von Hauptversammlungs-beschlüssen. Nichtigkeit der Gesellschaft

(1) Die im § 196 Abs. 2 des Aktiengesetzes bestimmte Frist von drei Jahren beginnt für Beschlüsse, die beim Inkrafttreten des Aktiengesetzes bereits in das Handelsregister eingetragen sind, erst mit diesem Zeitpunkt.

(2) Dies gilt sinngemäß für die im § 216 Abs. 3 des Aktiengesetzes bestimmte Frist von fünf Jahren.

§ 15

Verschmelzung

(1) Die Vorschriften des Ersten und Zweiten Teils des Dritten Buchs des Aktiengesetzes über Verschmelzung und Vermögensübertragung gelten nicht für Verschmelzungen und Vermögensübertragungen, bei denen der Beschluß der übertragenden Gesellschaft über die Verschmelzung oder die Vermögensveräußerung und, wenn zur Durchführung der Verschmelzung eine Erhöhung des Grundkapitals der übernehmenden Gesellschaft nötig war, auch die Durchführung der Erhöhung beim Inkrafttreten des Aktienkapitals bereits in das Handelsregister eingetragen sind.

(2) Für diese Verschmelzungen und Vermögensüber-

tragungen bleibt es bei den bisherigen Vorschriften. Jedoch steht das Recht, Sicherheitsleistung zu verlangen, solchen Gläubigern nicht zu, die im Fall des Konkurses ein Recht auf vorzugsweise Befriedigung aus einer nach gesetzlicher Vorschrift zu ihrem Schutz errichteten und staatlich überwachten Deckungsmasse haben; solche Gläubiger brauchen zur Anmeldung ihrer Ansprüche nicht aufgefordert zu werden.

§ 16

Zulassung ausländischer Aktiengesellschaften

Ausländische Aktiengesellschaften, die beim Inkrafttreten des Aktiengesetzes einen Gewerbebetrieb im Inland zulässigerweise bereits ausüben, bedürfen keiner Genehmigung nach § 292 des Aktiengesetzes.

§ 17

Kommanditgesellschaft auf Aktien

Die Vorschriften dieses Abschnitts gelten sinngemäß für die Kommanditgesellschaft auf Aktien.

Dritter Abschnitt

Aufhebung und Änderung von Gesetzen

§ 18

Handelsgesetzbuch

(1) Die Vorschriften des § 20 und des dritten und vierten Abschnitts des Zweiten Buchs des Handelsgesetzbuchs werden aufgehoben.

(2) Soweit in Reichsgesetzen oder in Landesgesetzen

auf die aufgehobenen Vorschriften des Handelsgesetzbuchs verwiesen ist, treten die entsprechenden Vorschriften des Aktiengesetzes an ihre Stelle.

§ 19

Verordnung über Aktienrecht

Die Vorschriften über Aktienrecht im Ersten Teil der Verordnung des Reichspräsidenten vom 19. September 1931 (Reichsgesetzbl. I S. 493) und ihre Durchführungsverordnungen werden aufgehoben.

§ 20

Gesetz über die Kraftloserklärung von Aktien

Das Gesetz über die Kraftloserklärung von Aktien vom 20. Dezember 1934 (Reichsgesetzbl. I S. 1254) und seine Durchführungsverordnung werden aufgehoben.

§ 21

Gesetz über den Erwerb eigener Aktien

Das Gesetz über den Erwerb eigener Aktien vom 14. Mai 1936 (Reichsgesetzbl. I S. 439) wird aufgehoben.

§ 22

Verordnung über die Kapitalherabsetzung in erleichterter Form

Die Vorschriften über die Kapitalherabsetzung in erleichterter Form im Kapitel II des Fünften Teils der Dritten Verordnung des Reichspräsidenten vom 6. Oktober 1931 (Reichsgesetzbl. I S. 556) und ihre

Durchführungsverordnungen werden aufgehoben, soweit sie sich auf Aktiengesellschaften und Kommanditgesellschaften auf Aktien beziehen. Für Kapitalherabsetzungen in erleichterter Form, bei denen der Beschluß beim Inkrafttreten des Aktiengesetzes bereits gefaßt ist, bleibt es bei den bisherigen Vorschriften.

§ 23

Goldbilanzverordnung

§ 17 Abs. 2 der Verordnung über Goldbilanzen vom 28. Dezember 1923 (Reichsgesetzbl. I S. 1253) wird aufgehoben.

§ 24

Bekanntmachung zur Erleichterung der Einzahlung auf Aktien

Die Bekanntmachung zur Erleichterung der Einzahlung auf Aktien usw. vom 24. Mai 1917 (Reichsgesetzbl. S. 431) tritt außer Kraft, soweit sie sich auf Aktiengesellschaften und Kommanditgesellschaften auf Aktien bezieht.

§ 25

Gesetz, betreffend die Gesellschaften mit beschränkter Haftung

§§ 80, 81 des Gesetzes, betreffend die Gesellschaften mit beschränkter Haftung werden aufgehoben. Hat eine Aktiengesellschaft beim Inkrafttreten des Aktiengesetzes bereits ihre Auflösung zum Zweck der Umwandlung in eine Gesellschaft mit beschränkter Haftung beschlossen, so bleibt es bei den bisherigen Vorschriften.

§ 26

Reichsgesetz über die Angelegenheiten der freiwilligen Gerichtsbarkeit

Das Reichsgesetz über die Angelegenheiten der freiwilligen Gerichtsbarkeit wird, wie folgt, geändert und ergänzt:

1. § 132 Abs. 1 erhält folgende Fassung:

   „Sobald das Registergericht von einem sein Einschreiten nach § 14 des Handelsgesetzbuchs oder §§ 303, 304 des Aktiengesetzes rechtfertigenden Sachverhalt glaubhafte Kenntnis erhält, hat es dem Beteiligten unter Androhung einer Ordnungsstrafe aufzugeben, innerhalb einer bestimmten Frist seiner gesetzlichen Verpflichtung nachzukommen oder die Unterlassung mittels Einspruchs gegen die Verfügung zu rechtfertigen."

2. § 144 Abs. 1 Satz 1 erhält folgende Fassung:

   „Eine in das Handelsregister eingetragene Aktiengesellschaft oder Kommanditgesellschaft auf Aktien kann nach §§ 142, 143 als nichtig gelöscht werden, wenn die Voraussetzungen vorliegen, unter denen nach §§ 216, 217 des Aktiengesetzes die Klage auf Nichtigerklärung erhoben werden kann."

3. § 145 Abs. 1 erhält folgende Fassung:

   „Die Amtsgerichte sind zuständig für die nach § 146 Abs. 2, §§ 147, 157 Abs. 2, § 166 Abs. 3, § 338 Abs. 3, § 524 Abs. 1 und 2, § 530 Abs. 1, §§ 590, 685, § 729 Abs. 1, § 884 Nr. 4 des Handelsgesetzbuchs und nach § 25 Abs. 3, §§ 27, 30 Abs. 6 und 7, § 67

Abs. 1, §§ 76, 88 Abs. 4, §§ 89, 106 Abs. 4, § 118 Abs. 2 und 3, § 122 Abs. 2, § 136 Abs. 3 bis 6, § 206 Abs. 2, § 211 Abs. 3, § 214 Abs. 2 bis 4, § 244 Abs. 1 und 4 des Aktiengesetzes vom Gericht zu erledigenden Angelegenheiten."

4. § 146 Abs. 3 erhält folgende Fassung:

„Eine Anfechtung der Verfügung, durch welche einem nach § 524 Abs. 1 und 2, § 530 Abs. 1, §§ 685, 729 Abs. 1, § 884 Nr. 4 des Handelsgesetzbuchs und nach § 67 Abs. 1 des Aktiengesetzes gestellten Antrage stattgegeben wird, ist ausgeschlossen."

§ 27

Gewerbeordnung

(1) § 12 Abs. 1 der Gewerbeordnung erhält folgende Fassung:

„Die Zulassung einer ausländischen juristischen Person zum Gewerbebetrieb im Inland bedarf der Genehmigung des Reichswirtschaftsministers und des sonst zuständigen Reichsministers. Bestimmungen in Staatsverträgen bleiben unberührt."

(2) § 16 gilt sinngemäß.

§ 28

Versicherungsaufsichtsgesetz

Die Vorschriften des Gesetzes über die Beaufsichtigung der privaten Versicherungsunternehmungen und Bausparkassen vom 6. Juni 1931 (Reichsgesetzbl. I S. 315) und die auf Grund dieses Gesetzes erlassenen Anordnungen der Aufsichtsbehörde bleiben unberührt.

Vierter Abschnitt

Ermächtigungen

§ 29

Wirtschaftsprüfer

Der Reichswirtschaftsminister wird ermächtigt, im Einvernehmen mit dem Reichsminister der Justiz die öffentliche Bestellung von Wirtschaftsprüfern und Wirtschaftsprüfungsgesellschaften zu regeln.

§ 30

Bestimmung der zuständigen Bergbehörde

Der Reichswirtschaftsminister wird ermächtigt, die zuständige Bergbehörde nach den §§ 251 und 278 des Aktiengesetzes zu bestimmen.

§ 31

Übertragung von Zuständigkeiten

Ist in diesem Gesetz oder im Aktiengesetz ein Reichsminister ermächtigt, Ausnahmen zuzulassen oder Genehmigungen zu erteilen, so kann er seine Befugnisse auf andere Behörden übertragen.

§ 32

Ermächtigung

Der Reichsminister der Justiz wird ermächtigt, weitere Überleitungsvorschriften zu erlassen; er kann die in diesem Gesetz getroffenen Überleitungsvorschriften ändern oder abweichende Vorschriften treffen. Er kann auch sonst dieses Gesetz oder das Aktiengesetz ergänzende Vorschriften erlassen.

Inhaltsverzeichnis zur

Begründung zum Gesetz über Aktiengesellschaften und Kommanditgesellschaften auf Aktien vom 30. Januar 1937.

Begründung zum Aktiengesetz

Einleitung

Die wirtschaftliche Entwicklung nach dem Kriege hat in allen Ländern zu einer Erneuerung der grundlegenden Wirtschaftsgesetze geführt. Auch die Aktiengesellschaft als größte Kapitalgesellschaft wurde von dieser Entwicklung erfaßt. In Deutschland begannen die Erneuerungsbestrebungen im Jahre 1926. Sie führten zu dem Entwurf eines Gesetzes über Aktiengesellschaften und Kommanditgesellschaften auf Aktien, der im Jahre 1930 veröffentlicht wurde. Die daraufhin von allen Seiten einsetzenden Anregungen gaben den Anlaß zur Veröffentlichung eines neuen Entwurfs im Jahre 1931. Die trüben Ereignisse dieser Zeit des wirtschaftlichen Niedergangs machten eine sofortige Änderung des Aktienrechts notwendig. Bei den damaligen politischen Verhältnissen war es jedoch eine Unmöglichkeit, den Entwurf von 1931 im Wege der ordentlichen Gesetzgebung zu verabschieden. Es mußte vielmehr als Ausweg zu dem Mittel der Notverordnung geschritten werden, um wenigstens den dringendsten Bedürfnissen abzuhelfen und die schwersten Mißstände zu beseitigen.

Mit der Übernahme der Macht durch den Nationalsozialismus konnte endlich an eine energische Aufnahme der Erneuerungsarbeiten gedacht werden. Sie war vor allem deshalb erforderlich, um den nationalsozialistischen Grundsätzen auch auf dem Gebiete der Wirtschaft zum Durchbruch zu verhelfen. Bei der Akademie für Deutsches Recht wurde ein Ausschuß für Aktienrecht gebildet, dessen Aufgabe es war, die großen Linien des neuen Aktienrechts aufzuzeigen. In zwei Berichten vom April 1934 und vom April 1935 sind die Ergebnisse dieser Arbeiten, an denen hervorragende Vertreter der Partei und der Wirtschaft beteiligt waren, niedergelegt. Auf diesen Ergebnissen aufbauend, ist der vom Reichsjustizministerium vorgelegte Entwurf fertiggestellt worden.

Im Einvernehmen mit der Akademie für Deutsches Recht wird an der Rechtsform der Aktiengesellschaft festgehalten. Die neuzeitliche Wirtschaft kann ohne die Aktiengesellschaft nicht bestehen. Sie war und ist ein geeignetes Mittel, um durch das Zusammentragen der Ersparnisse Vieler die Schaffung umfangreicher Kapitalgüter zu ermöglichen. Auf die Aktiengesellschaft kann daher ein wirtschaftlich und kulturell hochstehendes Land, wie es Deutschland ist, nicht ohne schwerste Erschütterung des wirtschaftlichen Lebens verzichten.

Dagegen erschien es notwendig, die Rechtsform der Aktiengesellschaft nur großen Unternehmen vorzubehalten. Nach nationalsozialistischer Auffassung kann die Aktiengesellschaft nur da zugelassen werden, wo es sich darum handelt, ein Unternehmen auf breiter geldlicher Grundlage zu schaffen und zu diesem Zweck weite Kreise des Volkes zur Aufbringung der erforderlichen Mittel heranzuziehen. Im übrigen soll der Unternehmer die persönliche Verantwortung uneingeschränkt tragen. Der Entwurf setzt daher das Mindestgrundkapital grundsätzlich auf 500000 RM fest.

Ferner mußte in Übereinstimmung mit den Vorschlägen der Akademie für Deutsches Recht die Stellung der die Aktiengesellschaft leitenden Personen gestärkt werden. Es geht nicht an, daß diese bei ihrer Geschäftsführung in dem bisherigen Umfang von der Masse der unverantwortlichen Aktionäre abhängig sind, denen meist auch der notwendige Überblick über die Geschäftslage fehlt. Der Entwurf bestimmt daher in § 70, daß der Vorstand unter eigener Verantwortung die Gesellschaft so zu leiten hat, wie das Wohl des Betriebes und seiner Gefolgschaft und der gemeine Nutzen von Volk und Reich es fordern. Die Geschäftsführung liegt daher ausschließlich in den Händen des Vorstands. Die Hauptversammlung kann in Fragen der Geschäftsführung bindende Anweisungen nur erteilen, wenn der Vorstand ihr eine Frage der Geschäftsführung zur Entscheidung unterbreitet. Als eine Maßnahme der Geschäftsführung ist dem Vorstand ferner das Recht übertragen, mit Billigung des Aufsichtsrats den Jahresabschluß der Gesellschaft festzustellen und dabei die für die gesicherte Fortführung der Gesellschaft notwendigen Rücklagen zu schaffen. Dagegen ist der Hauptversammlung die ausschließliche Befugnis geblieben, über die Verteilung des verfügbaren Reingewinns zu entscheiden.

Der gesteigerten Macht des Vorstands entspricht eine verschärfte Verantwortlichkeit gegenüber den Aktionären und Gläubigern der Gesellschaft. An dem Grundsatz der Verschuldenshaftung wird jedoch festgehalten. Nach wie vor ist ferner der Vorstand verpflichtet, der Hauptversammlung alljährlich Rechenschaft abzulegen.

Um die in der vergangenen Zeit vielfach beobachtete Ausnutzung einer Kapitalgesellschaft zu eigensüchtigen Zwecken eines Einzelnen zu verhindern, ist eine Ersatzpflicht bei Handeln zum Schaden der Gesellschaft zwecks Erlangung gesellschaftsfremder Vorteile vorgesehen worden.

Von größter Bedeutung dürften ferner für die Wirtschaft die neuen Kapitalbeschaffungsmaßnahmen sein (Vorzugsaktie ohne Stimmrecht, bedingte Kapitalerhöhung, genehmigtes Kapital u. dgl.). In der heutigen Zeit müssen der Wirtschaft alle Rechtsformen der Kapitalbeschaffung zur Verfügung gestellt werden, die rechtlich vertretbar und wirtschaftlich brauchbar sind.

Im übrigen sind im Entwurf alle Anregungen zur Verbesserung des Aktienrechts berücksichtigt worden. Auch die heute in vielen Einzelgesetzen verstreuten aktienrechtlichen Vorschriften sind, soweit sie sich praktisch bewährt haben, in das neue Aktiengesetz übernommen worden. Das Aktienrecht ist aus dem Rahmen des Handelsgesetzbuchs gelöst und in die Form eines selbständigen Gesetzes gefügt worden. Auch rein sprachlich sind Verbesserungen, vor allem durch Verdeutschung einiger Fremdwörter, vorgenommen worden.

Erstes Buch

Aktiengesellschaft

Erster Teil

Allgemeine Vorschriften (§§ 1—15)

In diesem Teil sind die für die Aktiengesellschaft grundsätzlichen Bestimmungen über Wesen, Firma, Sitz, Grundkapital, Aktie, Stimmrecht usw. zusammengestellt, die bisher im Handelsgesetzbuch nur verstreut zu finden waren und deshalb kein geschlossenes Bild von den Grundlagen der Aktiengesellschaft gaben.

§ 1 stellt das Wesen der Aktiengesellschaft klar. Sie ist eine Gesellschaft mit eigener Rechtspersönlichkeit, deren Gesellschafter mit Einlagen auf das in Aktien zerlegte Grundkapital beteiligt sind, ohne persönlich für die Verbindlichkeiten zu haften. In Übereinstimmung mit dem geltenden Recht müssen sich auch weiterhin mindestens 5 Personen an der Feststellung des Gesellschaftsvertrags, der nunmehr „Satzung“ genannt wird, beteiligen und Aktien übernehmen (§ 2). § 3 bestimmt, daß die Aktiengesellschaft in jedem Fall als Handelsgesellschaft gilt. Die Herausnahme der Aktiengesellschaft aus dem Handelsgesetzbuch macht eine Sonderbestimmung über die Firma der Aktiengesellschaft nötig. § 4 regelt das Firmenrecht in sachlicher Übereinstimmung mit §§ 20, 22 HGB. § 5 enthält eine Änderung des geltenden Rechts. Bisher konnte — jedenfalls nach herrschender Ansicht — die Aktiengesellschaft ihren Sitz ohne Rücksicht auf Betrieb und Verwaltung wählen. Das wurde vielfach zu Mißbräuchen benutzt, namentlich um an kleineren Orten eine Eintragung zu erreichen, die bei den mit dem Handelsverkehr mehr vertrauten Großstadtgerichten nicht zu erreichen gewesen wäre. Grundsätzlich muß nunmehr die Aktiengesellschaft als Sitz den Ort wählen, an dem sie einen Betrieb hat oder an dem sich die Geschäftsleitung befindet oder die Verwaltung geführt wird. Ausnahmen kann das Registergericht zulassen.

§§ 6 bis 8 handeln vom Grundkapital und vom Nennbetrag der Aktien.

Die Rechtsform der Aktiengesellschaft mit ihrer notwendigen Anonymität ist nur da zuzulassen, wo das Maß des Kapitalbedarfs sie aus wirtschaftlichen Gründen unbedingt fordert. Kann ein Unternehmen auch in einer anderen Rechtsform betrieben werden, die mehr die persönliche Verantwortung in den Vordergrund stellt, so muß es grundsätzlich in dieser Form betrieben werden und darf nicht das Kleid der anonymen Aktiengesellschaft wählen. Dementsprechend hält der Entwurf die Heraufsetzung des Mindestgrundkapitals auf 500000 *RM* für erforderlich, um dieses wirtschaftsrechtliche Grundziel zu erreichen (§ 7). Da jede ziffernmäßige Begrenzung den Nachteil hat, daß sie Einzelfällen nicht gerecht werden kann, kann der Reichsminister der Justiz im Einvernehmen mit dem Reichswirtschaftsminister Ausnahmen zulassen (§ 7 Abs. 2).

Der Grundsatz des § 7 erstreckt sich jedoch nur auf Neugründungen. Die z. Zt. bestehenden Aktiengesellschaften mit einem Kapital unter 500 000 *RM* müssen eine Sonderbehandlung erfahren. Es mußte berücksichtigt werden, daß sich unter diesen Gesellschaften auch solche befinden, denen eine hervorragende Bedeutung für unser Wirtschaftsleben zukommt. Sie zur Auflösung oder zur Umwandlung zu zwingen, würde in vielen Fällen eine Vernichtung erheblicher Wirtschaftswerte bedeuten, die in einer Zeit der Anspannung aller unserer Wirtschaftskräfte für den Wiederaufbau eines gesunden Wirtschaftslebens nicht verantwortet werden kann. § 2 des Entwurfs zum Einf.-Ges. bestimmt daher, daß für diese Gesellschaften das z. Zt. vorhandene Grundkapital als das zulässige Mindestgrundkapital gilt. Ein Zwang zur Umwandlung oder Auflösung wird nur für Gesellschaften mit einem Grundkapital unter 100 000 *RM* ausgesprochen, wobei die gesetzliche Auflösung erst am 31. 12. 1940 eintritt. Auch hier ist durch die Zulassung von Ausnahmen den wirtschaftlichen Bedürfnissen eines gesondert gelagerten Einzelfalls Rechnung getragen. Um eine Umgehung des Gesetzes bei Neugründungen durch Ankauf und Verwendung von Aktienmänteln von bestehenden Gesellschaften mit einem Grundkapital unter 500 000 *RM* zu unterbinden, müssen diese Aktiengesellschaften bei einer wesentlichen Veränderung ihrer Verhältnisse zugleich ihr Grundkapital auf 500 000 *RM* erhöhen (§ 2 Abs. 1 Satz 2 des Entw. z. Einf.-Ges.).

Denselben Zielen soll eine Neufestsetzung des Mindestnennbetrags der Aktien dienen. Der Entwurf kehrt deshalb zu dem alten Mindestnennbetrag von 1000 *RM* zurück (§ 8). Auch hier läßt eine Ermächtigung Ausnahmen für schutzwürdige Fälle zu (§ 8 Abs. 2). Die Übergangsregelung entspricht der für das Mindestgrundkapital. Der Mindestnennbetrag gilt nur für neu auszugebende Aktien. Bereits ausgegebene Aktien unter diesem Nennbetrag bleiben zunächst bestehen. Bei einer Kapitalherabsetzung durch

Herabsetzung des Nennbetrags der Aktie darf jedoch auch für diese Aktien nicht unter den Betrag von 100 *RM* gegangen werden. Über den weiteren Umtausch dieser Aktien wird der Reichsminister der Justiz im Einvernehmen mit dem Reichswirtschaftsminister Bestimmungen treffen (§ 3 des Entw. z. Einf.-Ges.).

Gegenüber den Bestrebungen, die Ausgabe von Aktien unter ihrem Nennbetrag zuzulassen, verbleibt der Entwurf im Interesse einer gesicherten Kapitalgrundlage für Gläubiger und Aktionäre bei dem Verbot der Unterpariemission (§ 9).

Die bewährte Teilung der Aktien in Namens- und Inhaberaktien ist beibehalten worden (§ 10). Die Forderung nach der alleinigen Zulassung von Namensaktien verkennt die bereits im Ausland mit den Namensaktien gemachten Erfahrungen, die alsbald zur Aufhebung des wirtschaftlich untragbaren Verbots von Inhaberaktien geführt haben. Der erstrebte Zweck, Beseitigung der Anonymität der Aktionäre, könnte auch mit Hilfe von Strohmännern, Zertifikaten oder Blankozessionen vereitelt werden.

§ 12 nimmt zu dem umstrittensten Problem des Aktienrechts, dem Stimmrecht der Aktionäre, Stellung. Der Entwurf geht von der Grundauffassung aus, daß jede Aktie das Stimmrecht gewährt. Eine verschiedene Behandlung der Aktionäre, je nachdem ob sie Dauer-, Zufalls- oder nur Spekulationsaktionäre sind, kann nicht befürwortet werden. Man muß jedem, der durch Ankauf von Aktien sein Geld der Gesellschaft zur Verfügung stellt, ein Mitverwaltungsrecht, das seinen Ausdruck im Stimmrecht findet, geben. Es kann nicht auf die Absichten, aus denen der Aktienkauf erfolgt, zurückgegriffen werden und danach der eine oder der andere Aktionär von der Mitverwaltung ausgeschlossen werden. Das Stimmrecht ergibt sich nicht aus der Person des jeweiligen Inhabers, sondern aus der Aktie und kommt daher, abgesehen von Stimmrechtsbeschränkungen im Einzelfall, auch jedem Inhaber zu. Eine Ausnahme kann lediglich gemacht werden für Aktien, die dem Aktionär einen Vorzug am Ertrag der Gesellschaft bieten. Diese Aktien werden um ihres Vorzugs willen gekauft. Ihre Käufer legen erfahrungsgemäß auf das Stimmrecht weniger Wert. Sie wollen nur eine möglichst hohe Rente erzielen. Ihre Ausgabe als Aktien ohne Stimmrecht ist daher zulässig (§ 12 Abs. 1 Satz 2).

§ 12 Abs. 2 erklärt Mehrstimmrechte grundsätzlich für unzulässig. Diese Regelung ergibt sich aus der Grundauffassung, daß jede Aktie ihrem Inhaber nur die gleichen Mitverwaltungsrechte geben könne, daß jede Bevorzugung eines Aktionärs oder einer bestimmten Aktionärgruppe im Stimmrecht nach dem freien Willen der Gesellschaft wirtschaftlich unberechtigt und gefährlich sei. Andererseits haben die wirtschaftlichen Verhältnisse jedoch gezeigt, daß die Mehrstimmrechtsaktien nicht in allen Fällen zu verwerfen sind. Der Entwurf läßt daher ihre Ausgabe mit Einwilligung des Reichswirtschaftsministers im Einvernehmen mit dem Reichsminister der Justiz und den sonst beteiligten Reichsministern zu, wenn das Wohl der Gesellschaft oder gesamtwirtschaftliche Belange ihre Schaffung fordern (§ 12 Abs. 2 Satz 2). Durch diese Regelung werden die mit den Mehrstimmrechtsaktien getriebenen Mißbräuche unterbunden, während ihr gesunder Kern im Interesse der Gesellschaft und der Gesamtwirtschaft erhalten bleibt und zur Auswirkung kommen kann. Die bereits ausgegebenen Mehrstimmrechtsaktien verlieren ihren Vorzug im Stimmrecht zu einem von der Reichsregierung zu bestimmenden Zeitpunkt, wenn nicht ihre Beibehaltung nach § 12 Abs. 2 Satz 2 genehmigt wird (§ 9 des Entw. z. Einf.-Ges.). Damit ist die Möglichkeit geschaffen, bei der Entscheidung, ob und in welchem Zeitpunkt die bestehenden Mehrstimmrechtsaktien ihren Vorzug im Stimmrecht verlieren sollen, auf die besondere Bedeutung der Mehrstimmrechte für die öffentliche Hand Rücksicht zu nehmen.

Der Entwurf konnte die unser ganzes Wirtschaftsleben bisher beherrschende Konzentrationsbewegung und die dadurch sich ergebenden Schwierigkeiten in der Gestaltung der Einzelrechtsbeziehungen nicht unberücksichtigt lassen. Schon die Pflicht zur Offenlegung der Verhältnisse kann nicht genügend erfüllt werden, wenn nicht zugleich in die konzernmäßigen Verflechtungen der Gesellschaft Einblick gewährt wird. Auch bei der Stimmrechtsausübung muß der konzernmäßigen Verflechtung Rechnung getragen werden, um ungerechtfertigte Stimmrechtsausübungen im Interesse der freien Aktionäre zu beschränken. Deshalb legt der Entwurf in § 15 Abs. 1 das Wesen des Konzerns und des Konzernunternehmens als Grundlage für die späteren Einzelbestimmungen fest. Ein Konzern liegt vor, wenn mehrere rechtlich selbständige Unternehmen zu wirtschaftlichen Zwecken unter einheitlicher Leitung zusammengefaßt sind. § 15 Abs. 2 bringt den Begriff des herrschenden und des abhängigen Unternehmens, die zusammen einen Konzern bilden. Ein abhängiges Unternehmen ist ein rechtlich selbständiges Unternehmen, das auf Grund von Beteiligungen oder sonst unmittelbar oder mittelbar unter dem beherrschenden Einfluß eines anderen Unternehmens steht. Damit schließt sich der Begriff des abhängigen Unternehmens eng an das bisherige Recht an, das bereits im § 226 Abs. 4 HGB. eine gesetzliche Bestimmung der abhängigen Gesellschaft enthielt. Die bisher von der Rechtsprechung und dem Schrifttum entwickelten Begriffsgrundsätze für die abhängige Gesellschaft können daher weiterhin bei Prüfung der Frage der Abhängigkeit eine wertvolle Hilfe bieten, so daß neue Zweifel kaum entstehen können. Im Einklang mit dem bisherigen Recht kann die Abhängigkeit sowohl auf rechtlichen als auch auf rein tatsächlichen Umständen beruhen. Als Mittel des Einflusses seitens der herrschenden Gesellschaft wird die Beteiligung an der abhängigen Gesellschaft im Vordergrund stehen. Eine bestimmte Mindesthöhe für die Beteiligung als Voraussetzung für eine Abhängigkeit ist nicht vorgeschrieben worden. Wie bisher genügt jede Beteiligung, wenn sie nur für sich allein oder in Verbindung mit anderen Mitteln die beherrschende Einflußnahme sichert. Auch bei einer wechselseitigen Verflechtung von Unternehmen entscheidet sich die Frage, ob das eine Unternehmen von dem anderen abhängig ist danach, ob der Aktienbesitz des einen allein oder in Verbindung mit anderen Mitteln ihm die Beherrschung des anderen gestattet. Dabei ist hervorzuheben, daß eine wechselseitige Verflechtung von Unternehmen durch gleich oder ungefähr gleich hohen wechselseitigen Aktienbesitz in der Regel eine Abhängigkeit des einen Unternehmens von dem anderen nicht begründen kann, da keine der beiden Gesellschaften der anderen ihren Willen aufzwingen kann, sie vielmehr auf eine Verständigung angewiesen sind. Neben der Beteiligung kommen als weitere Mittel zur Beherrschung eines anderen Unternehmens namentlich die Stimmenmacht, vertragliche Beziehungen, Satzungsbestimmungen oder Verbindungen durch die Person der Verwaltungsträger in Betracht.

Zweiter Teil

Gründung der Gesellschaft (§§ 16—47)

Die Gründungsvorschriften des geltenden Rechts haben sich im wesentlichen bewährt. Sie konnten daher grundsätzlich beibehalten werden. Nur in Einzelfragen erforderten die neuzeitlichen Wirtschaftsbedürfnisse eine Anpassung oder ließen zutage getretene Mängel eine Änderung geboten erscheinen.

§ 16 entspricht im wesentlichen dem geltenden Recht. Die Änderungen sind geringfügiger Art. Abs. 1 Satz 1 bestimmt, daß die Satzung „durch gerichtliche oder notarische Beurkundung" festgestellt werden muß. Damit ist der in § 182 Abs. 1 HGB. enthaltene Ausdruck „in gerichtlicher oder notarieller Verhandlung" nicht übernommen worden. Dieser Ausdruck hatte zu umfangreicher literarischer Behandlung Anlaß gegeben, ohne daß sachlich geklärt werden konnte, was mit dem Wort „Verhandlung" gesagt werden sollte und ohne daß eine Verhandlung zur Feststellung der Satzung erforderlich erschien. Abs. 1 Satz 2 überträgt das bereits für das G.m.b.H.-Gesetz (§ 2 Abs. 2) aufgestellte Formerfordernis für die Vollmacht zur Beteiligung an der Feststellung der Satzung als Bevollmächtigter auf das Aktienrecht. In der Urkunde ist weiter entsprechend der Auslegung, die bereits die Bestimmung des geltenden Rechts gefunden hatte, auch der Ausgabebetrag der Aktien anzugeben. Nach Abs. 3 braucht die Satzung nicht mehr zu bestimmen, wie die Einberufung der Hauptversammlung bekanntzumachen ist. Diese Bestimmung ist überflüssig geworden, da der Entwurf für die Einberufung der Hauptversammlung zwingend die Bekanntmachung in allen Gesellschaftsblättern vorschreibt (§ 105 Abs. 2, § 18).

Die Vorschriften über Sacheinlagen und Sachübernahmen im § 20 mußten auf Grund der in vielen Rechtsstreitigkeiten der letzten zehn Jahre zutage getretenen Mängel einer eingehenden Nachprüfung unterzogen werden. Es mußte für Rechtsprechung und Rechtslehre ein fester Boden geschaffen werden, der einerseits den Bedürfnissen der Praxis gerecht wird, andererseits aber auch geeignet ist, Gesetzesumgehungen zu verhindern. Vor allem mußte das Verhältnis zu den Bestimmungen über die Nachgründung geklärt und erreicht werden, daß nicht im Wege der bisher prüfungsfreien Nachgründung die vorbeabsichtigte Sachgründung durchgeführt und damit die besondere Gründungsprüfung vermieden wird. Der Entwurf sieht deshalb folgende Regelung vor.

Die Unwirksamkeit der Vereinbarung einer Sacheinlage berührt die Gültigkeit der Satzung nicht (§ 20 Abs. 2 Satz 2), denn die Höhe des Grundkapitals ist in der Satzung richtig bestimmt. Die getroffenen Vereinbarungen und auch die Rechtshandlungen zu ihrer Ausführung sind ohne Festsetzung unwirksam (§ 20 Abs. 2 Satz 1). Auch das dingliche Geschäft muß von dieser Unwirksamkeit ergriffen werden, wenn nicht die Vorschrift ihrer Bedeutung entkleidet werden soll. Der Aktionär bleibt bei unwirksamer Vereinbarung verpflichtet, den Nennbetrag oder den höheren Ausgabebetrag der übernommenen Aktien zu zahlen (§ 20 Abs. 2 Satz 2). Dabei ist es unerheblich, ob die Unwirksamkeit darauf beruht, daß unter Verschweigung der beabsichtigten Sacheinlage eine Geldeinlage vereinbart worden ist, oder darauf, daß zwar eine Sacheinlage beurkundet ist, diese aber wegen Fehlens der erforderlichen Festsetzungen unwirksam ist. Eine Heilung der unwirksamen Vereinbarungen kann nicht erfolgen, auch nicht durch Satzungsänderung (§ 20 Abs. 3). Die Gläubiger müssen sich darauf verlassen können, daß eine Bargründung auch eine solche bleibt und nicht später durch eine andere ersetzt wird.

Bei der unwirksamen Vereinbarung einer Sachübernahme sind gleichfalls sowohl die geschlossenen Verträge als auch die Rechtshandlungen zu ihrer Ausführung unwirksam. Auch sie kann durch einfache Satzungsänderung nicht geheilt werden.

Wohl aber war in beiden Fällen zuzulassen, daß der Zweck der unwirksamen Sacheinlage oder Sachübernahme im Wege der Nachgründung erreicht werden kann, wenn diese einer erschwerten Prüfung gleich der Gründungsprüfung unterworfen wird. Die Vorschrift über die Nachgründung mußte deshalb gleichfalls geändert werden. Außer dem Beschluß über die Nachgründung muß der Gründungsbericht dem Gericht eingereicht und der Vertrag in das Register eingetragen werden, damit die Öffentlichkeit Einblick in die Umgestaltung der Vermögenslage erhält (§ 45 Abs. 1, 2 und 5). Schließlich muß, um die Kapitalgrundlage zu sichern, eine Prüfung gleich der Gründungsprüfung erfolgen (§ 45 Abs. 3). Sind diese

Voraussetzungen erfüllt, so besteht kein Anlaß, der Nachgründung deshalb die Wirksamkeit zu versagen, weil ursprünglich die gleichen Gegenstände durch Sacheinlage geleistet oder im Wege der Sachübernahme von der Gesellschaft übernommen werden sollten. Bei der vorbeabsichtigten Sacheinlage, die durch Nachgründung nachgeholt wird, wird außerdem durch § 60 zweiter Halbsatz, der die Aufrechnung der Kaufpreisforderung des Aktionärs gegen die Forderung der Gesellschaft auf rückständige Bareinlagen verbietet, die Gewähr dafür geboten, daß den Gläubigern kein Schaden erwachsen kann.

Mit dieser Regelung dürften die sich aus der unwirksamen Vereinbarung einer Sacheinlage oder Sachübernahme ergebenden Schwierigkeiten so gelöst sein, daß keiner der Beteiligten einen Schaden erleidet, der nicht durch die Sachlage unbedingt geboten ist.

Wegen der Bedeutung, die dieser Neuregelung auch für die in der Vergangenheit geschlossenen und teilweise unwirksamen Verträge, deren Heilung äußerst strittig ist, zukommt, läßt § 4 des Entw. d. Einf.-Ges. eine Heilung solcher Verträge zu, die vor dem 1. Januar 1937 geschlossen sind.

Zu vermerken ist in diesem Zusammenhange noch, daß der Entwurf eine gesetzliche Begriffsbestimmung der Sacheinlage gibt. Der Entwurf versteht unter Sacheinlage jede Einlage, die nicht durch Einzahlung des Nennbetrags oder des höheren Ausgabebetrags der Aktien zu leisten ist (§ 20 Abs. 1). Unter den Begriff fällt daher auch die Vereinbarung, daß auf die Einlage eine Vergütung für Vermögensgegenstände angerechnet wird, die die Gesellschaft übernimmt. Auch hier wird die Einlage nicht durch Einzahlung geleistet. Es ist deshalb auch in § 150 nicht mehr die in § 279 HGB. noch gemachte Unterscheidung zwischen einer Einlage, die nicht durch Barzahlung zu leisten ist, und der Abrede, daß auf eine Einlage eine Vergütung für Vermögensgegenstände angerechnet werden soll, welche die Gesellschaft übernimmt, gemacht worden. Auch nach geltendem Recht wird angenommen, daß es sich bei dieser Abrede in Wahrheit um eine „uneigentliche Sacheinlage" handelt.

§ 24 fordert den Gründungsbericht, der bisher nur bei der Sachgründung zu erstatten war, für jede Gründung. Nicht nur bei der Sachgründung ist es wissenswert, ob und in welchem Umfang für Rechnung eines Mitglieds des Vorstands oder des Aufsichtsrats Aktien übernommen sind und ob für ein Mitglied besondere Vorteile oder Entschädigungen bedungen sind, da § 25 Abs. 2 u. a. für diese Fälle eine besondere Gründungsprüfung vorsieht.

Die Vorschriften über die Gründungsprüfung (§§ 25 bis 27) entsprechen im wesentlichen dem geltenden Recht. Bemerkenswert ist, daß die Gründungsprüfer jetzt in jedem Fall durch das Gericht bestellt werden (§ 25 Abs. 3). Der Kreis, der als Gründungsprüfer in Betracht kommenden Personen und Gesellschaften ist anders bestimmt als in § 137 Abs. 1 der Kreis der Abschlußprüfer (§ 25 Abs. 4). Das Gericht soll die Möglichkeit haben, unter Berücksichtigung der Besonderheiten der jeweiligen Gründung auch solche Personen zu Prüfern zu bestellen, die nicht öffentlich bestellte Wirtschaftsprüfer sind. § 25 Abs. 5 trägt der verschärften Auffassung von dem Erfordernis der Unabhängigkeit dieser Prüfer Rechnung und schließt alle Personen aus, die möglicherweise unter dem Einfluß der Gesellschaft oder der Gründer oder deren Hintermänner stehen könnten. § 47 ermächtigt den Reichsminister der Justiz, im Einvernehmen mit dem Reichswirtschaftsminister die Befähigung zur Ausübung der Tätigkeit als Gründungsprüfer von besonderen Voraussetzungen abhängig zu machen und allgemeine Vorschriften für die Durchführung der Gründungsprüfung zu erlassen.

Die Vorschriften über die Anmeldung der Gesellschaft (§ 28) und über den Inhalt der Anmeldung (§ 29) entsprechen § 195 HGB., wobei die durch das Gesetz vom 7. März 1935 erfolgten Änderungen berücksichtigt sind. Da für die Gesellschaft bereits vor der Anmeldung Gebühren und Steuern zu entrichten sind, gestattet der Entwurf in Erweiterung der bisherigen Bestimmungen die Entnahme dieser Beträge aus den gemachten Einzahlungen (§ 28 Abs. 2) und verlangt nur den Nachweis für ihre Verwendung (§ 29 Abs. 1).

Wie die ordnungsmäßige Einzahlung der Geldeinlage zu erfolgen hat, ist nicht hier, sondern erst in § 49 Abs. 3, wo die Bestimmung sachlich hingehört, bestimmt worden. Der Betrag kann nur in gesetzlichen Zahlungsmitteln oder durch Gutschrift auf ein Bankkonto im Inland oder Postscheckkonto der Gesellschaft oder des Vorstands zu seiner freien Verfügung eingezahlt werden. Bemerkenswert ist, daß bei einer Einzahlung auf ein Konto des Vorstands die Gesellschaft dadurch besonders geschützt wird, daß die Forderungen des Vorstands aus diesen Einzahlungen gegen Banken oder die Reichspost bereits als Forderungen der Gesellschaft gelten.

In § 30 sind sämtliche Bestimmungen über die Stufengründung, die im geltenden Recht verstreut waren, zusammengestellt. Der Entwurf von 1930 sah zwar die Beseitigung dieser Gründungsform vor. Mit Rücksicht auf die Erhöhung des Grundkapitals auf 500000 *RM* und, um eine Gründung auch ohne Bankhilfe zu ermöglichen, erschien es jedoch geboten, die Stufengründung beizubehalten.

§ 31 behandelt die Prüfung der Gesellschaftserrichtung durch das Gericht. Bisher war das Gericht nicht in der Lage, bei ungünstigem Prüfungsergebnis die Eintragung abzulehnen. Diesen unwürdigen Zustand, der der Stellung des Registergerichts als Wahrer des Rechts und Schützers der Öffentlichkeit nicht gerecht wurde, beseitigt Abs. 2. Nunmehr kann das Gericht die Eintragung auch ablehnen, wenn die Gründungsprüfer erklären oder wenn es offensichtlich ist, daß der Gründungsbericht oder der Prüfungsbericht der Mitglieder des Vorstands und des Aufsichtsrats unrichtig oder unvollständig ist oder den gesetzlichen Vorschriften nicht entspricht oder daß die für eingelegte oder übernommene Gegenstände gewährten Leistungen unangemessen hoch sind.

Das Recht der Zweigniederlassungen wird vom Entwurf für das Gebiet der Aktiengesellschaft weitgehend vereinfacht und den neuzeitlichen Bedürfnissen angepaßt. Die nach § 13 HGB. nötige wiederholte Anmeldung, Eintragung und Veröffentlichung aller Vorgänge hat sich als unzweckmäßig erwiesen. Zukünftig soll die Anmeldung beim Gericht des Sitzes der Gesellschaft genügen (§ 36 Abs. 1). Dieses führt damit eine Art Zentralhandelsregister für die Gesellschaft. Es hat die Eintragung und deren Bekanntmachung dem Gericht der Zweigniederlassungen mitzuteilen (§ 36 Abs. 3 Satz 1). Das Gericht der Zweigniederlassung hat die Eintragung ohne Nachprüfung in sein Handelsregister zu übernehmen und in seinen Blättern bekanntzumachen. Im Deutschen Reichsanzeiger wird die Eintragung im Handelsregister der Zweigniederlassung nicht mehr bekanntgemacht (§ 36 Abs. 3 Satz 2—4). Betrifft die Eintragung ausschließlich die Verhältnisse einzelner Zweigniederlassungen, so wird sie nur diesen Gerichten mitgeteilt, und das Gericht des Sitzes beschränkt außerdem seine Bekanntmachung auf den Deutschen Reichsanzeiger (§ 36 Abs. 4). Damit gibt das Register des Sitzes ein vollständiges Bild aller Geschäftsverhältnisse der Gesellschaft, während die Register der Zweigniederlassungen ein Bild von den Verhältnissen der Gesellschaft als solcher und der jeweils betroffenen Zweigniederlassung geben. Die Gesellschaft hat den Vorteil, daß sie nur mit einem Registergericht, dem ihres Sitzes, zu tun hat und das Maß der Veröffentlichungen auf das geringste beschränkt ist.

Entsprechend ist die Anmeldung der Errichtung einer

Zweigniederlassung (§ 35) und die Sitzverlegung (§ 38) geregelt. Auch hier hat die Anmeldung bei dem Gericht des Sitzes zu erfolgen, das die Anmeldung und seine bisherigen Eintragungen dem Gericht der Zweigniederlassung bzw. des neuen Sitzes mitteilt. Dieses hat nur zu prüfen, ob die Zweigniederlassung errichtet bzw. die Sitzverlegung ordnungsmäßig beschlossen und § 30 HGB. beachtet ist. Im übrigen hat es die Eintragungen ohne Nachprüfung zu übernehmen und bekanntzumachen.

§ 37 gibt eine Sondervorschrift für Zweigniederlassungen von Gesellschaften mit ausländischem Sitz.

Die Verantwortlichkeit der an der Gründung beteiligten Personen, der Gründer (§ 39), anderer Personen neben den Gründern (§ 40) und des Vorstands und des Aufsichtsrats (§ 41) ist dem geltenden Recht nachgebildet. An Änderungen sei auf folgendes verwiesen:

Nach § 39 Abs. 5 sind neben den Gründern in gleicher Weise Personen verantwortlich, für deren Rechnung die Gründer Aktien übernommen haben. Es soll durch diese Vorschrift den Versuchen, die Vorschriften über die Gründerhaftung durch Vorschiebung von Strohmännern zu umgehen, entgegengetreten werden.

Die Verantwortlichkeit anderer Personen im Falle des § 40 Nr. 2 erstreckt sich sowohl auf die Schädigung durch Bareinlage als auch durch Sacheinlage, da der Begriff der Einlage im Entwurf beide Arten der Einlage umfaßt; das geltende Recht berücksichtigt nur die Schädigung durch Sacheinlage (§ 202 Abs. 4 Nr. 2 HGB.). Entsprechend ist auch § 40 Nr. 3 geändert. Bei der Verantwortlichkeit des Vorstandes und des Aufsichtsrats ist die Subsidiarität ihrer Haftung, die § 204 HGB. vorsieht, beseitigt (§ 41). Im übrigen haften sie ebenso wie die Gründer jetzt auch dafür, daß die zur Annahme von Einzahlungen auf die Aktien bestimmte Stelle hierzu geeignet ist.

Neben den genannten Personen sind der Gesellschaft

weiter die Gründungsprüfer für eine Verletzung ihrer Obliegenheiten verantwortlich (§ 42).

Über die Nachgründung (§§ 45, 46) ist bereits oben das Erforderliche gesagt.

Dritter Teil

Rechtsverhältnisse der Gesellschaft und der Gesellschafter (§§ 48—69)

Die Vorschriften dieses Teils entsprechen bis auf zwei Bestimmungen (§§ 51, 65) im wesentlichen dem geltenden Recht. Die Änderungen sind nur geringfügiger Art, zum größten Teil liegen sie auf sprachlichem Gebiet.

§ 51 bringt neues Recht. Er behandelt die Aktienübernahme für Rechnung der Gesellschaft oder durch ein abhängiges Unternehmen.

Die Aktienübernahme für Rechnung der Gesellschaft ist aus den Verhältnissen der Inflationszeit entstanden und hat sich seitdem in Widerspruch zum geltenden Recht erhalten. Damals konnten Aktien geschaffen werden, auf die nur ganz geringfügige Goldmarkeinzahlungen zu leisten waren. Das benutzten viele Gesellschaften und veranlaßten Dritte, solche Aktien zu übernehmen und sie zu ihrer Verfügung zu halten. Sie schufen sich damit die sog. Vorratsaktien, von denen sie dann, wenn es ihnen angebracht erschien, zur Abstimmung oder zur Weitergabe an befreundete Unternehmen Gebrauch machten. Nach der Inflation ging man einen Schritt weiter. Nunmehr wurden die Aktien in der Weise geschaffen, daß die Aktiengesellschaft der übernehmenden Stelle (Bank, Konsortium) den einzuzahlenden Betrag zur Verfügung stellte oder daß sie ihn sofort nach der Einzahlung an die Zeichner zurückfließen ließ.

Die Schaffung solcher Vorratsaktien kann der Entwurf nicht weiter zulassen. Sie stehen im Widerspruch zu den Grundlagen unseres Aktienrechts, das auf eine unbedingte

Sicherstellung des Grundkapitals im Interesse der Gläubiger und Aktionäre in allen seinen Vorschriften bedacht ist. Bei der Ausgabe von Vorratsaktien erhält jedoch die Aktiengesellschaft kein neues Kapital. Ein Gegenwert fließt ihr aus den Vorratsaktien allenfalls mit der Weitergabe dieser Aktien durch die übernehmende Stelle zu, wobei die Höhe dieses Gegenwerts eine völlig unsichere ist. Die Rechte der Gläubiger und Aktionäre können daher durch diese Aktienart auf das höchste gefährdet werden, namentlich da jede Überwachung der Verwertung der Aktien und der Sicherstellung des Gegenwerts fehlt.

Die Vorratsaktien sind außerdem weder aktienrechtlich noch wirtschaftlich notwendig. Soweit wirtschaftliche Gründe dafür sprechen konnten, der Gesellschaft die Möglichkeit zu geben, eine augenblicklich gute Lage des Kapitalmarkts für sich auszunutzen, stellt ihr der Entwurf das genehmigte Kapital zur Verfügung. Mit ihm kann eine Gesellschaft jederzeit den Kapitalmarkt für sich in Anspruch nehmen, ohne daß ihre Kapitalgrundlage gefährdet wird.

Die Vorratsaktien sind daher entbehrlich und müssen wegen der in ihnen liegenden Mißbrauchmöglichkeiten beseitigt werden. Um dieses Ziel zu erreichen, war es aber nicht geboten, die Vorratsaktien zu verbieten oder ihre Ausgabe für nichtig zu erklären. Gegen eine solche Regelung sprach das Bedenken, daß unsichere Rechtsverhältnisse geschaffen würden. Es hätte das dazu geführt, daß die Gesellschaft nicht übernommene Aktien gehabt hätte, die auf irgendeine Weise hätten beseitigt werden müssen. Der Entwurf geht daher einen anderen Weg. Nach ihm ist die Aktienübernahme als solche gültig; er versagt aber der Abrede, daß sie für Rechnung der Gesellschaft erfolgt sei, die gesetzliche Anerkennung. Damit belastet er den Übernehmer solcher Aktien mit der vollen Verantwortung für die Aktienübernahme und schreckt ihn vor einer solchen Übernahme ab. Auf der anderen Seite wird die Kapitalgrundlage der Gesellschaft nicht gefährdet, die ausgegebenen Aktien sind gültig, die Rechtslage ist eine sichere. Die Regelung des Entwurfs ist folgende: Wer als Gründer oder Zeichner oder in Ausübung eines Bezugsrechts nach § 165 eine Aktie für Rechnung der Gesellschaft übernommen hat, kann sich nicht darauf berufen, daß er die Aktie nicht nur für eigene Rechnung übernommen hat. Er haftet ohne Rücksicht auf Vereinbarungen mit der Gesellschaft auf die volle Einlage (§ 51 Abs. 1 Satz 1 und 2). Sache der Verwaltungsträger ist es, von dem Aktienübernehmer die volle Einlage einzufordern und damit die Aktienübernahme für Rechnung der Gesellschaft in eine solche für eigene zu verwandeln. Unterlassen sie das, machen sie sich selbst ihrer Gesellschaft gegenüber schadenersatzpflichtig.

Solange die Aktie noch nicht für eigene Rechnung übernommen ist, d. h. die Einlage noch nicht geleistet ist oder die Parteien noch an der Abrede der Übernahme der Aktie für Rechnung der Gesellschaft festzuhalten suchen, stehen dem Übernehmer auch keine Rechte aus der Aktie (Stimmrecht, Bezugs- und Dividendenrecht) zu (§ 51 Abs. 1 Satz 3).

§ 51 Abs. 2 spricht das Verbot der Zeichnung von Aktien der herrschenden Gesellschaft durch die abhängige Gesellschaft aus. Dieses Verbot sieht bereits das geltende Recht im § 226 Abs. 4 Satz 2 HGB. unter den Vorschriften über den Erwerb eigener Aktien vor. Es gehört dort systematisch nicht hin. Die Vorschriften über den Erwerb eigener Aktien betreffen nur den abgeleiteten Erwerb, nicht aber auch den hier in Betracht kommenden ursprünglichen Erwerb. Das Verbot ist daher hierher übernommen worden.

Da ein abhängiges Unternehmen Aktien der herrschenden Gesellschaft nicht zeichnen kann, kann auch nicht zugelassen werden, daß jemand für Rechnung des abhängigen Unternehmens Aktien der herrschenden Gesellschaft übernimmt. Eine solche Abrede ist daher der Aktienübernahme für Rechnung der Gesellschaft gleichgestellt (§ 51 Abs. 1).

Die vorstehende Regelung soll grundsätzlich auch für die Aktien gelten, die bereits vor dem Inkrafttreten des Aktiengesetzes für Rechnung der Gesellschaft oder eines abhängigen Unternehmens übernommen worden sind (§ 6 Abs. 1 des Entw. z. Einf.-Ges.). Da die Aktienübernahme für Rechnung der Gesellschaft jedoch vielfach als zulässig angesehen worden ist, eröffnet der Entwurf des Einführungsgesetzes aus Billigkeitsgründen den früheren Übernehmern die Möglichkeit, sich von der Haftung auf die volle Einlage zu befreien. Stellt ein Aktionär, der Aktien für Rechnung der Gesellschaft oder eines abhängigen Unternehmens übernommen hat, durch schriftliche Erklärung der Gesellschaft die Aktien unter Aushändigung der dazugehörigen Urkunden bis zum 1. 1. 1938 zur Verfügung, so wird er von seiner Haftung frei (§ 6 Abs. 2 des Entw. z. Einf.-Ges.). Der Vorstand hat alsdann die zur Verfügung gestellten Aktien nach den Vorschriften über die durch die Satzung angeordnete Zwangseinziehung unentgeltlich zur Verfügung gestellter Aktien einzuziehen (§ 6 Abs. 3 des Entw. zum Einf.-Ges.). Zu dieser Einziehung kann er vom Registergericht durch Ordnungsstrafen angehalten werden.

Von der Einziehung kann der Vorstand absehen, wenn er die Aktien bis zum 31. Dezember 1938 veräußert und damit nachträglich die Kapitalgrundlage für die ausgegebenen Aktien schafft.

Daß durch den nachträglichen Verkauf die erforderliche Kapitalgrundlage beschafft wird, wird durch einengende Vorschriften über diesen Verkauf gesichert. Der Kaufvertrag kann nur schriftlich und nur mit Genehmigung des Aufsichtsrats abgeschlossen werden. Der Gegenwert für die Aktien muß mindestens dem Nennbetrag der Aktien entsprechen und in Geld bezahlt werden. Die Genehmigung durch den Aufsichtsrat darf nur erteilt werden, wenn der Vorstand nachweist, daß der Gegenwert bezahlt und er in der Verfügung über den eingezahlten Betrag nicht, namentlich nicht durch Gegenforderungen, beschränkt ist (§ 6 Abs. 3 des Entw. z. Einf.-Ges.).

§ 65 schränkt zum Schutz der Gläubiger den abgeleiteten Erwerb von Aktien durch die Gesellschaft ein. Unter Aktie ist hierbei das in einer Aktienurkunde, in einem Zwischenschein oder überhaupt nicht beurkundete Aktienrecht zu verstehen. Zulässig ist der Erwerb eigener Aktien nur in folgenden Fällen:

1. zur Abwehr eines schweren Schadens von der Gesellschaft bis zur Höhe von zehn vom Hundert des Grundkapitals, wobei in die Höchstzahl die bereits zur Abwendung eines schweren Schadens erworbenen eigenen Aktien, die die Gesellschaft noch besitzt, eingerechnet werden; ein mehrfacher Erwerb bei neuer Schadensgefahr ist demnach unter Umständen nur möglich, wenn die Gesellschaft die früher zur Abwendung eines schweren Schadens erworbenen Aktien wieder veräußert hat; von der Einhaltung des Höchstsatzes kann der Reichswirtschaftsminister im Einvernehmen mit dem Reichsminister der Justiz Ausnahmen zulassen (§ 65 Abs. 1 Satz 1 und 2);
2. bei unentgeltlichem Erwerb vollbezahlter Aktien (§ 65 Abs. 1 Satz 3 Nr. 1);
3. zur Ausführung einer Einkaufskommission vollbezahlter Aktien (§ 65 Abs. 1 Satz 3 Nr. 2);
4. zur Einziehung nach den Vorschriften über die Herabsetzung des Grundkapitals (§ 65 Abs. 2).

Nicht übernommen ist die Vorschrift des § 226 Abs. 1 Nr. 2 HGB., wonach eine Gesellschaft vollbezahlte eigene Aktien zur Einziehung binnen sechs Monaten erwerben kann, wenn der Gesamtnennbetrag der zu erwerbenden Aktien mit anderen eigenen Aktien, die der Gesellschaft bereits gehören, zehn vom Hundert oder einen etwa von der Reichsregierung festgesetzten niedrigeren Hundertsatz nicht übersteigen. Diese Ausnahmebestimmung kann zu einer schweren Schädigung der Gläubiger führen, da beim

Erwerb der Aktien ohne jeden Gläubigerschutz Zahlungen an die Aktionäre geleistet werden können. Die Vorschrift des § 227 Abs. 4 HGB. bietet keinen genügenden Schutz, da der Anspruch der Gläubiger auf Sicherstellung und Befriedigung erst nach der Einziehung entsteht, wenn der Erwerbspreis in der Regel von der Gesellschaft gezahlt sein wird. Der Entwurf hat statt dessen in § 65 Abs. 2 allgemein den Erwerb eigener Aktien zugelassen, wenn er auf Grund eines Beschlusses der Hauptversammlung nach den Vorschriften über die Herabsetzung des Grundkapitals geschieht. In diesem Falle darf jedoch nach § 192 Abs. 2 der Erwerbspreis erst nach Ablauf der sechsmonatigen Sperrfrist und nach Befriedigung oder Sicherstellung der Gläubiger bezahlt werden. Die Belange der Gläubiger sind hiermit ausreichend gesichert.

Dem Erwerb eigener Aktien steht die Inpfandnahme (Abs. 4), der Erwerb durch Dritte für Rechnung der Gesellschaft (Abs. 6) sowie der Erwerb und die Inpfandnahme von Aktien der herrschenden Gesellschaft durch ein abhängiges Unternehmen (Abs. 5) gleich. Der Entwurf behandelt in Abs. 6 darüber hinaus auch den Erwerb durch Dritte für Rechnung eines abhängigen Unternehmens wie den Erwerb eigener Aktien durch die Gesellschaft.

Der Entwurf regelt ferner eingehend die im geltenden Recht streitige Wirkung eines verbotswidrig geschehenen Erwerbs eigener Aktien. Nach Abs. 3 wird das dingliche Geschäft grundsätzlich als gültig angesehen, wenn die erworbenen Aktien vollbezahlt gewesen sind. Dagegen ist das schuldrechtliche Geschäft über den Erwerb eigener Aktien bei einem Verstoß gegen § 65 Abs. 1 und 2 stets unheilbar nichtig. Der Aktionär haftet den Gläubigern nach § 56 des Entwurfs und der Gesellschaft nach allgemeinen Vorschriften. Erwirbt die Gesellschaft verbotswidrig Aktien im Wege der Einkaufskommission, so ist das zwischen ihr und dem Einkaufskommissionär geschlossene Rechtsgeschäft nach Abs. 6 nichtig. Durch diese Regelung wird dem Verbot des § 65 eine größere Kraft zukommen als bisher.

Unzulässiger Erwerb eigener Aktien macht Vorstands- und Aufsichtsratsmitglieder nach §§ 84, 99 ersatzpflichtig.

Klargestellt ist auch das nach geltendem Recht streitige Verhältnis des § 65 zu der Vorschrift des § 52 über das Verbot der Rückgewähr von Einlagen. Soweit eigene Aktien zulässig erworben werden, gilt die Zahlung des Erwerbspreises nicht als Rückgewähr von Einlagen. Anders liegt es beim unzulässigen Erwerb eigener Aktien durch die Gesellschaft, wobei es für die Anwendung des § 52 keinen Unterschied macht, ob der Erwerbspreis einem Erstaktionär oder einem späteren Aktionär gezahlt worden ist.

§ 65 Abs. 7 Satz 1 bestimmt allgemein, daß aus eigenen Aktien der Gesellschaft keine Rechte zustehen. Die Gesellschaft hat in diesem Falle kein Stimmrecht, keinen Anspruch auf Reingewinn und kein Bezugsrecht. Gleiches gilt nach Abs. 7 Satz 2 auch für Aktien, die ein anderer für Rechnung der Gesellschaft erworben hat. Dabei macht es keinen Unterschied, ob die Aktien nach § 65 Abs. 6 zulässig für Rechnung der Gesellschaft erworben sind oder nicht. Dagegen bezieht sich Abs. 7 nur auf den abgeleiteten Erwerb von Aktien durch die Gesellschaft oder einen anderen für Rechnung der Gesellschaft. Die Rechtswirkungen des ursprünglichen Erwerbs, d. h. einer Aktienübernahme für Rechnung der Gesellschaft oder durch ein abhängiges Unternehmen sind in § 51 geregelt.

Hat ein abhängiges Unternehmen oder ein anderer für Rechnung des abhängigen Unternehmens Aktien der herrschenden Gesellschaft erworben, so besteht ein Anspruch auf Reingewinn sowie ein Bezugsrecht, obwohl dieses nach § 51 Abs. 2 vom abhängigen Unternehmen selbst nicht ausgeübt werden kann. Dagegen ist ein Stimmrecht nach § 114 Abs. 6 ausgeschlossen.

Durch § 67 werden die Vorschriften über die Kraftloserklärung von Aktien durch die Gesellschaft, wie sie das Gesetz vom 20. Dezember 1934 (Reichsgesetzbl. I S. 1254) vorsieht, in das Aktiengesetz übernommen.

Vierter Teil

Verfassung der Aktiengesellschaft (§§ 70—124)

Vorbemerkung

Der Entwurf behält die bisherigen drei Verwaltungsträger der Aktiengesellschaft, Vorstand, Aufsichtsrat und Hauptversammlung bei; er grenzt jedoch die Zuständigkeit der einzelnen Verwaltungsträger schärfer gegeneinander ab. Eine wesentliche Neugestaltung erfährt hierbei die Stellung des Vorstands und der Hauptversammlung. Nach geltendem Recht ist die Hauptversammlung der oberste Verwaltungsträger der Aktiengesellschaft; Vorstand und Aufsichtsrat leiten ihre Rechte von ihr ab. Die grundsätzlichen Entscheidungen über die Geschicke der Aktiengesellschaft liegen bei der persönlich nicht verantwortlichen Mehrheit der Geldgeber, denen meistens der genaue und fachkundige Einblick in die Geschäfte und in den Stand der Gesellschaft fehlt und die im wesentlichen darauf bedacht sind, die Belange des Kapitals in den Vordergrund zu stellen. Die Entwicklung des Aktienwesens hat gezeigt, daß sich aus diesen Gründen zwischen der Verwaltung und der Hauptversammlung Gegensätze und Machtkämpfe herausbildeten, die keineswegs zum Vorteil der Gesellschaft und des Wirtschaftslebens dienten. Der Entwurf schränkt daher den beherrschenden Einfluß der Hauptversammlung ein. Die Leitung der Gesellschaft und damit die Geschäftsführung liegt nunmehr beim Vorstand. Die Hauptversammlung kann nicht mehr von sich aus in einzelne Akte der Geschäftsführung eingreifen; sie darf nur dann über Fragen der Geschäftsführung entscheiden, wenn der Vorstand es verlangt (§ 103 Abs. 2). Auch für die Feststellung des Jahresabschlusses als einer zur Geschäftsführung gehörigen Entscheidung sieht der Entwurf in § 125 grundsätzlich die Zuständigkeit des Vorstands unter Mitwirkung des Aufsichtsrats und nicht die Zuständigkeit der Hauptversammlung vor. Die Befugnisse der Hauptversammlung sind im Entwurf auf die Beschlüsse über Satzungsänderung, Entlastung, Gewinnverteilung sowie über Bestellung und Abberufung des Aufsichtsrats beschränkt (vgl. über die Rechte im einzelnen S. 79[1])).

Da die Leitung der Gesellschaft in den Händen des Vorstands liegt und die Hauptversammlung von Fragen der Geschäftsführung ausgeschlossen ist, ist der Aufsichtsrat der berufene Verwaltungsträger, die Geschäftsführung des Vorstands zu überwachen (§ 95 Abs. 1). Maßnahmen der Geschäftsführung selbst können ihm nach § 95 Abs. 5 nicht mehr übertragen werden; er kann namentlich nicht durch die Satzung zum Vorgesetzten des Vorstands gemacht werden. Damit ist eine klare Trennungslinie zwischen den Befugnissen des Aufsichtsrats und denen des Vorstands gezogen worden. Zugelassen ist allein für einzelne Fälle eine gesetzliche oder satzungsmäßige Mitwirkung bei der Geschäftsführung des Vorstands (vgl. z. B. §§ 80, 95 Abs. 5 Satz 2, 169 Abs. 3 Satz 2). Hierdurch soll die Überwachung der Geschäftsführung durch den Aufsichtsrat erleichtert werden.

Im einzelnen stellt sich die Verfassung der Aktiengesellschaft folgendermaßen dar:

Erster Abschnitt

Vorstand (§§ 70 bis 85)

Die §§ 70, 71 regeln die Leitung und Vertretung der Aktiengesellschaft durch den Vorstand. Dieser trägt nach § 70 Abs. 1 für die Leitung der Gesellschaft die alleinige

[1]) Hier S. 269.

Verantwortung. Seine Haftung entfällt daher nicht, wenn der Aufsichtsrat einer Geschäftsführungsmaßnahme zugestimmt oder sie geduldet hat. Aus dem Recht des Vorstands zur Leitung der Gesellschaft folgt seine Pflicht, für das Wohl der Gesellschaft, zu dem auch die Belange der Aktionäre gehören, zu sorgen und sich für dieses Ziel tatkräftig einzusetzen. Richtlinie für die Leitung der Gesellschaft ist nach § 70 Abs. 1 das Wohl des Betriebs und seiner Gefolgschaft und der gemeine Nutzen von Volk und Reich. Die Wahrung dieser Richtlinien gehört zu den Grundsätzen einer verantwortungsbewußten Wirtschaftsführung.

Der Vorstand kann aus einer oder mehreren Personen bestehen (§ 70 Abs. 2 Satz 1). Nach § 75 Abs. 2 kann der Aufsichtsrat bei einem mehrgliedrigen Vorstand ein Mitglied zum Vorsitzer des Vorstands ernennen. Durch eine solche Ernennung erhält der Vorsitzer des Vorstands nach § 70 Abs. 2 Satz 2 das Recht, bei Meinungsverschiedenheiten im Vorstand zu entscheiden. Der Vorsitzer kann auch gegen alle übrigen Vorstandsmitglieder entscheiden. Allein die Satzung kann das Entscheidungsrecht eines Vorsitzer des Vorstands ausschließen. Diese Möglichkeit mußte offen bleiben, da nicht jedem Unternehmen eine zuverlässige und geeignete Person zur Verfügung steht, der die Entscheidungsbefugnis eines Vorsitzers des Vorstands zum Wohle der Gesellschaft anvertraut werden kann.

Durch § 7 des Entwurfs zum Einführungsgesetz ist bestimmt, daß einem zur Zeit des Inkrafttretens des Aktiengesetzes bereits ernannter Vorsitzer des Vorstands das Entscheidungsrecht nach § 70 Abs. 2 Satz 2 nicht zusteht. Es bedarf der Bestätigung seiner Stellung durch den Aufsichtsrat oder der Ernennung eines anderen Vorstandsmitglieds zum Vorsitzer des Vorstands.

Die Vorschrift des § 71 über die Vertretungsmacht der Vorstandsmitglieder entspricht dem geltenden Recht. Bei einem mehrgliedrigen Vorstand geht der Entwurf vom

Grundsatz der Gesamtvertretung aus. Die Satzung oder bei Ermächtigung durch die Satzung auch der Aufsichtsrat können eine andere Regelung vorschreiben. Der Entwurf läßt es daher zu, daß einem Vorsitzer des Vorstandes mit alleinigem Entscheidungsrecht nach innen (§ 70 Abs. 2 Satz 2) auch nach außen das Alleinzeichnungsrecht verliehen wird. Der völlige Ausschluß eines Vorstandsmitglieds von der Vertretungsbefugnis ist wie nach geltendem Recht unzulässig.

Der Entwurf hält in § 74 an dem Grundsatz fest, daß die Vertretungsmacht des Vorstands gegenüber Dritten unbeschränkbar ist. Nur gegenüber der Gesellschaft kann der Vorstand verpflichtet sein, Beschränkungen einzuhalten, die die Satzung, der Aufsichtsrat oder die Hauptversammlung im Falle des § 103 Abs. 2 vorgeschrieben haben.

Die Bestellung und Abberufung des Vorstands geschieht, wie es bereits heute in der Praxis üblich ist, durch den Aufsichtsrat (§ 75). Eine Bestellung der Vorstandsmitglieder auf unbegrenzte Zeit läßt der Entwurf nicht mehr zu, da langfristige Anstellungsverträge oftmals zu einer schweren Belastung der Gesellschaft geführt haben. Die Bestellung eines Vorstandsmitglieds ist daher höchstens auf 5 Jahre zulässig (§ 75 Abs. 1); eine wiederholte Bestellung wird hierdurch nicht ausgeschlossen. Unzulässig ist es, durch Vereinbarung eines unangemessenen Ruhegehalts oder einer Leistung verwandter Art die freie Entschließung der Gesellschaft über die wiederholte Bestellung unbillig zu beschränken. Für die zur Zeit des Inkrafttretens des Aktiengesetzes im Amt befindlichen Vorstandsmitglieder beginnt die fünfjährige Frist erst mit dem Inkrafttreten des Gesetzes (§ 7 Abs. 2 des Entw. z. Einf.-Ges.). Erstreckt sich der Anstellungsvertrag auf mehr als 5 Jahre, so steht dem Vorstandsmitglied nach § 7 Abs. 3 Satz 1 des Entwurfs zum Einführungsgesetz zur Wiedererlangung seiner Bewegungsfreiheit ein außerordentliches Kündigungsrecht zu.

Juristische Personen können keine Vorstandsmitglieder sein, da die Tätigkeit eines Vorstandsmitglieds eine persönliche Tätigkeit voraussetzt (§ 75 Abs. 1 Satz 3).

In § 75 Abs. 3 sieht der Entwurf die Möglichkeit der Abberufung eines Vorstandsmitglieds durch den Aufsichtsrat vor. Um jedoch zu verhindern, daß der Vorstand hierdurch in ein starkes Abhängigkeitsverhältnis zum Aufsichtsrat gerät, kann der Aufsichtsrat die Bestellung zum Vorstandsmitglied oder die Ernennung zum Vorsitzer des Vorstands nur widerrufen, wenn ein wichtiger Grund vorliegt. Beispiele für einen solchen wichtigen Grund werden namentlich grobe Pflichtverletzung, Unfähigkeit zur ordnungsmäßigen Geschäftsführung oder bei Unternehmen, die einer besonderen Aufsicht unterliegen, das Verlangen der Aufsichtsbehörde bilden können. Hat die Hauptversammlung einem Vorstandsmitglied das Vertrauen entzogen, so ist dies selbstverständlich stets ein wichtiger Grund. Zur Vermeidung eines unerwünschten Schwebezustands bestimmt § 75 Abs. 3 Satz 3, daß der Widerruf wirksam ist, solange der Abberufene keine rechtskräftige Entscheidung über die Unwirksamkeit des Widerrufs herbeiführt.

Beim Fehlen der zur Vertretung der Gesellschaft erforderlichen Vorstandsmitglieder läßt § 76 in dringenden Fällen auf Antrag eines Beteiligten eine vorläufige Bestellung von Vorstandsmitgliedern durch das Gericht zu. Die Möglichkeit einer solchen Ersatzbestellung wurde bereits im geltenden Recht auf Grund des § 29 BGB. angenommen.

Der Entwurf stellt ferner in § 78 für die Bezüge der Vorstandsmitglieder, mögen sie in festem Gehalt, Gewinnbeteiligungen, Aufwandsentschädigungen, Versicherungsentgelten, Provisionen oder Nebenleistungen jeder Art bestehen, der heutigen Volksauffassung entsprechende Grundsätze auf. Der Aufsichtsrat hat dafür zu sorgen, daß die

Gesamtbezüge der Vorstandsmitglieder in einem angemessenen Verhältnis zu den Aufgaben des einzelnen Mitglieds und der Lage der Gesellschaft stehen. Nach § 78 Abs. 2 steht dem Aufsichtsrat auch das Recht zu, die Bezüge der Vorstandsmitglieder angemessen herabzusetzen, wenn eine so wesentliche Verschlechterung in den Verhältnissen der Gesellschaft eintritt, daß die Weitergewährung der Bezüge eine schwere Unbilligkeit für die Gesellschaft bedeuten würde. Zur Vermeidung unbilliger Härten, die darin liegen können, daß der Vorstand auf 5 Jahre an die Gesellschaft gebunden ist, ist dem einzelnen Vorstandsmitglied das Recht gegeben, seinen Anstellungsvertrag zum Schluß des nächsten Kalendervierteljahres mit einer Kündigungsfrist von 6 Wochen zu kündigen, falls er mit der Herabsetzung seiner Bezüge nicht einverstanden ist.

Da im Konkurs Verpflichtungen aus lange dauernden Anstellungsverträgen für eine Gesellschaft lästig sind, bestimmt § 78 Abs. 3, daß ein Vorstandsmitglied im Falle des Konkurses Entschädigungsforderungen für die durch Kündigung des Dienstverhältnisses weggefallenen Bezüge für eine spätere Zeit als 2 Jahre seit dem Ablauf des Dienstverhältnisses nicht geltend machen kann.

Unberührt bleiben Vorschriften des öffentlichen Rechts, die eine Anpassung der Bezüge von Vorstandsmitgliedern gewisser Unternehmen an die Gehälter von Beamten regeln.

Wird den Vorstandsmitgliedern eine Gewinnbeteiligung gewährt, so soll diese, da der Vorstand für das Gesamtunternehmen verantwortlich ist, in der Regel in einem Anteil am Jahresgewinn bestehen (§ 77 Abs. 1).

Gewinnanteile, die sich nach dem Ergebnis eines Geschäftszweigs oder nach der Höhe des Umsatzes richten sollen, dürfen daher grundsätzlich nicht gewährt werden. Eine Ausnahme wird sich meist nur mit Rücksicht auf die besondere Art des Unternehmens rechtfertigen lassen.

§ 77 Abs. 2 gibt eine zwingende Vorschrift für die Berechnung des Gewinnanteils, wenn dieser in einem Anteil am Jahresgewinn besteht. Dabei wird in einem wesentlichen Punkte vom geltenden Recht abgewichen. Die Berechnungsart des § 237 HGB. führt zu dem unbefriedigenden Ergebnis, daß ein Vorstandsmitglied, das die Rücklagen schafft, nichts davon erhält, während das Vorstandsmitglied, das sie zum Zwecke der Ausschüttung eines Gewinnanteils verbraucht, hieraus Vorteil zieht. § 77 Abs. 2 schreibt daher vor, daß sich der Gewinnanteil des Vorstands nach dem Reingewinn errechnet unter Abzug des Gewinnbetrags, der durch Auflösung von Rücklagen entstanden ist. Der Begriff des Reingewinns ist hierbei, wie noch besonders klargestellt ist, derselbe wie in § 131 Abs. 3. Entgegenstehende Vereinbarungen oder Hauptversammlungsbeschlüsse sind nichtig, da die Vorschrift des § 77 Abs. 2 im öffentlichen Interesse gegeben ist. Der Aufsichtsrat kann jedoch, wenn es die Billigkeit verlangt, für das einzelne Geschäftsjahr zulassen, daß auch die Gewinnbeträge, die zur Bildung freier Rücklagen verwandt werden, bei der Berechnung des Gewinnanteils des Vorstands berücksichtigt werden. Der für den Vorstand gewinnanteilspflichtige Betrag kann demnach kleiner oder größer als der Reingewinn sein, der die Grundlage für die Berechnung der Aktionärgewinnanteile bildet. Die Entscheidung des Aufsichtsrats, die nur für das einzelne Geschäftsjahr und nicht allgemein im Anstellungsvertrag vorweg getroffen werden kann, ist von der Hauptversammlung bei der Beschlußfassung über die Gewinnverteilung zu beachten. Eine freie Rücklage ist auch der Gewinnvortrag; in der Regel wird es billig sein, ihn bei der Berechnung des Gewinnanteils des Vorstands zu berücksichtigen.

Ist der Vorstand am Gewinn beteiligt, so hat der Aufsichtsrat darauf zu achten, daß solche Beteiligungen in einem angemessenen Verhältnis zu den Aufwendungen zugunsten der Gefolgschaft oder von Einrichtungen stehen, die dem gemeinen Wohle dienen. Unter Aufwendungen zugunsten der Gefolgschaft fallen dem Sinne der Vorschrift entsprechend Löhne, Gehälter und soziale Abgaben nicht. Da die Öffentlichkeit im hohen Maße an der Einhaltung dieses Gebots beteiligt ist, so kann als Vertreterin des öffentlichen Interesses die Staatsanwaltschaft im Klagewege einschreiten, um bei einem unangemessenen Verhältnis die Herabsetzung der Gewinnbeteiligung zu erzwingen.

Für die Übergangszeit gewährt § 7 Abs. 3 Satz 2 des Entwurfs zum Einführungsgesetz dem Vorstand ein Kündigungsrecht, wenn anzunehmen ist, daß sich seine Gesamtbezüge durch die Neuregelung der Vorschrift über die Gewinnbeteiligung erheblich verschlechtern werden.

Das Wettbewerbverbot des § 79 entspricht dem § 237 HGB.

Das Verbot der Kreditgewährung ohne Zustimmung des Aufsichtsrats ist gegenüber dem geltenden Recht (§ 240 a HGB.) erweitert worden. Es erstreckt sich nicht nur auf die Vorstandsmitglieder und die diesen bisher gleichgestellten Personen, sondern auch auf leitende Angestellte. Diese Erweiterung des Personenkreises ist notwendig, da sonst das Verbot des § 80 leicht umgangen werden kann. Nach der Begriffsbestimmung des § 80 Abs. 1 Satz 2 sind unter leitenden Angestellte Geschäftsführer und Betriebsleiter zu verstehen, die zur selbständigen Einstellung oder Entlassung der übrigen im Betriebe oder in der Betriebsabteilung Beschäftigten berechtigt sind oder denen Prokura oder Generalvollmacht erteilt ist.

Nach § 80 Abs. 2 können in Anlehnung an § 14 Abs. 2 des Gesetzes über das Kreditwesen vom 5. Dezember 1934 (Reichsgesetzbl. I S. 1203) Kredite, die ein Monatsgehalt nicht übersteigen, ohne Zustimmung des Aufsichtsrats gewährt werden.

§ 81 regelt die Pflicht des Vorstands zur laufenden Berichterstattung an den Aufsichtsrat. Die Vorschrift will die Überwachung der Geschäftsführung durch den Aufsichtsrat erleichtern.

Nach § 83 ist der Vorstand nicht nur bei Aufstellung der Jahresbilanz oder einer Zwischenbilanz, sondern stets, wenn nach pflichtmäßigem Ermessen ein Verlust in Höhe der Hälfte des Grundkapitals anzunehmen ist, verpflichtet, die Hauptversammlung zu berufen und vom Verlust Anzeige zu machen. Eine solche Erweiterung der Vorstandspflichten ist notwendig, da nach geltendem Recht (§ 240 HGB.) der Vorstand sich der Verlustanzeige entziehen kann, wenn er die Aufstellung des Jahresabschlusses verzögert oder keine Zwischenbilanz aufstellt. Die im Falle der Konkursreife nach § 83 Abs. 2 bestehenden Vorstandspflichten entsprechen dem geltenden Recht (§ 240 Abs. 2 HGB.).

§ 84 regelt die Verantwortlichkeit der Vorstandsmitglieder. Nach Abs. 1 haben diese bei ihrer Geschäftsführung die Sorgfalt eines ordentlichen und gewissenhaften Geschäftsleiters anzuwenden. Die Haftung der Vorstandsmitglieder setzt daher auch nach dem Entwurf ein Verschulden voraus. Eine Haftung des Vorstands für den Erfolg seiner Geschäftsführung ohne Rücksicht auf sein Verschulden würde nur zur Folge haben, daß die Verantwortungsfreudigkeit eines Vorstandsmitglieds erheblich herabgemindert und ihm jeder Mut zur Tat genommen wird. Der Gedanke der Erfolgshaftung hat daher auch in den Beratungen der Akademie für Deutsches Recht Ablehnung gefunden.

Dagegen erschien es gerechtfertigt, die Haftung des Vorstands gegenüber den Gläubigern nicht — wie es nach § 241 Abs. 3 HGB. der Fall ist — auf bestimmte Fälle zu beschränken. Der Entwurf vergrößert die Rechte des Vorstands und legt namentlich die Leitung der Gesellschaft in seine Hände. Dieser gehobeneren Stellung muß daher auch eine erhöhte Verantwortlichkeit entsprechen. Eine unmittelbare Haftung der Vorstandsmitglieder gegenüber den Gläubigern kann nach dem Entwurf stets eintreten, wenn diese ihre Obliegenheiten schuldhaft verletzt haben. Eine zum Ersatz verpflichtende schuldhafte Verletzung liegt jedoch in anderen als den Fällen des § 84 Abs. 3, der dem § 241 Abs. 3 HGB. entspricht, nur vor, wenn die Vorstandsmitglieder die Sorgfalt eines ordentlichen und gewissenhaften Geschäftsleiters gröblich verletzt haben. Diese Einschränkung des Verschuldensmaßstabs erschien notwendig, da es sich bei den anderen als den in § 84 Abs. 3 genannten Fällen meist um Obliegenheitsverletzungen handeln wird, die im Bereich der Geschäftsführung liegen. Eine unmittelbare Haftung gegenüber den Gläubigern auch in diesen Fällen für leichtere Verletzungen der Sorgfaltspflicht eintreten zu lassen, würde auf das Verantwortungsbewußtsein des Vorstands lähmend wirken und nicht dem Vorteil der Gesellschaft dienen. Der Entwurf hält auch an dem Grundsatz des geltenden Rechts fest, daß den Vorstand eine Ersatzpflicht gegenüber den Gläubigern nur trifft, soweit diese von der Gesellschaft keine Befriedigung erlangen können.

Der Entwurf hat ferner den in der Rechtsprechung schon entwickelten Gedanken, wonach der Vorstand in Schadenersatzprozessen den Entlastungsbeweis zu führen hat, gesetzlich verankert. Gegenüber der Gesellschaft sind Vorstandsmitglieder, die ihre Obliegenheiten verletzt haben, zum Ersatz des daraus entstehenden Schadens als Gesamtschuldner verpflichtet, falls sie nicht nachweisen, daß sie die Sorgfalt eines ordentlichen und gewissenhaften Geschäftsleiters angewandt haben. Die gleiche Regelung der Beweislast sieht der Entwurf auch gegenüber den Gläubigern vor. Handelt es sich hierbei um Obliegenheitsverletzungen, die nicht unter § 84 Abs. 3 fallen, so müssen die Vorstandsmitglieder nachweisen, daß sie die Sorgfalt eines ordentlichen und gewissenhaften Geschäftsleiters nicht gröblich verletzt haben.

In § 84 Abs. 4 ist klargestellt, daß eine Ersatzpflicht des Vorstands, der seine Obliegenheiten schuldhaft verletzt hat, der Gesellschaft gegenüber nur in dem Falle nicht eintritt, wenn die Handlung auf einem gesetzmäßigen, d. h. weder nichtigen noch anfechtbaren Beschluß der Hauptversammlung beruht. Ein gesetzwidriger Beschluß der Hauptversammlung oder eine Billigung des Aufsichtsrats hat eine solche Wirkung nicht. Hierbei wird es im einzelnen Tatfrage sein, ob nicht die Annahme einer schuldhaften Obliegenheitsverletzung eines Vorstandsmitglieds bereits aus dem Grunde zu verneinen ist, weil dieses in der Hauptversammlung selbst oder im Vorstand gegenüber den anderen Vorstandsmitgliedern widersprochen hat. Für die Entscheidung der Frage, ob ein Vorstandsmitglied durch einen solchen Widerspruch den Sorgfaltspflichten eines ordentlichen und gewissenhaften Geschäftsleiters schon genügt hat, wird sowohl die Bedeutung der Angelegenheit als auch die Stärke der bestehenden rechtlichen oder wirtschaftlichen Bedenken von maßgebendem Einfluß sein. Verzichte und Vergleiche der Gesellschaft auf entstandene Ersatzansprüche sind, wie nach geltendem Recht, nur unter erschwerten Bedingungen zulässig. Gegenüber den Gläubigern kann eine Ersatzpflicht des Vorstands, wie im geltenden Recht, auch bestehen, wenn die Handlung auf einem Beschluß der Hauptverhandlung beruht. Auch hier ist immer ein Verschulden des Vorstands Voraussetzung der Verantwortlichkeit. Hat der Vorstand einen gesetzmäßigen Beschluß der Hauptversammlung über Geschäftsführungsfragen ausgeführt, an den er nach § 74 Abs. 1 gebunden ist, so kann er allein durch die Ausführung eines solchen Beschlusses seine Obliegenheiten nicht verletzt haben und daher den Gläubigern auch nicht ersatzpflichtig werden. Verzichte und Vergleiche der Gesellschaft sind den Gläubigern gegenüber unwirksam (Abs. 5).

Zweiter Abschnitt

Aufsichtsrat (§§ 86 bis 99)

Die Hauptaufgabe des Aufsichtsrats besteht darin, die Geschäftsführung des Vorstands zu überwachen (§ 95 Abs. 1). Hierfür ist ein vielköpfiger Aufsichtsrat nicht geeignet. Der Entwurf strebt daher grundsätzlich eine Verkleinerung des Aufsichtsrats an. Da der Aufsichtsrat in der Praxis neben der reinen Überwachungstätigkeit auch der Erhaltung geschäftlicher Beziehungen und Verbindungen dient, besteht die Gefahr, daß sich durch eine übermäßige Verkleinerung des Aufsichtsrats neben diesem gesetzlichen Verwaltungsträger unverantwortliche Beiräte oder sonstige Nebenorgane bilden. Aus diesem Grunde erschien es angezeigt, die Höchstzahl der Aufsichtsratsmitglieder beweglicher zu gestalten. Der Entwurf sieht im § 86 Abs. 1 eine Staffelung nach dem Grundkapital vor. Die Höchstzahl der Aufsichtsratsmitglieder beträgt für Gesellschaften mit einem Grundkapital

bis zu 3 000 000 *RM* sieben,
von mehr als 3 000 000 *RM* zwölf,
von mehr als 20 000 000 *RM* zwanzig.

Bei dieser Regelung wird nicht verkannt, daß die Höhe des Grundkapitals nicht immer ein sicheres Anzeichen für die Notwendigkeit eines größeren oder kleineren Aufsichtsrats bildet. Es kann Gesellschaften geben, bei denen mit Rücksicht auf den Gegenstand und das Maß der geschäftlichen Verflechtung des Unternehmens ein größerer Aufsichtsrat wirtschaftlich notwendig ist. Der Entwurf sieht daher vor, daß der Reichswirtschaftsminister im Einvernehmen mit dem Reichsminister der Justiz und den sonst beteiligten Reichsministern Ausnahmen von der grundsätzlichen Regelung des § 86 Abs. 1 Satz 3 zulassen kann, wenn das Wohl der Gesellschaft oder gesamtwirtschaftliche Belange es fordern. Nach § 86 Abs. 2 Satz 2 kann grundsätzlich zum Aufsichtsrat nicht gewählt werden, wer bereits in zehn Aktiengesellschaften oder Kommanditgesellschaften auf Aktien Aufsichtsratsmitglied ist. Dieser über das geltende Recht hinausgehenden Beschränkung liegt die Erwägung zugrunde, daß das einzelne Mitglied, mag es auch noch so sachkundig und erfahren sein, bei Zugehörigkeit zu einer Vielzahl von Aufsichtsräten sich der Ausübung des einzelnen Amts nicht mit der nötigen Sorgfalt widmen kann. Der Reichsminister der Justiz kann jedoch mit Zustimmung der beteiligten Reichsminister abweichende Vorschriften und Anordnungen treffen, soweit es zur ausreichenden Wahrnehmung wirtschaftlicher Belange des Reichs, von Ländern, Gemeindeverbänden oder Gemeinden oder von Wirtschaftsunternehmen nötig erscheint.

Die Aufsichtsratsvergütungen unterliegen in voller Höhe der Einkommensteuer. Auch gelten für sie die Vorschriften der Verordnung über den Steuerabzug von Aufsichtsratsvergütungen vom 6. Februar 1935 (Reichsgesetzbl. I S. 161). Um hohe Vergütungen aus einer Vielzahl von Aufsichtsratsposten zu beschränken, ist eine Nachprüfung dieser Verordnung namentlich unter dem Gesichtspunkt der Progression angeregt worden. Dieser Anregung wird nachgegangen.

Die Wahl und Abberufung des Aufsichtsrats geschieht — wie nach geltendem Recht (§ 243 HGB.) — durch die Hauptversammlung (§ 87). Kein Aufsichtsratsmitglied kann für längere Zeit als bis zur Beendigung der Hauptversammlung gewählt werden, die über die Entlastung für das vierte Geschäftsjahr nach der Wahl beschließt. Eine turnusmäßige Ablösung wird hierdurch nicht ausgeschlossen. Juristische Personen sind vom Amt des Aufsichtsrats ausgeschlossen (§ 86 Abs. 2 Satz 1).

Minderheiten sind nicht berechtigt, Vertreter in den Aufsichtsrat zu entsenden. Dagegen kann nach § 88 die Satzung Aktionären das Recht einräumen, Personen ihres

Vertrauens in den Aufsichtsrat zu entsenden, damit diese in besonderem Maße ihre Belange wahren können, soweit mit diesen nicht die Belange der Gesellschaft im Widerspruch stehen. Dieses Entsendungsrecht wird namentlich für gemischt- und gemeinwirtschaftliche Unternehmen von großer Bedeutung sein. Das Entsendungsrecht kann entweder an die Person des Aktionärs oder an den jeweiligen Inhaber der Aktien geknüpft sein (Abs. 1); jedoch müssen nach Abs. 2 die entsendungsberechtigten Aktionäre stets Inhaber gebundener Namensaktien sein. Hierdurch wird der rein spekulative Aktienbesitz von der Einflußnahme ausgeschlossen. Handeln zum Schaden der Gesellschaft zwecks Erlangung gesellschaftsfremder Vorteile macht den Entsendungsberechtigten nach § 101 ersatzpflichtig.

§ 89 sieht eine gerichtliche Bestellung von Aufsichtsratsmitgliedern vor, wenn dem Aufsichtsrat weniger als die zur Beschlußfähigkeit erforderliche Zahl von Mitgliedern angehören. Das Gericht kann in diesem Falle auf Antrag des Vorstands, eines Aufsichtsratsmitglieds oder eines Aktionärs einen beschlußfähigen Aufsichtsrat bestellen.

Abweichend vom geltenden Recht sind im Entwurf auch Vorschriften über die innere Ordnung des Aufsichtsrats enthalten. Nach § 92 Abs. 1 hat der Aufsichtsrat aus seiner Mitte einen Vorsitzer und mindestens einen Stellvertreter zu wählen. Ein Entscheidungsrecht bei Meinungsverschiedenheiten unter den Aufsichtsratsmitgliedern ähnlich dem Entscheidungsrecht eines Vorsitzers des Vorstands nach § 70 Abs. 2 Satz 2 ist dem Vorsitzer des Aufsichtsrats nicht eingeräumt worden, da der Aufsichtsrat als Vertreter der Aktionäre allein die Aufgabe hat, die Geschäftsführung des Vorstands zu überwachen und ihn zu beraten. In einem solchen Falle erscheint es nicht angebracht, die Entscheidung dem Vorsitzer des Aufsichtsrats auch dann zu überlassen, wenn die übrigen Mitglieder anderer Meinung sind. Als Vorsitzer hat er vielmehr die

Aufgabe, das zu tun, was dem Vorsitzer eines Kollegiums üblicherweise obliegt. Dazu wird im Zweifel die Leitung der Aufsichtsratssitzungen sowie die Vorbereitung und Ausführung seiner Beschlüsse gehören. Im übrigen sind ihm verschiedene Aufgaben durch den Entwurf selbst zugewiesen (vgl. z. B. §§ 93, 94, 95, 141 Abs. 3, 151, 155, 176, 180).

In § 92 Abs. 4 nimmt der Entwurf zu den Ausschüssen des Aufsichtsrats Stellung, die heute vielfach in der Praxis außerhalb des Gesetzes gebildet sind. Ihre Bestellung erachtet der Entwurf als zulässig. Die Bestellung solcher Ausschüsse wird namentlich zu dem Zweck geschehen, die Verhandlungen und Beschlüsse des Aufsichtsrats vorzubereiten oder die Ausführung der Beschlüsse zu überwachen. Neben dieser rein vorbereitenden und ausführenden Tätigkeit wird grundsätzlich in bestimmtem Umfang auch die Übertragung entscheidender Befugnisse des Aufsichtsrats zulässig sein, mögen diese auf Gesetz oder Satzung beruhen. Eine Übertragung entscheidender Befugnisse auf ein einzelnes Mitglied oder auf den Vorsitzer des Aufsichtsrats ist im Entwurf nicht vorgesehen.

Der Entwurf geht davon aus, daß an den Sitzungen des Aufsichtsrats und seiner Ausschüsse grundsätzlich nur Aufsichtsratsmitglieder teilnehmen dürfen, da sonst leicht die durch § 86 angestrebte Beschränkung der Zahl der Aufsichtsratsmitglieder vereitelt werden könnte. Außer Aufsichtsratsmitgliedern ist daher nur noch Vorstandsmitgliedern die Teilnahme an Sitzungen des Aufsichtsrats oder seiner Ausschüsse gestattet. Zulässig ist es jedoch, wie der Entwurf ausdrücklich klarstellt, Sachverständige und Auskunftspersonen zur Beratung über einzelne Gegenstände hinzuzuziehen. Das Teilnahmerecht der Aufsichtsratsmitglieder an den Sitzungen des Aufsichtsrats und seiner Ausschüsse ist zunächst dahin zu verstehen, daß jedes Aufsichtsratsmitglied berechtigt ist, an den Sitzungen des Gesamtaufsichtsrats teilzunehmen, und jedes Mitglied eines Ausschusses berechtigt ist, an den Ausschußsitzungen teilzunehmen. Dagegen erschien es nicht angebracht, auch den nicht dem Ausschuß angehörenden Aufsichtsratsmitgliedern stets ein Teilnahmerecht an den Ausschußsitzungen zu geben. Denn das Wohl der Gesellschaft kann es fordern, daß die Teilnahmebefugnis auf einen engeren Kreis, d. h. eben auf die zum Ausschuß gehörenden Mitglieder beschränkt wird. Daher kann sowohl die Satzung als auch der Vorsitzer des Aufsichtsrats nach § 93 Abs. 2 einem nicht dem Ausschuß angehörenden Aufsichtsratsmitglied die Teilnahme an Ausschußsitzungen versagen. Eine wichtige Neuerung bringt § 93 Abs. 3. Es ist in der Wirtschaft oft als ein Mangel empfunden worden, daß es einem an der Teilnahme verhinderten Aufsichtsratsmitglied unmöglich ist, seine Rechte in der Aufsichtsratssitzung durch einen anderen wahrnehmen zu lassen. Im künftigen Recht wird die Satzung zulassen können, daß an den Sitzungen des Aufsichtsrats und seiner Ausschüsse Personen, die dem Aufsichtsrat nicht angehören, an Stelle von Aufsichtsratsmitgliedern teilnehmen können, wenn sie von diesen hierzu schriftlich ermächtigt sind. Die rechtliche Stellung eines Stellvertreters im Rechtssinn kommt diesen Personen nicht zu und kann ihnen auch nicht eingeräumt werden. Sie können sich lediglich an Stelle des Aufsichtsratsmitglieds an der Sitzung beteiligen und vor allem schriftliche Stimmabgaben des verhinderten Mitglieds überreichen. Eine schriftliche Beschlußfassung im Sinne des § 92 Abs. 3, die nur zulässig ist, wenn kein Mitglied widerspricht, liegt in diesem Falle nicht vor.

Nach § 94 kann außer dem einzelnen Aufsichtsratsmitglied auch der Vorstand vom Vorsitzer des Aufsichtsrats die Einberufung des Aufsichtsrats verlangen. Wird einem von mindestens zwei Aufsichtsratsmitgliedern oder vom Vorstand geäußerten Verlangen nicht stattgegeben, so steht den Antragstellern selbst das Einberufungsrecht zu. Haben die Antragsteller ihre Rechte mißbräuchlich ausgeübt, so können sie nach §§ 84, 99 für die Kosten der Sitzung ersatzpflichtig gemacht werden.

Nach § 95 hat der Aufsichtsrat — wie schon in § 246 Abs. 1 HGB. bestimmt ist — das Recht auf jederzeitige Berichterstattung. Das gleiche Recht hat auch ein einzelnes Aufsichtsratsmitglied, damit es seinen Pflichten nachkommen kann. Der Bericht kann jedoch von dem einzelnen Mitglied nur an den Aufsichtsrat als solchen verlangt werden. Lehnt der Vorstand die Berichterstattung ab, so kann der Bericht nur dann verlangt werden, wenn der Vorsitzer des Aufsichtsrats das Verlangen unterstützt.

§ 95 Abs. 3 gibt dem Aufsichtsrat ein erweitertes Untersuchungsrecht, wonach sämtliche Vermögensgegenstände der Gesellschaft von ihm besichtigt und geprüft werden können.

Der Aufsichtsrat ist ferner nach § 95 Abs. 4 zur Einberufung der Hauptversammlung berechtigt und verpflichtet, wenn das Wohl der Gesellschaft es fordert.

Die Bedeutung des § 95 Abs. 5 ist im Zusammenhang mit der grundsätzlichen Neuordnung der Zuständigkeit unter den Verwaltungsträgern behandelt worden.

Nach § 96 hat der Aufsichtsrat die Pflicht, den Jahresabschluß, den Vorschlag für die Gewinnverteilung und den Geschäftsbericht, wenn ihm diese Vorlagen nach §§ 125 Abs. 1, 126 Abs. 2, 127 Abs. 1 vom Vorstand zugehen, zu prüfen und der Hauptversammlung darüber zu berichten. Die einzelnen Angaben, die der Bericht enthalten muß, sind in § 96 Abs. 2 aufgeführt.

Die Vorschrift des § 97 über die Vertretung der Gesellschaft gegenüber dem Vorstand entspricht dem geltenden Recht (§ 247 HGB.).

Für die Vergütung der Aufsichtsratsmitglieder gilt der Grundsatz, daß die Vergütung mit den Aufgaben des Mitglieds und mit der Lage der Gesellschaft in Einklang stehen muß (§ 98 Abs. 1). In der Satzung festgesetzte Vergütungen können von der Hauptversammlung mit einfacher Stimmenmehrheit herabgesetzt werden. Die Gewinnbeteiligung des Aufsichtsrats ist grundsätzlich ähnlich wie die des Vorstands gestaltet (§ 98 Abs. 3 und 4), jedoch können Gewinnbeträge, die zur Bildung von Rücklagen verwandt werden, für Aufsichtsratsmitglieder nicht gewinnanteilpflichtig gemacht werden.

Die Sorgfaltspflicht und Verantwortlichkeit des Aufsichtsrats (§ 99) entspricht der des Vorstands nach § 84.

§ 8 des Entwurfs zum Einführungsgesetz schreibt das Außerkrafttreten einer Reihe von Satzungsbestimmungen über den Aufsichtsrat vor, die der Durchführung der Neuordnung des Aufsichtsrats im Wege stehen könnten.

Dritter Abschnitt

Gemeinsame Vorschriften für die Mitglieder des Vorstands und des Aufsichtsrats (§§ 100, 101)

Der Abschnitt bringt zwei Bestimmungen, die wesentliche Neuerungen gegenüber dem geltenden Recht enthalten.

Zu den Mängeln des bisherigen Aktienrechts wird in erster Linie die Anonymität gerechnet. Soweit sich die Angriffe gegen die Anonymität der Aktie richten, läßt sich der Mangel nicht beseitigen, ohne die Aktiengesellschaft ihrer wirtschaftlichen Bedeutung zu berauben. Wohl aber kann man verlangen, daß das anonyme Kapital das Unternehmen durch verantwortliche Persönlichkeiten führen läßt und es kann erreicht werden, daß die leitenden Persönlichkeiten der Verwaltung stärker hervortreten und ihre Namen bekanntwerden. Das geltende Recht sieht in dieser Richtung keine Bestimmungen vor. Es begnügt sich damit, daß die leitenden Persönlichkeiten im Handelsregister eingetragen sind. Das ist unzureichend. Die leitenden und verantwortlichen Persönlichkeiten müssen in Zukunft klarer herausgestellt werden. Jeder, der mit der Gesellschaft in Verbindung steht, muß ohne weitere Nachforschung ersehen können, in wessen Händen die Geschicke der Gesellschaft liegen, der er sein Geld anvertraut oder mit der er Geschäfte schließen will. Der Entwurf bestimmt deshalb, daß auf allen Geschäftsbriefen die sämtlichen Mitglieder des Vorstands und der Vorsitzer des Aufsichtsrats mit dem Familiennamen und mindestens einem ausgeschriebenen Vornamen anzugeben sind (§ 100). Derselbe Gedanke kommt in zwe weiteren Bestimmungen zum Ausdruck. Im Geschäftsbericht sind die sämtlichen Mitglieder des Vorstands und des Aufsichtsrats einschließlich der im Laufe des Geschäftsjahres oder nach Ablauf desselben ausgeschiedenen anzugeben (§ 128 Abs. 4). Ferner müssen in allen Veröffentlichungen und Vervielfältigungen des Jahresabschlusses in gleicher Weise sämtliche Mitglieder des Vorstands und des Aufsichtsrats angegeben werden (§ 144 Abs. 1). In allen Fällen sind die Vorsitzer des Vorstands und des Aufsichtsrats besonders zu bezeichnen. Mit diesen Vorschriften dürfte die Anonymität der Gesellschaft um ein erhebliches Teil gemildert sein, ohne daß andererseits wirtschaftlich berechtigte Interessen dadurch gefährdet werden.

Die zweite Vorschrift soll dem Schutz der Gesellschaft vor einer Beeinflussung ihrer Verwaltungsträger zum Schaden der Gesellschaft dienen.

In der Vergangenheit hatten sich die Fälle gemehrt, in denen versucht wurde, auf Mitglieder des Vorstands und Aufsichtsrats einer Gesellschaft Einfluß zu nehmen, um unter Ausnutzung dieses Einflusses zum Schaden der Gesellschaft gesellschaftsfremde Sondervorteile zu erlangen. Meist gingen diese Versuche von Aktionären aus, aber auch Nichtaktionäre, die Lieferanten oder Abnehmer der Gesellschaft waren, wählten diesen Weg, um sich auf Kosten der Gesellschaft Vorteile zu verschaffen. Es hatte sich weiter gezeigt, daß § 826 BGB., die nach geltendem Recht allein zur Verfügung stehende Handhabe, nicht ausreichte, um derartige Machenschaften zu verhindern. Der Entwurf von 1930 sah deshalb bereits die Einführung einer besonderen, der Eigenart des Aktienrechts angepaßten Rechtsnorm, die eine Sonderhaftung der Aktionäre begründen sollte, vor. Nach § 85 dieses Entwurfs sollte jeder Aktionär, der zwecks Erreichung gesellschaftsfremder Sondervorteile für sich oder einen Dritten unter Benutzung seines Einflusses als Aktionär ein Mitglied des Vorstands oder des Aufsichtsrats vorsätzlich dazu bestimmt hatte, zum Schaden der Gesellschaft zu handeln, der Gesellschaft für den daraus entstehenden Schaden neben dem Mitglied des Vorstands oder des Aufsichtsrats haften. Der jetzige Entwurf nimmt diesen Gedanken auf. Es muß eine Rechtsnorm geschaffen werden, die der Gesellschaft vor jeder Beeinflussung ihrer Verwaltungsträger zu die Gesellschaft schädigenden Handlungen Schutz bietet. Dabei kann nicht unterschieden werden, ob die Beeinflussung von einem Aktionär oder einem Nichtaktionär ausgeht. Auch jemand, der nicht Aktionär ist, kann auf Grund seiner geschäftlichen Beziehungen auf die Gesellschaft und damit auf deren Verwaltungsträger Einfluß haben, manchmal vielleicht sogar größeren als ein Aktionär. Es ist nicht einzusehen, weshalb er besser behandelt werden soll als jemand, der zugleich Aktionär ist. Die Schadenersatzpflicht beruht nicht auf der Treupflicht der Aktionäre gegenüber der Gesellschaft. Dann könnte sie allerdings nur diese ergreifen. Sie hat vielmehr ihren Grund in der Gefahr, daß Beeinflussungsversuche naturgemäß besonders solchen Personen gegenüber unternommen werden, die mit fremdem Kapital wirtschaften. Deshalb bedarf die Aktiengesellschaft eines erhöhten Schutzes gegenüber derartigen Beeinflussungsversuchen, wobei gleichgültig ist, ob der Versuch der Einflußnahme von einem Aktionär oder von einem Dritten ausgeht. § 101 bestimmt daher, daß, wer zu dem Zwecke, für sich oder einen anderen gesellschaftsfremde Sondervorteile zu erlangen, vorsätzlich unter Ausnutzung seines Einflusses auf die Gesellschaft ein Mitglied des Vorstands oder des Aufsichtsrats dazu bestimmt, zum Schaden der Gesellschaft oder ihrer Aktionäre zu handeln, zum Ersatz des daraus entstehenden Schadens verpflichtet ist.

Da weder von einem Aktionär noch von einem Dritten verlangt werden kann, daß er seine berechtigten Belange zurückstellt und allein auf das Gesellschaftswohl bedacht ist, bestimmt Abs. 3, daß die Ersatzpflicht nicht eintritt, wenn der Einfluß benutzt wird, um einen Vorteil zu erlangen, der schutzwürdigen Belangen dient. Damit hat die Rechtsprechung die Möglichkeit, Interessenkonflikte gegeneinander abzuwägen. Die schutzwürdigen Belange brauchen außerdem nicht notwendig eigene Belange des Handelnden zu sein. Es können auf Grund dieser Vorschrift z. B. auch Konzerninteressen berücksichtigt werden.

Die Stimmrechtsausübung unter Haftung zu stellen, lehnt der Entwurf ab (§ 101 Abs. 7). Eine solche Bestimmung würde den Grundlagen unseres Aktienrechts widersprechen. Dennoch ist die Freiheit der Aktionäre bei der Abstimmung keine schrankenlose. Sucht ein Aktionär mit der Stimmrechtsausübung vorsätzlich für sich oder einen anderen gesellschaftsfremde Sondervorteile zum Schaden der Gesellschaft zu erlangen und ist der Beschluß geeignet, diesem Zwecke zu dienen, so ist er anfechtbar (§ 197 Abs. 2).

Vierter Abschnitt

Hauptversammlung (§§ 102—124)

1. Allgemeines

Die Vorschriften über die Hauptversammlung tragen der veränderten Stellung der Hauptversammlung gegenüber dem Vorstand und dem Aufsichtsrat Rechnung. Während die Hauptversammlung bisher in allen Fragen des wirtschaftlichen Lebens der Aktiengesellschaft die entscheidende Stelle war, beschließt sie jetzt nur noch in den im Gesetz oder in der Satzung ausdrücklich bestimmten Fällen (§ 103 Abs. 1). Über eine Frage der Geschäftsführung, die bisher auch ihrer Entscheidungsbefugnis unterlag, kann sie nur noch entscheiden, wenn der Vorstand ihr die Frage unterbreitet und ihre Entscheidung verlangt (§ 103 Abs. 2). Eine sonstige Stellungnahme der Hauptversammlung zur Geschäftsführung ist für den Vorstand unverbindlich. Er kann ihr folgen, braucht es aber nicht. Durch die Satzung kann der Hauptversammlung eine über § 103 Abs. 2 hinausgehende Entscheidungsbefugnis in Fragen der Geschäftsführung nicht übertragen werden. § 103 Abs. 2 ist insoweit zwingendes Recht. Der Wirkungskreis der Hauptversammlung beschränkt sich danach auf alle mit dem wirtschaftlichen oder rechtlichen Aufbau der Aktiengesellschaft zusammenhängenden Fragen. Im einzelnen beschließt sie namentlich über

1. Satzungsänderungen (§ 145) einschließlich der Maßnahmen der Kapitalbeschaffung oder Kapitalherabsetzung (§§ 149, 153, 159, 169, 174, 175, 192),
2. die Auflösung der Gesellschaft und die Fortsetzung der aufgelösten Gesellschaft (§ 203 Abs. 1 Nr. 2, § 215),
3. die Verschmelzung und Umwandlung der Gesellschaft (§§ 234, 247, 257),
4. die Vermögensübertragung und Gewinngemeinschaft (§§ 253—256),
5. die Bestellung und Abberufung des Aufsichtsrats und seine Vergütung (§§ 87, 98),
6. die Entlastung der Verwaltungsträger (§ 104),
7. die Geltendmachung und den Verzicht auf Ersatzansprüche gegen die Verwaltungsträger und die Gründer (§§ 122, 124, 43),
8. die Bestellung der Abschlußprüfer und Sonderprüfer (§§ 136, 118),
9. die Gewinnverteilung (§ 126), über den Jahres-

abschluß beschließt sie nur im Falle des § 125 Abs. 4. (Näheres S. 82f[1]).)

Die Vorschriften über die Einberufung der Hauptversammlung (§§ 105, 109) beseitigen einige Mängel des geltenden Rechts. Die Satzung kann nicht mehr die Form der Einberufung bestimmen. Die Einberufung muß vielmehr durch Veröffentlichung in allen Gesellschaftsblättern, mindestens also im Deutschen Reichsanzeiger (§ 18), erfolgen und bestimmten Mindestanforderungen genügen (§ 105 Abs. 2). Ihre Verletzung macht die gefaßten Beschlüsse nichtig (§ 195 Nr. 1). Auch der Streit, ob die Hauptversammlung an jeden Ort des Deutschen Reichs einberufen werden kann, wird durch § 105 Abs. 3 beseitigt. Grundsätzlich soll die Hauptversammlung am Sitz der Gesellschaft stattfinden. Bei Aktiengesellschaften, deren Aktien an einer Börse zugelassen sind, kann sie auch am Sitz dieser Börse abgehalten werden. In beiden Fällen kann die Satzung etwas anderes bestimmen. In der Praxis hat es sich weiter als erheblicher Mißstand herausgestellt, daß keine Einigkeit darüber bestand, welche Bedeutung einer Einberufung zukommt, die von einem Vorstand ausging, dessen Bestellung nichtig oder der bereits abberufen war. § 105 Abs. 1 Satz 2 erklärt nunmehr Personen, die als Vorstand im Handelsregister eingetragen sind, als zur Einberufung befugt.

Das Verzeichnis der Teilnehmer (§ 110) hat eine weitere Aufgliederung erfahren. Zunächst wird ausdrücklich festgestellt, daß außer den Namen der erschienenen Aktionäre und der Vertreter von Aktionären auch der Name der vertretenen Aktionäre in das Verzeichnis aufzunehmen ist. Diese Änderung entspricht der bereits für § 258 HGB. von der herrschenden Lehre vertretenen Auffassung. Neues Recht bringt jedoch § 110 Satz 2 für die Legitimationsübertragung. Sie trat bisher im Verzeichnis nicht zutage,

---

[1]) Hier S. 282.

da der Legitimationszessionar sein Stimmrecht im eigenen Namen ausübt. Nunmehr muß jeder, der im eigenen Namen das Stimmrecht für Aktien ausüben will, die ihm nicht gehören, den Betrag und die Gattung dieser Aktien besonders im Verzeichnis angeben. Diese Vorschrift bezweckt eine Offenlegung der wahren Besitzverhältnisse an den Aktien. Der Vorstand, die Gesellschaft und ihre Aktionäre haben ein Recht zu wissen, ob derjenige, der Stimmrechte ausübt und damit entscheidend in die Verhältnisse der Gesellschaft eingreift, seine Machtstellung aus eigenem oder fremden Aktienbesitz herleitet. Ihre Einstellung gegenüber den Ansprüchen eines Aktionärs kann durch diese Kenntnis grundlegend beeinflußt werden. Die Vorschrift wird sich hauptsächlich für das vom Entwurf unter bestimmten Bedingungen zugelassene Bankenstimmrecht auswirken. Ihre Befolgung ist durch eine Strafbestimmung sichergestellt (§ 300 Nr. 4).

Die Niederschrift über die in der Hauptversammlung gefaßten Beschlüsse (§ 111) muß nunmehr die Art und das Ergebnis der Abstimmung und die Feststellung des Vorsitzers über die Beschlußfassung angeben. Damit weicht die Bestimmung von § 259 HGB. ab, der nur die Angabe der Art und des Ergebnisses der Beschlußfassung vorsah, wobei streitig war, ob das Ergebnis der Abstimmung und die vom Vorsitzer über die Beschlußfassung getroffene Feststellung anzugeben waren.

2. Auskunftsrecht.

Das Auskunftsrecht des Aktionärs mußte gegenüber dem geltenden Recht eine grundlegende Änderung erfahren. Die herrschende Lehre nimmt an, daß die Mehrheit in der Hauptversammlung darüber zu entscheiden hat, ob einem Aktionär Auskunft zu erteilen ist oder nicht. Auf der anderen Seite gibt sie dem Aktionär, dem durch Beschluß der Hauptversammlung die Auskunfterteilung versagt worden ist, aber das Recht, den gefaßten Beschluß anzufechten mit der Behauptung, daß sein Recht auf Auskunfterteilung durch die Stellungnahme der Hauptversammlung verletzt sei. Wann jedoch eine solche Verletzung vorliegt, ist wiederum höchst streitig. Diesen in sich widerspruchsvollen und im Interesse der Rechtssicherheit unerträglichen Rechtszustand beseitigt der Entwurf. Das Fragerecht bildet für den Aktionär die Grundlage der Stimmrechtsausübung. Ohne das Fragerecht und den Anspruch auf Erteilung einer Auskunft ist er nicht in der Lage, sich die Unterlagen für die Abstimmung zu verschaffen und sachgemäß abzustimmen. Der Aktionär muß daher ein Recht auf Auskunfterteilung in der Hauptversammlung haben, das ihm durch diese nicht genommen werden kann. Dementsprechend stellt § 112 das Recht des Aktionärs auf Auskunfterteilung außer Zweifel. Es erschien weiter angebracht, auch dem Vorzugsaktionär ohne Stimmrecht, der unter gewissen Voraussetzungen stimmberechtigt werden kann, das Auskunftsrecht unabhängig vom Stimmrecht zu gewähren. Er ist nur dann in der Lage sachgemäß zu stimmen, wenn er auch schon vorher durch das Auskunftsrecht sich den nötigen Einblick in die Gesellschaft verschaffen konnte.

Sachlich erstreckt sich das Auskunftsrecht nicht nur auf die Angelegenheiten der Gesellschaft, die mit den Gegenständen der Verhandlung in Zusammenhang stehen, sondern auch auf die Beziehung zu einem Konzernunternehmen (§ 112 Abs. 1 Satz 2, § 15). Die erteilte Auskunft darf auch nicht so sein, daß sie gerade formal dem Gesetz genügt. Der Vorstand erfüllt vielmehr seine Auskunftspflicht nur, wenn die Auskunft den Grundsätzen einer gewissenhaften und getreuen Rechenschaft entspricht (§ 112 Abs. 2). Den im Einzelfall widerstreitenden Interessen des Aktionärs und der Gesellschaft oder des Staates trägt Abs. 3 Rechnung. Die Auskunft kann verweigert werden, wenn überwiegende Belange der Gesellschaft oder eines beteiligten Unternehmens oder der gemeine Nutzen von Volk und Reich es fordern.

Ob danach im Einzelfall eine Auskunft zu verweigern ist, entscheidet der Vorstand nach pflichtmäßigem Ermessen. Von der Einrichtung einer Spruchstelle zur Nachprüfung der Entscheidung sieht der Entwurf ab. Es kann erwartet werden, daß unter einer geläuterten Wirtschaftsauffassung Streitigkeiten über Auskunftserteilung zwischen Aktionär und Vorstand nicht mehr an der Tagesordnung sein werden. Soweit im Einzelfall der Vorstand eine Auskunft unter Mißbrauch seiner Ermessensfreiheit verweigern sollte, hat der Aktionär dadurch genügenden Rechtsschutz, daß er den unter Versagung der Auskunft gefaßten Beschluß anfechten kann.

3. Das Stimmrecht.

Bei der Regelung des Stimmrechts galt es vor allem, Mißständen des geltenden Rechts abzuhelfen und der durch die Beibehaltung der Mehrstimmrechtsaktien geschaffenen Sachlage Rechnung zu tragen. Es mußte vermieden werden, daß den Mehrstimmrechtsaktien in allen Fragen des gesellschaftlichen Lebens eine überragende Bedeutung zukommt. Ihre Auswirkung mußte beschränkt werden auf die Fälle, in denen dem Mehrstimmrecht nach seiner inneren Begründung eine ausschlaggebende Bedeutung beigelegt werden kann.

Ausgangspunkt für die Regelung des Stimmrechts konnte die Entscheidung des Reichsgerichts in Band 125 S. 356 bilden. Dort hat das Reichsgericht den Unterschied zwischen Stimmen- und Kapitalmehrheit herausgearbeitet und gleichzeitig zum Ausdruck gebracht, daß bei der Berechnung von gesetzlich oder satzungsmäßig vorgeschriebenen Kapitalmehrheiten das erhöhte Stimmrecht von Mehrstimmrechtsaktien nicht berücksichtigt werden dürfe. Der Entwurf stellt es dementsprechend bei allen Entscheidungen von besonderer Tragweite, für die die einfache Stimmenmehrheit des § 113 nicht ausreichen kann, auf das „bei der Beschlußfassung vertretene Grundkapital" ab. Damit wird der Schutz der Aktionäre bei diesen Entscheidungen nicht nur durch die vorgeschriebene erhöhte Mehrheit verstärkt, sondern auch und vor allem dadurch, daß bei diesen Beschlußfassungen das Mehrstimmrecht bei der Berechnung der erforderlichen Kapitalmehrheit nicht zum Zuge kommt. Seine Wirkung beschränkt sich auf die neben der Kapitalmehrheit erforderliche Stimmenmehrheit. Im praktischen Ergebnis hat das zur Folge, daß beide Gruppen von Aktionären, die Stammaktionäre und die Mehrstimmrechtsaktionäre, einheitlich vorgehen müssen, um einen positiven Beschluß zu fassen. Die Zahl solcher Beschlußfassungen von besonderer Tragweite, die nunmehr zwingend eine Kapitalmehrheit erfordern, hat der Entwurf gegenüber dem bisherigen Recht erheblich vergrößert. Als besonders erwähnenswert seien aufgeführt:

1. die Beschlußfassung über die Nachgründung (§ 45 Abs. 4),
2. die Beschlußfassung über die Satzungsänderung (§ 146 Abs. 1),
3. die Beschlußfassung über die Kapitalbeschaffung, nämlich über
   a) die Kapitalerhöhung (§ 149 Abs. 1),
   b) den Ausschluß des Bezugsrechts (§ 153 Abs. 3),
   c) die bedingte Kapitalerhöhung (§ 160 Abs. 1),
   d) das genehmigte Kapital (§ 169 Abs. 2),
   e) die Ausgabe von Wandel- oder Gewinnschuldverschreibungen oder von Genußrechten (§ 174 Abs. 1 und 3),
4. die Beschlußfassungen über die ordentliche und die vereinfachte Kapitalherabsetzung (§ 175 Abs. 1, § 182 Abs. 2),
5. die Beschlußfassungen über die Auflösung der Gesellschaft (§ 203 Abs. 1 Nr. 2) und über die Fortsetzung der aufgelösten Gesellschaft (§ 215 Abs. 1),

6. die Beschlußfassungen über die Verschmelzung (§ 234 Abs. 2, § 247 Abs. 1), über die Vermögensübertragung und die Gewinngemeinschaft (§§ 253—256) und über die Umwandlung (§§ 257, 263 Abs. 2).

Zugleich ist dafür Sorge getragen, daß auch durch die Satzung, soweit ihr Freiheit gelassen ist, in diesen Fällen nicht eine andere Stimmenmehrheit eingeführt werden kann, sondern nur eine andere Kapitalmehrheit (vgl. für den bedeutsamsten Fall § 146 Abs. 1).

Durch diese Neuregelung ist der Vorzug der Mehrstimmrechtsaktien bei allen Beschlußfassungen beschränkt, die finanzielle oder ähnliche Maßnahmen zum Gegenstand haben. Er kann sich bei allen Beschlußfassungen rein organisatorischer Art auswirken, namentlich bei der Wahl der Aufsichtsratsmitglieder. Bei diesen Beschlußfassungen kommt auch allein der Zweck des Mehrstimmrechts, der Schutz vor Überfremdung, in Frage, während die Überfremdungsgefahr bei den Beschlußfassungen finanzieller Art keine überragende Rolle spielt. Damit dürfte das Problem der Mehrstimmrechtsaktien seine wohl abgewogene Regelung gefunden haben. Im übrigen wird weiteren Mißbräuchen dadurch vorgebeugt, daß Mehrstimmrechtsaktien nur mit Genehmigung der zuständigen Minister ausgegeben werden können (§ 12 Abs. 2).

Eine Bestimmung gegen die Bildung verkappter Mehrstimmrechtsaktien enthält § 114 Abs. 2. Bisher gewährte jede Aktie das Stimmrecht, gleichgültig ob die Einlage geleistet war oder nicht. Damit konnte die Gesellschaft durch die verschieden hohe Einforderung der Einlage bei einzelnen Aktiengattungen erreichen, daß der Besitz einer bestimmten Aktiengattung deren Inhabern ein erhöhtes Stimmrecht im Verhältnis zu ihren finanziellen Leistungen gewährte als der Besitz anderer Aktien. Diese Aktionäre hatten auf Grund der Leistung von einem Viertel der Einlage die gleichen Rechte wie die Aktionäre, die die volle Einlage hatten leisten müssen. Um das zu verhindern, bestimmt § 114 Abs. 2, daß das Stimmrecht erst mit der vollständigen Leistung der Einlage beginnt. Will die Satzung einen früheren Beginn des Stimmrechts zulassen, so richtet sich die Höhe des Stimmrechts immer nach der Höhe der geleisteten Einlagen, so daß auf diese Weise kein Aktionär im Stimmrecht bevorzugt werden kann (§ 114 Abs. 2).

4. Bankenstimmrecht.

Zu den in der Öffentlichkeit am stärksten umkämpften Fragen gehört das Depotstimmrecht der Banken. Bei vorurteilsloser Betrachtung dieses bisher anerkannten Rechts glaubt der Entwurf, das Depotstimmrecht der Banken auch weiterhin zulassen zu müssen. Es darf nicht übersehen werden, daß dieses Stimmrecht überhaupt erst dazu führt, daß die freien Aktionäre in erheblichem Umfang in der Hauptversammlung vertreten sind. Ein Wegfall dieses Stimmrechts oder seine erhebliche Beschränkung würde zu einer weiteren Verödung der Hauptversammlungen führen. Die Gesellschaft würde noch mehr den Interessen einzelner Großaktionäre ausgeliefert, während die Kleinaktionäre völlig ausgeschaltet werden würden. Denn ein Zwang zur persönlichen Ausübung des Stimmrechts kann nicht ausgeübt werden. Gegenüber diesen Folgen ist das Bankenstimmrecht das gewiß kleinere Übel, mögen die Banken auch dadurch im Einzelfall eine ihnen nicht zukommende Machtposition in der Gesellschaft erlangen. Der Gefahr eines Mißbrauchs wird einmal dadurch erheblich gesteuert, daß die Banken nach § 110 angeben müssen, ob sie auf Grund eigenen Aktienbesitzes oder auf Grund von Kundenbesitz stimmen. Ferner sichert die durch das Gesetz über das Kreditwesen eingeführte Aufsicht über die Banken eine verantwortungsbewußte Ausübung des Stimmrechts im Gesamtinteresse der Gesellschaft und ihrer Aktionäre. Um dem Aktionär klar vor Augen zu führen, daß er sich seines

Stimmrechts begibt und es der Bank überträgt, ist bestimmt, daß die Ermächtigung zur Ausübung des Stimmrechts nicht mehr in den allgemeinen Geschäftsbedingungen, die ungelesen unterschrieben werden, enthalten sein darf, sondern daß sie gesondert erteilt werden muß. Außerdem ist sie zeitlich — 15 Monate — beschränkt, so daß sich der Aktionär immer wieder von neuem entscheiden muß, ob er die Bank ermächtigen will (§ 114 Abs. 4).

5. Stimmrechtsbeschränkungen.

Die gesetzlichen Stimmrechtsbeschränkungen sind in § 114 Abs. 5 und 6 enthalten.

In Abweichung vom geltenden Recht (§ 252 Abs. 2 Satz 3 HGB.) sieht der Entwurf nicht mehr vor, daß das Stimmrecht entfällt, wenn es sich um eine Beschlußfassung handelt, die die Vornahme eines Rechtsgeschäfts zwischen dem Aktionär und der Gesellschaft zum Gegenstand hat. Diese Vorschrift ist durch den Stand der Rechtsprechung, die sie sehr einengend ausgelegt hat, bedeutungslos geworden. Im Interesse der Rechtssicherheit empfiehlt es sich, sie ganz zu streichen, namentlich da durch die Vorschrift des § 197 Abs. 2 die Möglichkeit besteht, Beschlüsse anzufechten, wenn ein Aktionär mit der Ausübung des Stimmrechts gesellschaftsfremde Sondervorteile zum Schaden der Gesellschaft zu erlangen sucht.

§ 114 Abs. 6 enthält eine Erweiterung des Ausschlusses des Stimmrechts gegenüber dem geltenden Recht. Dieses verbietet nur eine Stimmrechtsausübung aus eigenen Aktien, die der Gesellschaft oder einem anderen für ihre Rechnung gehören (§ 226 Abs. 5 HGB.). Der Grundgedanke dieser Bestimmung gebietet aber die Ausdehnung des Verbots auf Aktien der Gesellschaft, die einem von ihr abhängigen Unternehmen oder einem anderen für Rechnung des abhängigen Unternehmens gehören (vgl. § 51 Abs. 1, § 65 Abs. 5 bis 7).

6. Vorzugsaktien ohne Stimmrecht.

Als einzige Ausnahme von dem Grundsatz, daß jede Aktie das Stimmrecht gewährt, läßt der Entwurf in §§ 115 bis 117 die Vorzugsaktie ohne Stimmrecht zu. Ihre Hauptbedeutung liegt auf dem Gebiet der Kapitalbeschaffung, wodurch sie neben das neu eingeführte genehmigte Kapital und die bedingte Kapitalerhöhung tritt. Sie gewährt der Gesellschaft den Vorteil, daß sie zur Zahlung von Gewinnanteilen nur bei vorhandenem entsprechenden Gewinn verpflichtet ist, im Gegensatz zu der Schuldverschreibung, die eine Verzinsungspflicht unabhängig vom Gewinn begründet. Die Stimmlosigkeit schließt die Gefahr aus, daß sich eine neue Art von Schutzaktien bildet, und beseitigt das Bedenken der Überfrembung bei Heranziehung ausländischen Kapitals. Andererseits legen die Inhaber solcher Aktien erfahrungsgemäß auf das Stimmrecht weniger Wert. Sie sind im wesentlichen an dem Ertrag der Gesellschaft interessiert. Ihr Verhältnis als Gesellschafter und damit ihr Interesse an der Gesellschaft und die damit verbundenen Rechte sind von geringerer Bedeutung.

Die Gewährung eines Vorzugs als Ersatz für die Stimmlosigkeit ist im Gesetz ausdrücklich vorgeschrieben. Die Aktien müssen bei der Verteilung des Gewinns mit einem nachzuzahlenden Vorzug ausgestattet sein (§ 115 Abs. 1). Von der gesetzlichen Festlegung einer Mindestbevorzugung ist ebenso wie von einer Begrenzung des Höchstsatzes der Bevorzugung abgesehen worden. Die vermögensrechtliche Ausgestaltung dieser Aktien wird sich nach der jeweiligen Lage des Geld- und Kapitalmarkts richten. Ebensowenig ist es angezeigt, Sondervorschriften über die Stückelung dieser Aktien zu bringen, etwa auf einen Mindestnennbetrag von 100 *RM* heruntergehen. Hiergegen sprechen ähnliche Gründe wie gegen die Zulassung eines geringfügigen Mindestnennbetrags im allgemeinen. Dagegen ist es geboten, das Vorzugsaktienkapital im Verhältnis zum Gesamtkapital zu begrenzen. Andernfalls könnten, wenn das Gesamtkapital im Verhältnis zu dem Vorzugsaktienkapital sehr gering ist, die Stammaktionäre mit dem ihnen allein zustehenden Stimmrecht die Gesellschaft beherrschen, ohne sich an der Aufbringung des Kapitals ausreichend zu beteiligen. Daher dürfen Vorzugsaktien ohne Stimmrecht nur bis zu einem Gesamtnennbetrag in Höhe der Hälfte des Gesamtnennbetrags der anderen Aktien ausgegeben werden (§ 115 Abs. 2). Die Schaffung von Vorzugsaktien ohne Stimmrecht ist nur durch Ausgabe so ausgestatteter neuer Aktien zulässig; Vorzugsaktien mit Stimmrecht kann das Stimmrecht nicht nachträglich durch Mehrheitsbeschluß entzogen werden.

Der Mangel des Stimmrechts bildet im übrigen die einzige Abweichung von der aktienrechtlichen Regelung. Das Recht auf Teilnahme an der Hauptversammlung sowie das Recht auf Auskunft werden durch den Ausschluß des Stimmrechts nicht berührt (§ 116 Abs. 1).

Da das Vorzugsrecht einen Ersatz und Ausgleich für das Fehlen des Stimmrechts bildet, läßt sich dessen Ausschluß nicht mehr rechtfertigen, wenn der Vorzug den Aktionären nicht gezahlt wird. Wird der den Vorzugsaktionären gebührende Vorzugsbetrag bei der Verteilung des Gewinns in einem Jahr nicht oder nicht vollständig gezahlt und der Rückstand im darauffolgenden Jahr nicht neben dem vollen Vorzug dieses Jahres nachgezahlt, so steht den Vorzugsaktionären das Stimmrecht so lange zu, bis die Zahlung der Rückstände nachgeholt ist (§ 116 Abs. 2).

Die Vorzugsaktionäre mußten schließlich gegen eine Aufhebung oder Beschränkung des ihnen gewährten Vorzugs durch die Stammaktionäre gesichert werden. Der Entwurf sieht deshalb vor, daß solche Beschlüsse der Hauptversammlung der Zustimmung der Vorzugsaktionäre bedürfen (§ 117 Abs. 1). Gleiches gilt, wenn ihre Rechte durch Ausgabe neuer Aktien mit vorhergehenden oder gleichstehenden Rechten beeinträchtigt werden sollen, es sei denn, daß die Schaffung dieser Aktien bereits bei der Ausgabe der Vorzugsaktien vorbehalten war (§ 117 Abs. 2). Um den Vorzugaktionären bei der Ausgabe solcher Aktien noch einen verstärkten Schutz zu geben, ist ihnen auf diese Aktien ein unentziehbares Bezugsrecht eingeräumt worden (§ 117 Abs. 2 Satz 2). Über die Zustimmung zur Aufhebung oder Beschränkung ihres Vorzugs haben die Aktionäre in gesonderter Versammlung, zu der auch gesondert einzuladen ist, Beschluß zu fassen (§ 117 Abs. 3). Wird der Vorzug aufgehoben, so gewähren die Aktien das Stimmrecht.

7. Sonderprüfung. Geltendmachung von Ersatzansprüchen.

Die Vorschriften des Entwurfs über die Sonderprüfung entsprechen im wesentlichen den Vorschriften des geltenden Rechts, die bereits durch die Aktienrechtsnovelle den heutigen Bedürfnissen angepaßt sind. Die vorgenommenen Änderungen sind meistens rein sprachlicher Art. Auch die Vorschriften über die Geltendmachung von Ersatzansprüchen sind dem geltenden Recht nachgebildet worden (§§ 122 bis 124).

Eine bedeutsame Änderung enthält allein § 123. § 269 HGB. bestimmt, daß ein Anspruch, dessen Geltendmachung die Minderheit verlangt, binnen drei Monaten seit dem Tage der Hauptversammlung geltend gemacht werden muß. Nach der Auslegung, die diese Vorschrift gefunden hat, führt das Verstreichen der Frist zur Abweisung der Klage; den Verlust des Ersatzanspruchs der Gesellschaft bewirkt es andererseits nicht. Seine Geltendmachung kann von der Mehrheit von neuem beschlossen werden, nur das Minderheitsverlangen ist hinfällig geworden und kann nicht erneut gestellt werden. Damit wirkt sich die Frist des § 269 allein gegen die von der Minderheit gestellten

Verlangen auf Geltendmachung von Ersatzansprüchen aus und es wurde von der Mehrheit versucht, die Minderheitsverlangen durch Verschleppung zu Fall zu bringen. Der Entwurf beseitigt deshalb die Ausschlußfrist und bestimmt lediglich, daß im Interesse der baldigen Befriedigung jeder Ersatzanspruch nach § 122 binnen 6 Monaten seit dem Tage der Hauptversammlung geltend gemacht werden soll. Dabei ist es gleichgültig, wer seine Geltendmachung verlangt, ob eine Mehrheit oder eine Minderheit (§ 123 Abs. 1).

Fünfter Teil

Rechnungslegung (§§ 125—144)

Erster Abschnitt

Jahresabschluß. Gewinnverteilung. Geschäftsbericht

Der fünfte Teil des Entwurfs über die Rechnungslegung führt als wesentliche Neuerung die Möglichkeit einer Feststellung des Jahresabschlusses durch den Vorstand mit Billigung des Aufsichtsrats ein (§ 125 Abs. 3). Diese Zulassung beruht auf dem Gedanken, daß in der Regel die verantwortliche Leitung der Gesellschaft auf Grund ihres Einblicks in die Geschäfte und in den Stand der Gesellschaft sowie auf Grund des Prüfungsberichts der Abschlußprüfer (§ 139) besser und leichter als der Aktionär in der Lage sein wird, die Jahresbilanz und die Gewinn- und Verlustrechnung festzustellen. Außerdem dürfte hierdurch eine wesentliche Geschäftsvereinfachung innerhalb der Gesellschaft erreicht werden. Die Feststellung des Jahresabschlusses durch den Vorstand mit Billigung des Aufsichtsrats ist daher vom Entwurf in § 125 grundsätzlich als die Form der Feststellung vorgeschrieben worden. Eine Feststellung durch die Hauptversammlung greift nur ein, wenn der vom Vorstand aufgestellte Jahresabschluß nicht die Billigung des Aufsichtsrats findet oder wenn sich Vorstand und Aufsichtsrat für eine Feststellung durch die Hauptversammlung gemeinsam entscheiden (§ 125 Abs. 4). Dazu treten noch die Fälle, in denen der Entwurf die ausschließliche Zuständigkeit der Hauptversammlung zur Feststellung des Jahresabschlusses vorsieht. Einer solchen notwendigen Feststellung durch die Hauptversammlung bedarf es außer im Falle der Abwicklung (§ 211 Abs. 2) in den Fällen, in denen bereits im Jahresabschluß des abgelaufenen Geschäftsjahrs eine noch nicht wirksam gewordene Kapitalherabsetzung oder eine zugleich mit dieser vorgenommene Kapitalerhöhung als vollzogen berücksichtigt werden sollen (§§ 188 bis 190).

Die Beschlußfassung über die Gewinnverteilung ist im Gegensatz zur Feststellung des Jahresabschlusses ausschließlich der Hauptversammlung vorbehalten worden (§ 126). Dieses Recht soll der Hauptversammlung jedoch nicht die Freiheit geben, über die Überschußbeträge ohne Rücksicht auf die wirtschaftliche Lage der Gesellschaft zu verfügen. Der Entwurf versteht daher unter Gewinnverteilung nur die Verteilung des im Jahresabschluß ausgewiesenen Reingewinns. Reingewinn ist der Überschuß der Aktivposten über die Passivposten, wobei nach § 131 Abs. 2 und 3 die für das Geschäftsjahr gemachten Abschreibungen, Wertberichtigungen, Rücklagen und Rückstellungen schon im Jahresabschluß selbst zu berücksichtigen sind. Die Beschlußfassung über die Gewinnverteilung ist somit das Recht, über den im Jahresabschluß als verteilungsfähig bestimmten Posten „Reingewinn" beschließen zu können. Hieraus folgt, daß die Beschlußfassung über die Gewinnverteilung naturgemäß in ihrer praktischen Bedeutung eine verschiedene ist, je nachdem der Vorstand mit Billigung des Aufsichtsrats oder die Hauptversammlung selbst den Jahresabschluß festgestellt hat.

Hat die Verwaltung den Jahresabschluß festgestellt, so kann die Hauptversammlung nicht mehr die für das Geschäftsjahr gemachten Abschreibungen, Wertberichtigungen,

Rücklagen und Rückstellungen beseitigen. Denn damit würde sie in das Recht des Vorstands und des Aufsichtsrats, über den Jahresabschluß selbst zu befinden, eingreifen und die wichtigste Aufgabe der Leitung eines Unternehmens, nämlich durch Schaffung von Rücklagen den Betrieb zu stärken und krisenfest zu gestalten, unmöglich machen. Dagegen kann die Hauptversammlung von der Verteilung des als verteilungsfähig ausgewiesenen Reingewinns teilweise oder ganz absehen und diese Beträge zur Bildung weiterer Abschreibungen, Wertberichtigungen, Rücklagen und Rückstellungen verwenden. In diesem Falle ist nach § 126 Abs. 3 der Vorstand verpflichtet, den bereits festgestellten Jahresabschluß diesen Wünschen anzugleichen.

Hat dagegen die Hauptversammlung den Jahresabschluß selbst festzustellen, so erhält sie damit auch die Befugnis, über die Vornahme von Abschreibungen und Wertberichtigungen sowie über die Bildung von Rücklagen und Rückstellungen selbst zu entscheiden.

Die Vorschriften der §§ 127, 128 über den Geschäftsbericht entsprechen grundsätzlich dem geltenden Recht. Der Geschäftsbericht ist in den ersten drei Monaten des Geschäftsjahrs aufzustellen und sowohl dem Aufsichtsrat (§ 127 Abs. 1) als auch der Hauptversammlung zur Verhandlung über die Entlastung, die Gewinnverteilung und die Feststellung des Jahresabschlusses im Falle des § 125 Abs. 5 vorzulegen.

Beibehalten ist vor allem die Zweiteilung des Geschäftsberichts in einen den Geschäftsverlauf und die Lage der Gesellschaft erörternden und einen den Jahresabschluß erläuternden Teil, der von den Abschlußprüfern nach §§ 135 ff. geprüft wird.

Die Vorschrift des § 130 über die gesetzliche Rücklage hat gegenüber dem geltenden Recht eine wesentliche Änderung erfahren. Während nach § 262 HGB. der „gesetzliche Reservefonds" zur Deckung eines Verlustes nur dann verwandt werden kann, wenn dieser aus dem

Jahresabschluß ersichtlich gewesen ist, also erst, nachdem bereits ein Verlustabschluß veröffentlicht worden ist, kann die gesetzliche Rücklage des Entwurfs zur Deckung eines Verlustes herangezogen werden, bevor dieser im Jahresabschluß in Erscheinung getreten ist. Für diese Regelung spricht, daß es unbillig erscheint, eine Gesellschaft zur Veröffentlichung des Verlustabschlusses zu zwingen, obwohl sie in der Lage ist, diesen Verlust aus der gesetzlichen Rücklage zu decken. Einer Verschleierung des Verlustergebnisses ist im Entwurf dadurch vorgebeugt, daß in der Gewinn- und Verlustrechnung des § 132 die Verwendung der gesetzlichen Rücklage ersichtlich gemacht werden muß.

Nach § 130 Abs. 3 darf die gesetzliche Rücklage nur zum Ausgleich von Wertminderungen und zur Deckung von sonstigen Verlusten verwandt werden. Damit ist nicht gesagt, daß bei Vorhandensein solcher Verluste die gesetzliche Rücklage stets in Anspruch genommen werden muß. Ein Vortrag des Verlusts auf neue Rechnung ist nicht ausgeschlossen.

Der Verwendung der gesetzlichen Rücklage steht im übrigen nicht entgegen, daß freie, zur Verlustdeckung bestimmte Rücklagen vorhanden sind; andererseits dürfen solche freien Rücklagen zur Verlustdeckung auch dann verwandt werden, wenn eine gesetzliche Rücklage vorhanden ist.

Für die Aufstellung und den Inhalt des Jahresabschlusses gelten allgemein — wie in § 129 Abs. 1 besonders hervorgehoben wird — die Grundsätze ordnungsmäßiger Buchführung und der Grundsatz der Bilanzklarheit, nach dem Aktionären und Gläubigern ein möglichst klarer und sicherer Einblick in die Lage der Gesellschaft gewährt werden soll. Im einzelnen sind nach § 129 Abs. 2 für die Aufstellung des Jahresabschlusses in erster Linie die besonderen aktienrechtlichen Vorschriften (§§ 130 ff.) und nächst diesen die Vorschriften des Vierten Abschnitts des Ersten Buchs des Handelsgesetzbuchs über Handelsbücher (§§ 38 ff. HGB.) zu beachten.

Die Gliederungsvorschriften des Entwurfs (§§ 131, 132) entsprechen inhaltlich im wesentlichen dem geltenden Recht (§§ 261 a bis 261 c HGB.). Sie stellen vor allem nur insoweit einen verbindlichen Rahmen auf, als nicht der Geschäftszweig eine abweichende Gliederung verlangt (§§ 131 Abs. 1, 132 Abs. 1). Da für gewisse Arten von Gesellschaften sich typische Abweichungen als notwendig erwiesen haben, ist nach § 134 Nr. 1 die Aufstellung von Formblättern für die Gliederung des Jahresabschlusses durch den Reichsminister der Justiz im Einvernehmen mit dem Reichswirtschaftsminister vorgesehen. Nach § 134 Nr. 2 können ferner im Wege der Ermächtigung für Konzernunternehmen Vorschriften über die Aufstellung des eigenen und über die Aufstellung eines gemeinschaftlichen Jahresabschlusses erlassen werden.

Die Jahresbilanz ist nach § 131 dahin zu gliedern, daß auf der Aktivseite neben den ausstehenden Einlagen auf das Grundkapital die Werte des Anlage- und Umlaufsvermögens auszuweisen sind. Nach § 131 Abs. 4 werden hierbei zum Anlagevermögen nur die Gegenstände gerechnet, die am Abschlußstichtag bestimmt sind, dauernd dem Geschäftsbetrieb der Gesellschaft zu dienen.

Unter dem Umlaufvermögen sind nach § 131 A III Nr. 11 auch Forderungen an Aufsichtsratsmitglieder auszuweisen, soweit sie nicht aus Geschäften entstanden sind, die der Betrieb der Gesellschaft gewöhnlich mit sich bringt. Auf der Passivseite sind das Grundkapital, die Rücklagen, und zwar die gesetzliche Rücklage und die freien Rücklagen, ferner Wertberichtigungen, Rückstellungen und die Verbindlichkeiten aufzuführen.

Bei den Wertberichtigungen ist die Verteilung auf das Anlage- und Umlaufvermögen gesondert anzugeben (B III). Im Interesse der Bilanzklarheit ist ferner nach Absatz 4 Satz 3 vorgeschrieben, daß die im Geschäftsjahr auf die einzelnen Posten des Anlagevermögens entfallenden Abschreibungen und Wertberichtigungen kenntlich zu machen sind; jedoch ist insoweit auch ein Vermerk im Geschäftsbericht gestattet. Durch diese Vorschrift wird vor allem erreicht, daß die Höhe der im Geschäftsjahr gemachten Abschreibungen und Wertberichtigungen auch ohne Heranziehung der vorjährigen Jahresbilanz ersichtlich werden.

Die Bedeutung des Postens „Reingewinn" in § 131 Abs. 2 und 3 ist bereits im Zusammenhang mit der Vorschrift über die Gewinnverteilung (§ 126) erörtert worden.

Bei der Gewinn- und Verlustrechnung des § 132 wird wie nach geltendem Recht (§ 261 c) von der Aufstellung einer Bruttorechnung abgesehen, damit nicht Konkurrenzunternehmen einen Einblick in die inneren Betriebsverhältnisse einer Gesellschaft gewinnen, namentlich nicht Kenntnis von der Höhe des Umsatzes erhalten. Der Gesellschaft ist gestattet, den Ertrag mit bestimmten Aufwendungen, namentlich den Aufwendungen für die gekauften Materialien und den Kosten für die bezogenen Waren zu verrechnen. Nur die in § 132 auf der Seite der Aufwendungen unter I Nr. 1 bis 8 aufgeführten Posten sind besonders auszuweisen. Da § 132 II Nr. 1 die Einbeziehung aller übrigen Aufwendungen unter die Erträge zuläßt und daher möglich ist, daß diese die Erträge übersteigen, mußte insoweit ein besonderer Gegenposten auf der Seite der Aufwendungen aufgenommen werden (§ 132 I Nr. 9).

In § 132 II Nr. 4 ist klargestellt, daß unter die außerordentlichen Erträge auch die Beträge fallen, die durch die Auflösung von Wertberichtigungen, Rückstellungen und freien Rücklagen gewonnen sind. Soweit die gesetzliche Rücklage in Anspruch genommen ist, ist dies unter II Nr. 5 besonders auszuweisen.

Die Bewertungsvorschrift des § 133 behält die bereits bewährten Bewertungsgrundsätze des geltenden

Rechts bei. Um die Materie übersichtlicher zu gestalten, sind die einzelnen Bewertungsvorschriften in einen engen Zusammenhang zu den dazugehörigen Gliederungsvorschriften gebracht worden. Es wird daher in § 133 Abs. 1 bis 3 unterschieden zwischen den Wertansätzen für die Gegenstände des Anlage- und des Umlaufvermögens.

Bei der Bewertung der Gegenstände des Anlagevermögens ist deutlich hervorgehoben worden, daß als Höchstwert die Anschaffungs- oder Herstellungskosten zu gelten haben, auch wenn der wirkliche Wert ein höherer sein sollte.

Der Entwurf sieht die Bildung stiller Rücklagen und ihre stille Auflösung entsprechend dem bisherigen Rechtszustand grundsätzlich als zulässig an. Wenn es auch vorgekommen ist, daß eine Verwaltung, die sich ihrer Pflichten nicht bewußt war, mit stillen Rücklagen Mißbrauch getrieben hat, so war doch andererseits zu berücksichtigen, daß die Ansammlung eines bestimmten Kapitalüberschusses für manchen Betrieb ein geradezu unabweisbares Bedürfnis sein kann und oft nicht anders als durch Bildung stiller Rücklagen durchführbar ist. Jede Schätzung setzt ferner einen gewissen Spielraum für die Bemessung des Werts voraus, so daß auch die praktische Durchführbarkeit eines Verbots der Unterbewertung fraglich erscheint. Aus allgemeinen volkswirtschaftlichen Erwägungen kann daher ein Verbot der stillen Rücklage nicht befürwortet werden. Der Entwurf hält daher im Einvernehmen mit der Akademie für Deutsches Recht an dem geltenden Rechtszustand fest und verbietet in der Gliederungsvorschrift des § 131 Abs. 5 nur die Bildung stiller Rücklagen durch Einstellung erdichteter Kreditoren auf der Passivseite sowie die Verrechnung von Forderungen und Verbindlichkeiten. Im übrigen dürften auch die weitgehenden Vorschriften über die Gliederung des Jahresabschlusses die Bildung stiller Rücklagen einschränken.

Zweiter Abschnitt

Prüfung des Jahresabschlusses (§§ 135—144)

Die Vorschriften über die Prüfung des Jahresabschlusses entsprechen im wesentlichen dem geltenden Recht. Auch der Entwurf hält an dem bewährten Grundgedanken fest, daß eine regelmäßige Pflichtprüfung der Rechnungsführung einer Gesellschaft im Interesse der Gesellschaft, ihrer Gläubiger und der Aktionäre liegt und damit der Erhaltung eines gesunden Aktienwesens überhaupt dient. § 135 Abs. 1 Satz 2 bestimmt deshalb, daß ein Jahresabschluß, dem keine Bilanzprüfung vorangegangen ist, nichtig ist.

Im einzelnen ist folgendes zu bemerken:

In § 135 ist der Umfang der Prüfung nicht erweitert worden. Zu prüfen ist der Jahresabschluß unter Einbeziehung der Buchführung und des Geschäftsberichts, soweit dieser den Jahresabschluß erläutert. In Abweichung von § 262 a HGB. ist jedoch vorgeschrieben, daß die Prüfung bereits zu geschehen hat, bevor der Jahresabschluß dem Aufsichtsrat nach § 125 Abs. 1 vorgelegt wird. Diese Änderung war notwendig, da der Entwurf eine Feststellung des Jahresabschlusses durch den Vorstand unter Billigung des Aufsichtsrats zuläßt.

Das Recht der Hauptversammlung, die Abschlußprüfer zu bestellen, hat keine Änderung erfahren (§ 136). Dagegen ist der Kreis der wählbaren Personen nach § 137 wesentlich eingeengt worden, um eine sachgerechte und unabhängige Prüfung zu gewährleisten. Als Abschlußprüfer dürfen nur öffentlich bestellte Wirtschaftsprüfer oder Wirtschaftsprüfungsgesellschaften gewählt oder bestellt werden (Abs. 1). In § 137 Abs. 2 ist neu namentlich bestimmt, daß ein Prüfer, der unter dem maßgebenden Einfluß einer Gesellschaft steht, nicht nur diese Gesellschaft selbst, sondern auch die sie beherrschende oder von ihr abhängige Gesellschaft nicht prüfen darf. Die gleiche Beschränkung trifft die Vorstands- und Aufsichtsratsmitglieder sowie Angestellte einer Gesellschaft.

Zur Ermöglichung einer einwandfreien und genauen Prüfung ist ferner in § 138 das Auskunftsrecht der Abschlußprüfer erweitert worden.

Bestehen Meinungsverschiedenheiten zwischen den Abschlußprüfern und dem Vorstand über die Auslegung der Vorschriften über den Jahresabschluß und den Geschäftsbericht, so ist nach § 135 Abs. 3 eine Spruchstelle berufen, diese Fragen schnell und mit Bindung für die Gerichte und Verwaltungsbehörden zu entscheiden. Die Bestimmung der Spruchstelle erfolgt durch den Reichsminister der Justiz.

In § 140 ist klargestellt, daß der Abschlußprüfer, wenn Einwendungen zu erheben sind, außer der Versagung der Bestätigung auch berechtigt ist, einen eingeschränkten Bestätigungsvermerk zu erteilen (Abs. 2). Handelt es sich um geringfügige Beanstandungen, so wird jedoch in der Regel der Erteilung eines uneingeschränkten Bestätigungsvermerks nach Abs. 1 nichts im Wege stehen.

§ 140 Abs. 3 will verhindern, daß im Geschäftsbericht der durch den Jahresabschluß gewonnene Eindruck von der Lage der Gesellschaft verfälscht und damit die Prüfung selbst entwertet wird. Obwohl nach § 135 der Geschäftsbericht nicht der Prüfung der Abschlußprüfer unterliegt, soweit in ihm der Geschäftsverlauf und die Lage der Gesellschaft dargelegt werden, so kann der Abschlußprüfer doch in dem Falle die Bestätigung versagen oder einschränken, wenn dieser offensichtlich eine falsche Darstellung von den Verhältnissen der Gesellschaft erweckt, die geeignet ist, das durch den Jahresabschluß vermittelte Bild von der Lage der Gesellschaft zu verfälschen.

§ 141 regelt die Verantwortlichkeit der Abschlußprüfer.

Nach § 142 ist der Reichsminister der Justiz ermächtigt, im Einvernehmen mit dem Reichswirtschaftsminister allgemeine Vorschriften über die Prüfung des Jahresabschlusses zu erlassen und Ausnahmen von den Vorschriften über die Prüfung des Jahresabschlusses für Gesellschaften von besonderer Art zu bewilligen sowie ergänzende oder abweichende Vorschriften zu treffen. Ausnahmen von den Prüfungsvorschriften werden namentlich für Gesellschaften in Frage kommen, die einer der aktienrechtlichen Prüfung mindestens gleichwertigen Aufsichtsprüfung unterliegen.

Nach § 143 Abs. 1 und 2 hat der Vorstand in Abweichung von § 265 Abs. 2 HGB. den festgesetzten Jahresabschluß, den Geschäftsbericht und die Bekanntmachung des Jahresabschlusses dem Handelsregister des Sitzes der Gesellschaft einzureichen. Eine Bekanntmachung des Geschäftsberichts ist wie im geltenden Recht nicht vorgeschrieben worden. Die nötigen Einreichungen zum Handelsregister sind nach § 14 HGB. durch Ordnungsstrafen erzwingbar.

Was die Form und den Inhalt der Bekanntmachung des Jahresabschlusses betrifft, so verlangt § 144, daß der Jahresabschluß in allen Veröffentlichungen und Vervielfältigungen mit dem vollen Wortlaut des Bestätigungsvermerks vollständig und richtig wiederzugeben ist. Auf eine Versagung der Bestätigung oder eine Unterlassung der Prüfung im Falle des § 142 Nr. 2 ist in einem besonderen Vermerk hinzuweisen. § 144 hindert jedoch die Gesellschaft nicht, in Berichtsform einzelne Angaben über ihren Jahresabschluß veröffentlichen zu lassen. Die Befolgung des § 144 ist durch die Strafbestimmung des § 301 gesichert. Eine Strafverfolgung tritt jedoch nur auf Antrag der amtlichen Vertretung des Handelsstands ein.

Sechster Teil

Satzungsänderung. Maßnahmen der Kapitalbeschaffung und Kapitalherabsetzung (§§ 145—194)

Vorbemerkung

Im sechsten Teil des Entwurfs werden neben den allgemeinen Vorschriften über Satzungsänderungen die Maßnahmen der Kapitalbeschaffung und Kapitalherabsetzung geregelt, die als die wichtigsten Arten einer Satzungsänderung anzusehen sind. Eine Ausnahme bildet die Vorschrift des § 174 über die Ausgabe von Wandelschuldverschreibungen und Gewinnschuldverschreibungen, die zwar keine Satzungsänderung betrifft, jedoch in engstem Zusammenhang mit den Vorschriften über die bedingte Kapitalerhöhung (§§ 159 ff.) steht.

Erster Abschnitt

Satzungsänderung (§§ 145—148)

Die Vorschriften über Satzungsänderungen entsprechen inhaltlich dem geltenden Recht (§§ 274 bis 277 HGB.). In § 145 Abs. 3 ist nach Ablauf einer bestimmten Frist, die mit der Dauer der Haftung für Gründungsschäden zusammenhängt, eine Änderung der Festsetzungen über Sondervorteile, Gründungsaufwand, Sacheinlagen und Sachübernahmen zugelassen worden.

Zweiter Abschnitt

Maßnahmen der Kapitalbeschaffung (§§ 149—174)

Als neue Kapitalbeschaffungsformen werden der Wirtschaft neben der gewöhnlichen Kapitalerhöhung des geltenden Rechts (§§ 278 ff. HGB.) die bedingte Kapitalerhöhung und das genehmigte Kapital zur Verfügung gestellt. Die ebenfalls neu eingeführte Kapitalbeschaffungsform der Vorzugsaktie ohne Stimmrecht ist bereits auf Seite 81 [1]) behandelt worden.

Kapitalerhöhung

Die gewöhnliche Kapitalerhöhung des Entwurfs (§§ 149 bis 158) entspricht im wesentlichen dem bisherigen Rechtszustand.

§ 149 regelt die für die Beschlußfassung über die Kapitalerhöhung erforderliche Form (Abs. 1), die Abstimmung bei Vorhandensein mehrerer Aktiengattungen (Abs. 2) und schreibt bei Ausgabe neuer Aktien für einen höheren als den Nennbetrag die Festsetzung des Mindestausgabebetrags im Beschluß über die Erhöhung des Grundkapitals vor (Abs. 3). Nach Abs. 4 sollen vor einer Kapitalerhöhung erst die schon vorhandenen Möglichkeiten einer Kapitalvermehrung erschöpft sein. Solange daher die Leistung noch ausstehender Geld- und Sacheinlagen möglich ist, darf das Grundkapital nicht erhöht werden. Eine Ausnahme gilt entsprechend dem geltenden Recht nur dann, wenn Einlagen in verhältnismäßig unerheblichem Umfang ausstehen. Um eine gerichtliche Nachprüfung zu ermöglichen, sind bei der Anmeldung des Beschlusses über die Erhöhung des Grundkapitals nähere Angaben über die Voraussetzungen zu machen (§ 151 Abs. 2). Bei falschen Angaben greift die Strafbestimmung des § 295 Nr. 3 ein.

§ 150 schreibt die nötigen Festsetzungen für Sacheinlagen vor. Von einer Pflichtprüfung, wie sie bei der Gründung stattfindet, sieht der Entwurf ab, um die Durchführung einer Kapitalerhöhung nicht zu erschweren. Zulässig ist nach §§ 118 ff. die Bestellung von Sonderprüfern; auch ist der Registerrichter, wie in §§ 151 Abs. 3, 155 Abs. 4 als Beispiel besonders hervorgehoben wird, bei übermäßig hoch bewerteten Sacheinlagen berechtigt, sowohl die Ein-

---

1) Hier S. 279.

tragung des Beschlusses über die Erhöhung des Grundkapitals als auch die Eintragung der Durchführung der Kapitalerhöhung abzulehnen. Die Rechtsfolgen einer verschleierten Sachkapitalerhöhung sind entsprechend § 20 Abs. 2 wie die einer verschleierten Sachgründung geregelt. Ist die Durchführung der Kapitalerhöhung eingetragen, so ist der Aktionär zur Leistung in Geld verpflichtet. Eine Heilung der verschleierten Sacheinlage ist unzulässig.

Zur Anmeldung des Beschlusses und der Durchführung der Kapitalerhöhung (§§ 151 Abs. 1, 155 Abs. 1) bedarf es nicht mehr wie nach §§ 280, 284 HGB. der Mitwirkung sämtlicher Vorstands- und Aufsichtsratsmitglieder. Es genügt die Anmeldung durch den Vorstand, d. h. eine zur Vertretung der Gesellschaft berechtigte Zahl von Vorstandsmitgliedern, und durch den Vorsitzer des Aufsichtsrats.

Die Form der Zeichnung der neuen Aktien nach § 152 entspricht dem geltenden Recht (§ 281 HGB.). Dagegen ist das Bezugsrecht neu geregelt worden. Die Möglichkeit eines Ausschlusses des Bezugsrechts durch einen mit einfacher Mehrheit gefaßten Beschluß der Hauptversammlung hat in der Praxis häufig zu einer unbilligen Beschränkung der Rechte der Aktionäre geführt und eine Kapitalbeteiligung meist unmöglich gemacht. Der Ausschluß des Bezugsrechts ist daher im Entwurf erschwert worden. Es bedarf wie bei der Kapitalherabsetzung einer Mehrheit, die mindestens drei Viertel des bei der Beschlußfassung vertretenen Grundkapitals umfaßt. Um zu vermeiden, daß die Aktionäre mit der Beschlußfassung über den Ausschluß des Bezugsrechts überrascht werden, soll der Ausschluß mindestens 2 Wochen vor dem Tage der Hauptversammlung ausdrücklich angekündigt werden (§ 153 Abs. 4, § 108 Abs. 2).

Wenn der Entwurf den Ausschluß des Bezugsrechts besonders erschwert, so ist dadurch der materielle und nicht der formelle Ausschluß des Bezugsrechts getroffen. Einen nur formellen Ausschluß des Bezugsrechts bedeutet es, wenn ein Dritter die Aktien übernimmt und sich dabei verpflichtet, sie den Aktionären zum Bezug anzubieten. Hierin liegt die übliche mittelbare Gewährung des Bezugsrechts, die nicht als ein Ausschluß des Bezugsrechts anzusehen ist, für den es einer Dreiviertelkapitalmehrheit bedarf. Voraussetzung ist dabei, daß die Rechte der Aktionäre auf Zuteilung der neuen Aktien ausreichend gesichert sind. Von einem formellen Ausschluß des Bezugsrechts kann ferner nicht die Rede sein, wenn der Bezug der neuen Aktien von Bedingungen abhängig gemacht wird, die ihn im praktischen Erfolg für die Aktionäre unmöglich machen.

Nach § 154 Abs. 1 können wie nach geltendem Recht Bezugsrechte nur unter Vorbehalt des den Aktionären zustehenden Bezugsrechts zugesichert werden. Im Anschluß an die Entscheidung des Reichsgerichts vom 7. Februar 1936 (Deutsche Justiz 1936 S. 614) stellt § 12 des Entwurfs zum Einführungsgesetz noch ausdrücklich klar, daß Rechte auf den Bezug neuer Aktien, die nach früheren Vorschriften vor dem Beschluß über die Erhöhung des Grundkapitals zulässig zugesichert worden sind, nicht mehr ausgeübt werden können.

§ 156 schreibt vor, daß mit der Eintragung der Durchführung der Erhöhung des Grundkapitals das Grundkapital erhöht ist. Damit ist eine in Theorie und Praxis sehr bestrittene Frage eindeutig entschieden worden.

Bedingte Kapitalerhöhung

Durch die Einführung der bedingten Kapitalerhöhung in das Aktienrecht wird es einer Gesellschaft in Zukunft möglich sein, eine Erhöhung des Grundkapitals zu beschließen, deren Wirkung von der Ausübung eines unentziehbar eingeräumten Bezugsrechts abhängig ist. Nach § 159 Abs. 2 ist die bedingte Kapitalerhöhung in folgenden Fällen zulässig:

1. zugunsten der Gläubiger von Schuldverschreibungen mit Umtauschrecht oder Bezugsrecht auf Aktien (Wandelschuldverschreibungen § 174),
2. zur Vorbereitung einer Verschmelzung; in diesem Fall ist das Bezugsrecht an Schuldverschreibungen nicht gebunden.

Das Umtausch- oder Bezugsrecht ist unentziehbar; es ist vor allem nach § 159 Abs. 4 auch von späteren Beschlüssen der Hauptversammlung unabhängig. Damit sind die notwendigen gesetzlichen Grundlagen geschaffen, um dem Bezugsberechtigten die sichere und beschleunigte Ausübung seines Rechts zu gewährleisten. Eine solche gesicherte Rechtsstellung wird einen großen Anreiz zur Hergabe von Kapital bieten und wirtschaftlich gerechtfertigte Verschmelzungen erleichtern.

Als eine besondere Sicherung gegen einen Mißbrauch der neuen Rechtseinrichtung schreibt § 159 Abs. 3 eine Beschränkung des Nennbetrags des bedingten Kapitals auf die Hälfte des Grundkapitals vor.

Der Beschluß der Hauptversammlung über die bedingte Kapitalerhöhung bedarf einer Mehrheit von mindestens drei Vierteln des bei der Beschlußfassung vertretenen Grundkapitals (§ 160 Abs. 1). Eine satzungsmäßige Erleichterung wie bei der gewöhnlichen Kapitalerhöhung nach § 149 Absatz 1 ist nicht vorgesehen.

Eine grundsätzliche Abweichung gegenüber dem Verfahren der gewöhnlichen Kapitalerhöhung liegt darin, daß nach § 160 bereits im Beschluß über die bedingte Kapitalerhöhung gewisse Feststellungen enthalten sein müssen, die sonst erst bei der Anmeldung der Durchführung einer Kapitalerhöhung vorliegen müssen. Diese Vorverlegung ist bedingt durch § 164 des Entwurfs, der in grundsätzlicher Abweichung von § 158 die Ausgabe der Bezugsaktien bereits vor der Eintragung der Ausgabe von Bezugsaktien zuläßt und hierdurch die Umtausch- oder Bezugsberechtigten jederzeit in den Stand setzt, in Ausübung ihres Umtausch- oder

Bezugsrechts die neuen Aktien zu verlangen. Durch § 160 Abs. 2 wird daher vermieden, daß Aktien zur Ausgabe gelangen, die nicht sämtlichen aktienrechtlichen Erfordernissen entsprechen.

§ 161 regelt die bedingte Kapitalerhöhung mit Sacheinlagen.

§ 162 enthält Vorschriften über die Anmeldung des Beschlusses über die bedingte Kapitalerhöhung und bestimmt, welche Unterlagen der Anmeldung beizufügen sind. Hierbei handelt es sich ebenfalls um solche Angaben, die bei der gewöhnlichen Kapitalerhöhung erst bei Anmeldung der Durchführung der Erhöhung des Grundkapitals zu machen sind.

Mit der Eintragung des Beschlusses über die bedingte Kapitalerhöhung ist das Grundkapital der Gesellschaft bedingt erhöht und damit der durch die Ausübung des Bezugsrechts bedingte Anspruch des Berechtigten auf Zuteilung neuer Aktien zur Entstehung gelangt. Im Interesse der Offenkundigkeit verlangt § 131 B I einen Vermerk über die Höhe des bedingten Kapitals in der Jahresbilanz.

§ 165 regelt die Ausübung des Bezugsrechts. Die Ausübung geschieht durch schriftliche Erklärung, die die gleiche Wirkung wie die Abgabe einer Zeichnungserklärung hat. Wird das Bezugsrecht ausgeübt, so hat der Vorstand die Bezugsaktien auszugeben. Mit der Ausgabe der Bezugsaktien ist nach § 167 das Grundkapital erhöht. Das bedingte Grundkapital ist zum echten Grundkapital geworden und ist als solches in der Jahresbilanz auszuweisen. Der Vorstand ist jedoch nach § 166 Abs. 1 verpflichtet, die Bezugsaktien nur in Erfüllung des von der Hauptversammlung im Beschluß über die bedingte Kapitalerhöhung festgestellten Zwecks und nicht vor der vollen Leistung des in diesem Beschluß festgestellten Gegenwerts auszugeben. Eine entsprechende Erklärung hat der Vorstand nach § 168 Abs. 3 bei der Anmeldung der Ausgabe von Bezugsaktien abzugeben, die spätestens innerhalb eines Monats nach

Ablauf des Geschäftsjahres zu geschehen hat und in der anzugeben ist, in welchem Umfang im abgelaufenen Geschäftsjahr Bezugsaktien ausgegeben sind (§ 168 Abs. 1). Nach § 295 Nr. 4 sind die Vorstandsmitglieder für die Richtigkeit ihrer Angaben strafrechtlich verantwortlich.

Die im Laufe eines Geschäftsjahres bezogenen Aktien sind im Geschäftsbericht anzugeben (§ 128 Abs. 2 Nr. 3).

Eine besondere Sicherung zur Vermeidung einer Unterpariemission von Bezugsaktien sieht § 166 Abs. 2 für den Fall vor, daß die zum Umtausch eingereichten Wandelschuldverschreibungen unter ihrem Nennbetrag ausgegeben sind. Sind Wandelschuldverschreibungen für einen höheren Betrag als den Nennbetrag der Bezugsaktien ausgegeben worden, so muß das erzielte Aufgeld nach § 130 Abs. 2 Nr. 3 in die gesetzliche Rücklage eingestellt werden.

Genehmigtes Kapital

Neben der bedingten Kapitalerhöhung wird die Zulassung des genehmigten Kapitals der Wirtschaft die Beschaffung von Kapital wesentlich erleichtern.

Die Einrichtung des genehmigten Kapitals bedeutet keine Ausnahme von dem das deutsche Aktienrecht beherrschenden Grundsatz des festen Grundkapitals. Denn unter dem genehmigten Kapital des Entwurfs ist nur eine satzungsmäßige Ermächtigung des Vorstands zu verstehen, bis zu einem bestimmten Nennbetrag neue Aktien gegen Einlagen im Wege der Kapitalerhöhung auszugeben. Durch eine solche Ermächtigung, die sowohl in der ursprünglichen Satzung als auch durch Satzungsänderung auf höchstens 5 Jahre erteilt werden kann, wird der Vorstand in die Lage versetzt, mit Zustimmung des Aufsichtsrats, jedoch ohne Befragen der Hauptversammlung, selbständig die Entschließung, ob das Grundkapital zu erhöhen ist, zu treffen und die Kapitalerhöhung durchzuführen. Auf diese Weise wird es in Zukunft einer Gesellschaft möglich sein, jede sich bietende Gelegenheit zur Kapitalbeschaffung rasch und sicher durch ihre Verwaltung auszunutzen. Durch die Einrichtung des genehmigten Kapitals wird ferner die außerhalb des geschriebenen Rechts geschaffene Vorratsaktie überflüssig werden und einen geeigneteren Ersatz finden.

Gegen eine mißbräuchliche Ausnutzung der neuen Rechtseinrichtung schreibt der Entwurf besondere Sicherungen vor.

Der Beschluß der Hauptversammlung über die Ermächtigung bedarf einer Mehrheit von mindestens drei Vierteln des bei der Beschlußfassung vertretenen Grundkapitals (§ 169 Abs. 2). Der Nennbetrag des genehmigten Kapitals darf die Hälfte des Grundkapitals nicht übersteigen (§ 169 Abs. 3). Der Betrag des genehmigten Kapitals muß im Geschäftsbericht angegeben werden (§ 128 Abs. 2 Nr. 4).

Im übrigen geht die Ausgabe der neuen Aktien in gleicher Weise vor sich wie bei einer gewöhnlichen Kapitalerhöhung. Es bedarf namentlich der Zeichnung der neuen Aktie mittels Zeichnungsscheins, auch dürfen die neuen Aktien erst nach Eintragung der Durchführung der Erhöhung des Grundkapitals in das Handelsregister ausgegeben werden (§§ 152, 158, 170). Die nach § 169 Abs. 3 Satz 2 nötige Zustimmung des Aufsichtsrats ist kein Wirksamkeitserfordernis der Aktienausgabe.

Die Bedingungen der Aktienausgabe, namentlich der Inhalt der Aktienrechte und die Regelung des Bezugsrechts werden vom Vorstand mit Zustimmung des Aufsichtsrats festgesetzt, soweit die Ermächtigung diese Fragen nicht geregelt hat (§ 171).

Die Benutzung der neuen Rechtseinrichtung des genehmigten Kapitals ist nicht auf Geldeinlagen beschränkt. Vielmehr können, wenn dies in der Ermächtigung vorgesehen ist, die neuen Aktien auch gegen Sacheinlagen ausgegeben werden (§ 172 Abs. 1). Die nötigen Festsetzungen können entweder schon in der Ermächtigung enthalten sein oder später vom Vorstand mit Zustimmung des Aufsichtsrats getroffen werden (§ 172 Abs. 2). Die Rechtsfolgen bei unwirksam festgesetzten Sacheinlagen sind die gleichen wie bei der gewöhnlichen Kapitalerhöhung (§ 172 Abs. 3). Besondere Sicherungen sind noch für den Fall vorgeschrieben, daß bereits vor Eintragung der Gesellschaft Vereinbarungen über Sacheinlagen getroffen worden sind (§ 173).

Wandelschuldverschreibungen. Gewinnschuldverschreibungen

In der Vorschrift des § 174 über Wandelschuldverschreibungen, Gewinnschuldverschreibungen und Genußrechte ist keine Neueinführung dieser Zwischenformen zwischen Aktie und Schuldverschreibung zu erblicken. Vielmehr sind diese Formen bereits nach geltendem Recht zulässig und in der Praxis in den mannigfaltigsten Formen ausgestaltet worden. Die uneingeschränkte Möglichkeit, solche Papiere zu schaffen und auszugestalten, hat jedoch zu Mißbräuchen verschiedenster Art geführt. Der Entwurf schreibt daher gewisse Sicherungen vor, die Mißbräuche dieser Rechtseinrichtung verhüten sollen.

Nach § 174 Abs. 1 ist die Ausgabe von Wandelschuldverschreibungen, Gewinnschuldverschreibungen und den diesen Papieren nach Abs. 3 gleichgestellten Genußrechten nur auf Grund eines Beschlusses der Hauptversammlung zulässig, der mit einer Mehrheit von mindestens drei Vierteln des bei der Beschlußfassung vertretenen Grundkapitals gefaßt werden muß.

Unter Wandelschuldverschreibungen versteht der Entwurf Schuldverschreibungen, bei denen den Gläubigern ein Umtausch- oder Bezugsrecht auf Aktien eingeräumt ist. Gewinnschuldverschreibungen sind Schuldverschreibungen, bei denen die Rechte der Gläubiger mit Gewinnanteilen von Aktionären in Verbindung gebracht werden. Eine solche Verbindung liegt demnach auch vor, wenn die Höhe der

Verzinsung von dem Gewinnanteil einer anderen Aktiengesellschaft als der Anleiheschuldnerin abhängt. Durch das Erfordernis einer besonderen Kapitalmehrheit wird dem Umstande Rechnung getragen, daß die Ausgabe derartiger Papiere die Rechte der Aktionäre erheblich beeinflussen kann. Diesen soll daher ein weitgehendes Mitbestimmungsrecht bei der Ausgabe eingeräumt werden. Sodann erschien es angezeigt, den Aktionären auch ein Recht auf den Bezug neu ausgegebener Papiere dieser Art zu geben (§ 174 Abs. 4).

Eine besondere Sicherung ist noch für Wandelschuldverschreibungen vorgesehen. Ihre Ausgabe bedarf einer staatlichen Genehmigung, die vom Reichsminister im Einvernehmen mit dem Reichsminister der Justiz und dem Reichsminister der Finanzen zu erteilen ist (§ 174 Abs. 2). Wie das Umtausch- oder Bezugsrecht der Wandelschuldverschreibungen im einzelnen ausgeübt wird, ergeben die Bestimmungen über die bedingte Kapitalerhöhung (§§ 159 ff.).

Dritter Abschnitt

Maßnahmen der Kapitalherabsetzung
(§§ 175 bis 194)

Als Maßnahmen der Kapitalherabsetzung sieht der Entwurf drei Grundformen vor: die ordentliche Kapitalherabsetzung (§§ 175 bis 181), die den Herabsetzungsvorschriften der §§ 288 ff. HGB. entspricht; die vereinfachte Kapitalherabsetzung (§§ 182 bis 191), die sich an die Vorschriften über die Kapitalherabsetzung in erleichterter Form in Kapitel II des Fünften Teils der Dritten Verordnung des Reichspräsidenten vom 6. Oktober 1931 (RGBl. I S. 556) und ihrer Durchführungsverordnungen anlehnt, und die Kapitalherabsetzung durch Einziehung von Aktien (§§ 192 bis 194), die ihren Vorläufer in der die Einziehung von Aktien betreffenden Vorschrift des § 227 HGB. hat.

Ordentliche Kapitalherabsetzung

Die ordentliche Kapitalherabsetzung zeichnet sich, da sie wie im bisherigen Recht für jeden Zweck einer Herabsetzung anwendbar ist, durch einen starken Gläubigerschutz aus. Nach § 178 bedarf es einer vorherigen Bereinigung der Gläubigerbeziehungen. Nötig ist die Befriedigung oder Sicherstellung der sich fristgemäß meldenden Gläubiger und die Einhaltung einer Sperrfrist vor Zahlungen an die Aktionäre. Weggefallen ist gegenüber dem geltenden Recht das für Gesellschaften sehr lästige dreimalige Gläubigeraufgebot des Vorstandes (§ 289 Abs. 2 Satz 1 und 2 HGB.) und die Sonderbenachrichtigung bekannter Gläubiger (§ 289 Abs. 2 Satz 2 HGB.). Hierdurch wird eine wesentliche Vereinfachung des Verfahrens erreicht werden. Nach dem Entwurf weist das Gericht die Gläubiger in der Bekanntmachung der Eintragung des Herabsetzungsbeschlusses auf ihre Rechte hin (§ 178 Abs. 1 Satz 2).

Das Recht auf Sicherstellung besteht auch dann, wenn keine Zahlungen auf Grund der Herabsetzung geleistet werden sollen (§ 178 Abs. 3).

Nach § 178 Abs. 1 Satz 3 haben jedoch solche Gläubiger kein Recht auf Sicherheitsleistung, die im Konkurs vorzugsweise Befriedigung aus einer nach gesetzlicher Vorschrift zu ihrem Schutz errichteten und staatlich überwachten Deckungsmasse haben. Es sind dies die Pfandbriefgläubiger der Hypotheken- und Schiffspfandbriefbanken sowie die Versicherten der Versicherungsgesellschaften (§ 35 Hyp.-BGes.; § 35 SchiffsBGes.; § 77 Vers.- u. BausparkAufs.-Ges.). Diese Gläubiger sind bereits genügend gesichert, so daß von einem besonderen Recht auf Sicherheitsleistung Abstand genommen werden kann.

Im Hinblick auf den heutigen Stand des Nachrichtenwesens ist in § 178 Abs. 2 ferner die einjährige Sperrfrist des § 289 Abs. 2 HGB. auf sechs Monate abgekürzt worden.

Der Beschluß über Herabsetzung des Grundkapitals bedarf wie bisher mindestens einer Mehrheit von drei Vierteln des bei der Beschlußfassung vertretenen Grundkapitals.

Nach § 175 Abs. 4 sind Mittel der ordentlichen Kapitalherabsetzung und nach § 182 Abs. 2 auch der vereinfachten Kapitalherabsetzung allein die Herabsetzung des Nennbetrages und die Zusammenlegung von Aktien. Zum Schutz der Aktionäre ist jedoch vorgeschrieben, daß zu einer Zusammenlegung nur geschritten werden darf, wenn ohne sie der Mindestnennbetrag für Aktien nicht innegehalten werden kann. Die Kraftloserklärung von Aktien für den Fall der Zusammenlegung regelt § 179.

Für die Anmeldung des Beschlusses über die Herabsetzung des Grundkapitals und der Durchführung der Herabsetzung genügt wie bei der gewöhnlichen Kapitalerhöhung die Mitwirkung des Vorstands und des Vorsitzers des Aufsichtsrats (§§ 176, 180 Abs. 1).

Wirksam geworden ist die Kapitalherabsetzung bereits mit der Eintragung des Beschlusses über die Herabsetzung des Grundkapitals.

Zur Erleichterung von Sanierungen läßt § 181 eine Herabsetzung des Grundkapitals unter den nach § 7 zulässigen Mindestnennbetrag zu, wenn dieser durch eine zugleich beschlossene Kapitalerhöhung wieder erreicht wird. Sacheinlagen dürfen nicht bedungen werden. Auch verlangt § 181 Abs. 2, daß die Beschlüsse über die Herabsetzung und Erhöhung des Grundkapitals und die Durchführung der Erhöhung zusammen binnen einer Frist von sechs Monaten in das Handelsregister eingetragen werden.

Vereinfachte Kapitalherabsetzung

Mit der Zulassung einer vereinfachten Kapitalherabsetzung soll die bisher für eine beschränkte Zeit eingeführte Kapitalherabsetzung in erleichterter Form, die sich in der Praxis bewährt hat, zur Dauereinrichtung werden. Die vereinfachte Kapitalherabsetzung beruht auf dem Grundgedanken, daß bei Kapitalherabsetzungen zu Zwecken der Sanierung notleidender Gesellschaften eine Abschwächung des Gläubigerschutzes geboten ist, da sonst wirtschaftlich notwendige und zur Belebung des Aktienmarkts erwünschte Herabsetzungen vereitelt werden. Eine solche Abschwächung ist auch deshalb tragbar, weil die Gläubiger bei einer bloßen Angleichung der Grundkapitalziffer an den bereits gesunkenen Vermögensstand weniger gefährdet werden als bei einer Kapitalherabsetzung, die zugleich mit einer Vermögensverminderung verbunden ist.

Der Entwurf läßt nach § 182 die vereinfachte Kapitalherabsetzung zum Ausgleich von Wertminderungen, zur Deckung sonstiger Verluste und zur Einstellung von Beträgen in die gesetzliche Rücklage zu. Das Vorliegen einer Unterbilanz ist nicht verlangt. Eine noch weitergehende Verallgemeinerung der vereinfachten Kapitalherabsetzung erschien jedoch wirtschaftlich und rechtlich bedenklich, namentlich konnte für die Bildung freier Rücklagen, die jederzeit zugunsten der Aktionäre aufgelöst werden können, eine Lockerung des Gläubigerschutzes nicht befürwortet werden.

Die nähere Ausgestaltung der vereinfachten Kapitalherabsetzung entspricht in ihren Grundzügen der erleichterten Kapitalherabsetzung des geltenden Rechts.

Die Gläubigerschutzvorschriften des § 178 finden nach § 182 Abs. 2 für die vereinfachte Kapitalherabsetzung keine Anwendung. Damit entfällt vor allem die Pflicht zur Sicherstellung von Gläubigern, deren Forderungen nicht fällig sind. Die Belange der Gläubiger werden bei der vereinfachten Herabsetzung namentlich durch eine Beschränkung der Gewinnausschüttung gewahrt. Nach § 187 sind Gewinnausschüttungen auf Grund der Herabsetzung nur zulässig, wenn die gesetzliche Rücklage zehn vom Hundert des sich durch die Herabsetzung ergebenden Grundkapitals erreicht hat und ein Gewinnanteil von nicht mehr als 4 vom Hundert gezahlt wird. Diese Beschränkung gilt auch für Gewinne früherer Geschäftsjahre und Gewinne des laufenden Geschäftsjahrs. Für eine höhere Gewinnausschüttung bedarf es stets der vorherigen Bereinigung der Gläubigerbeziehungen. Nötig ist daher in einem solchen Falle die Befriedigung oder Sicherstellung der sich meldenden Gläubiger (§ 187 Abs. 2). Die Gesellschaft hat in diesem Falle die Pflicht, ihre Gläubiger bei der Bekanntmachung des Jahresabschlusses auf deren Rechte hinzuweisen. Nach § 187 Abs. 2 ist der Reichswirtschaftsminister im Einvernehmen mit dem Reichsminister der Justiz ferner ermächtigt, die Höhe des für eine Gewinnausschüttung freien Gewinnanteils entsprechend den Bedürfnissen der Gesamtwirtschaft heraufzusetzen oder zu ermäßigen.

Die Beträge, die aus der Auflösung von Rücklagen und aus der Kapitalherabsetzung selbst gewonnen werden, dürfen nach 184 nicht zu Zahlungen an die Aktionäre verwandt werden. Sie dürfen aber, wie § 187 Abs. 3 noch besonders klarstellt, auch nicht in Form von Gewinnen zur Ausschüttung gelangen.

Im übrigen sind auf das Verfahren der vereinfachten Kapitalherabsetzung nach § 182 Abs. 2 grundsätzlich die entsprechenden Vorschriften der ordentlichen Kapitalherabsetzung sinngemäß anzuwenden. Eine weitere Voraussetzung ist in § 183 enthalten. Danach sollen, bevor in die Rechte der Aktionäre durch Herabsetzung des Nennbetrags oder Zusammenlegung ihrer Aktien eingegriffen wird, der über zehn vom Hundert des nach der Herabsetzung verbleibenden Grundkapitals hinausgehende Teil der gesetzlichen Rücklage sowie sonstige zur Verlustdeckung dienende und bereits vorhandene Rücklagen aufgelöst werden. Von diesem Zwang zur vorherigen Auflösung kann der Reichsminister der Justiz im Einvernehmen mit dem Reichswirtschaftsminister Ausnahmen zulassen.

§ 186 will im Interesse der Gläubiger die Entstehung freier Rücklagen, die jederzeit aufgelöst werden können, verhindern. Er beschränkt daher die Verwendung des sich aus der Herabsetzung ergebenden Buchgewinns bei der Einstellung von Beträgen in die gesetzliche Rücklage.

Um die Entstehung ungebundenen Vermögens zum Schutz der Gläubiger zu verhindern, schreibt § 185 vor, daß ein Unterschiedsbetrag in die gesetzliche Rücklage des § 130 einzustellen ist, wenn sich in den ersten zwei Jahren nach der Beschlußfassung über die Kapitalherabsetzung herausstellt, daß Wertminderungen oder sonstige Verluste in der angenommenen Höhe tatsächlich nicht eingetreten oder ausgeglichen waren.

Da der Ausweis von Verlustabschlüssen, die durch eine vereinfachte Kapitalherabsetzung bereinigt werden sollen, in hohem Maße kreditschädigend für eine Gesellschaft wirken kann, wird unter bestimmten Voraussetzungen nach §§ 188 bis 191 zugelassen, den durch eine Kapitalherabsetzung zu erzielenden Buchgewinn bereits im Jahresabschluß als eingetreten zu behandeln. Durch diese Rückwirkung der Kapitalherabsetzung wird eine Gesellschaft in die Lage versetzt, von der Veröffentlichung eines Verlustabschlusses abzusehen. Da es zur Sanierung einer notleidenden Gesellschaft meist der Zuführung neuer Mittel bedarf, läßt § 189 unter bestimmten Voraussetzungen auch die Rückwirkung einer zugleich mit der Kapitalherabsetzung beschlossenen Kapitalerhöhung zu. Ein Jahresabschluß, der eine künftig wirksam werdende Kapitalherabsetzung oder eine damit verbundene Kapitalerhöhung bereits als vollzogen berücksichtigen soll, kann stets nur von der Hauptversammlung festgestellt werden. Zur Verhütung von Mißbräuchen und Verschleierungen schreibt § 190 vor, daß in der Gewinn- und Verlustrechnung auf der Seite der Erträge die aus der Auflösung der Rücklagen und aus der Herabsetzung gewonnenen Beträge und auf der Seite der Aufwendungen die Verwendung dieser Beträge gesondert anzugeben sind.

Kapitalherabsetzung durch Einziehung von Aktien

Die Einziehung von Aktien behandelt der Entwurf in §§ 192 bis 194 abweichend vom geltenden Recht als einen Fall der Kapitalherabsetzung. Zwar wird durch eine Einziehung von Aktien nicht die Gesamtheit der Aktienrechte betroffen. Diese Folge ist jedoch für das Wesen einer Kapitalherabsetzung nicht wesentlich. Entscheidend ist, daß auch durch die Vernichtung einzelner Aktienrechte das Grundkapital, das der Summe der Nennbeträge sämtlicher Aktien entspricht, eine Minderung erfährt.

Nach § 192 Abs. 2 sind bei der Einziehung grundsätzlich die Vorschriften über die ordentliche Kapitalherabsetzung zu befolgen, wobei besonders hervorgehoben ist, daß auch die Zahlung eines Entgelts, das Aktionären bei einer Zwangseinziehung oder bei einem Erwerb von Aktien zum Zwecke der Einziehung gewährt wird, erst nach Ablauf der sechsmonatigen Sperrfrist und nach Befriedigung oder Sicherstellung der Gläubiger geschehen darf.

Die Vorschriften über die vereinfachte Kapitalherabsetzung sind auf die Kapitalherabsetzung durch Einziehung von Aktien nicht anwendbar. Denn da die Einziehung, wenn man von der Zwangseinziehung absieht, nur nach Erwerb durch die Gesellschaft zulässig ist, so werden in der Regel bereits beim Erwerb der einzuziehenden Aktien die Betriebsmittel der Gesellschaft geschwächt. Der Gläubigerschutz der vereinfachten Herabsetzung, der in der Beschränkung der Gewinnausschüttung besteht, würde eine durch die Leistung des Einziehungsentgelts bereits eingetretene Schädigung der Gläubiger nicht mehr beseitigen können.

Übergangsweise ist in § 13 Abs. 2 des Entwurfs zum Einführungsgesetz vorgesehen, daß vorhandene eigene Aktien, soweit sie vor dem 18. Februar 1932 erworben sind (vgl. § 1 der Verordnung zur Durchführung der Vorschriften über die Kapitalherabsetzung in erleichterter Form vom 18. Februar 1932 — Reichsgesetzbl. I S. 75 —), auch nach den Vorschriften des Aktiengesetzentwurfs über die vereinfachte Kapitalherabsetzung eingezogen werden können. Danach wird es einer Gesellschaft noch bis zum 31. Dezember 1939 möglich sein, ihren Besitz an eigenen Aktien in erleichterten Formen zu verringern. Unter besonderen Umständen kann sogar die Einziehung später erworbener Aktien zugelassen werden.

Entsprechend dem geltenden Recht läßt der Entwurf in § 192 Abs. 3 eine vereinfachte Einziehung zu, wenn vollbezahlte Aktien unentgeltlich der Gesellschaft zur Verfügung gestellt oder zu Lasten des Reingewinns oder einer freien Rücklage eingezogen werden. In diesen Fällen bedarf der Beschluß der Hauptversammlung nur der einfachen Stimmenmehrheit; auch sind besondere Gläubigerschutzvorschriften wie bei der ordentlichen und der vereinfachten Kapitalherabsetzung nicht vorgesehen. Nach § 192 Abs. 5 ist allein, um die Bindung des Gesellschaftsvermögens zu erhalten, ein dem Gesamtnennbetrag der eingezogenen Aktien gleichkommender Betrag in die gesetzliche Rücklage einzustellen. Da die gesetzliche Rücklage nach § 130 Abs. 3 zum Ausgleich von Wertverminderungen und zur Verlustdeckung verwandt werden darf, so kann auch im Wege der vereinfachten Einziehung unentgeltlich zur Verfügung gestellter Aktien die Sanierung einer notleidenden Gesellschaft erreicht werden.

§ 192 Abs. 6 bestimmt allgemein für die Kapitalherabsetzung durch Einziehung von Aktien, daß es bei satzungsmäßig angeordneter Zwangseinziehung eines Beschlusses der Hauptversammlung nicht bedarf. An seine Stelle tritt die Entscheidung des Vorstands über die Einziehung. Von einer satzungsmäßig angeordneten Zwangseinziehung kann indessen nur gesprochen werden, wenn die Bedingungen der Zwangseinziehung im wesentlichen in der Satzung festgelegt sind; andernfalls liegt nur eine gestattete Zwangseinziehung vor, für die stets ein Beschluß der Hauptversammlung notwendig ist.

§ 193 bestimmt den Zeitpunkt des Wirksamwerdens einer Kapitalherabsetzung durch Einziehung von Aktien.

Siebenter Teil

Nichtigkeit von Hauptversammlungsbeschlüssen und der vom Vorstand festgestellten Jahresabschlüsse (§§ 195—202)

Das geltende Recht bestimmt nur, wann ein Hauptversammlungsabschluß angefochten werden kann (§ 271 Abs. 1 HGB.) und gibt alsdann einige grundlegende Vorschriften für die Anfechtungsklage (§ 271 Abs. 2 bis 4, §§ 272, 273 HGB.). Daneben haben Rechtsprechung und Rechtslehre ständig die durchaus zutreffende Ansicht vertreten, daß es außer den Beschlüssen, die erst durch Anfechtung ungültig werden, auch solche Beschlüsse gibt, die von vornherein nichtig sind. Auf diese nichtigen Beschlüsse konnten §§ 271 bis 273 HGB. nicht angewandt werden. Ihre Nichtigkeit richtet sich nach allgemeinen Vorschriften und konnte jederzeit im Wege der Feststellungsklage (§ 256 ZPO.) geltend gemacht werden. Damit war die Möglichkeit gegeben, gegen Hauptversammlungsbeschlüsse auch dann noch vorzugehen, wenn die Ausschlußfrist für die Erhebung der Anfechtungsklage verstrichen war. Die Möglichkeit, die Nichtigkeit zeitlich unbeschränkt geltend zu machen, führte in Verbindung mit der Tatsache, daß die Grenze zwischen Nichtigkeit und Anfechtbarkeit nur sehr schwer zu ziehen war und auch die Rechtsprechung bei ihrer Feststellung zunächst sehr schwankte, zu einer Unsicherheit in den wirtschaftlichen Verhältnissen der Aktiengesellschaften, die auf die Dauer im Interesse einer sicheren

Grundlage für das Wirtschaftsleben nicht gestattet werden konnte.

Die Reformvorschläge bewegten sich in verschiedener Richtung. Die einen schlugen vor, den Unterschied zu beseitigen und nur die zeitlich begrenzte Anfechtung zuzulassen. Die anderen wollten grundsätzlich die Nichtigkeit beibehalten, sie aber im Interesse der Gesellschaft sachlich oder zeitlich einschränken. Schließlich wurde die Auffassung vertreten, daß eine zeitliche Beschränkung der Nichtigkeit dem Aufbau unseres gesamten Rechtssystems widerspreche und deshalb nicht verantwortet werden könne. Die Nichtigkeit müsse zeitlich unbeschränkt geltend gemacht werden können.

Der Entwurf hält eine mittlere Linie inne. Er scheidet ausdrücklich zwischen nichtigen und nur anfechtbaren Beschlüssen (§§ 195, 197). Auf diese Unterscheidung kann ohne Verstoß gegen allgemein anerkannte und im bürgerlichen Recht gefestigte Grundsätze nicht verzichtet werden. Außerdem würde die Beseitigung der Nichtigkeit dazu führen, daß sich die Hauptversammlung über sämtliche Gesetzesbestimmungen hinwegsetzen kann, wenn die Aktionäre einig sind oder niemand Anfechtungsklage erhebt. Im Einklang mit den Ergebnissen der Rechtsprechung und Rechtslehre beschränkt der Entwurf aber die Fälle der Nichtigkeit, um so einen festen Boden für die Wirtschaft schon nach Ablauf der Anfechtungsfrist zu schaffen.

§ 195 zählt die gesamten Nichtigkeitsgründe für einen Hauptversammlungsbeschluß auf.

Nr. 1 bestimmt, daß ein Beschluß nichtig ist, der in einer Hauptversammlung gefaßt worden ist, die nicht von den zuständigen Personen (§ 105 Abs. 1) oder nicht durch Veröffentlichung in allen Gesellschaftsblättern unter Angabe der Firma, der Zeit und des Orts der Hauptversammlung (§ 105 Abs. 2) einberufen worden ist. Eine Ausnahme ist für Vollversammlungen gemacht. Alle sonstigen Mängel der Einberufung bilden nur einen Anfechtungsgrund.

Nr. 2 schränkt die Nichtigkeit eines Beschlusses wegen eines Mangels in der Niederschrift ein. Das Teilnehmerverzeichnis, dessen Fehlen oder falsche Anfertigung bisher die Nichtigkeit des Beschlusses bewirkte (RG. 114 S. 204), kann nunmehr eine Nichtigkeit nicht mehr begründen.

Nr. 3 und 4 behandeln die in Rechtsprechung und Rechtslehre hauptsächlich behandelten Fälle der Nichtigkeit. Die Formulierung schließt sich eng an die Stellungnahme des Reichsgerichts in den Nichtigkeitsstreitigkeiten der letzten Zeit an. Nur ein inhaltlich gesetzwidriger Beschluß kann nichtig sein. Die Art und Weise des Zustandekommens des Beschlusses, der von einem einzelnen Aktionär beabsichtigte Zweck macht den Beschluß allenfalls anfechtbar, auch wenn dabei gegen die guten Sitten verstoßen sein sollte (vgl. auch § 197, namentlich Abs. 2). Wann eine Vorschrift ausschließlich oder überwiegend im öffentlichen Interesse gegeben ist, wird im Einzelfall zu prüfen sein. Der Begriff des öffentlichen Interesses darf nicht eng gefaßt werden. Dient eine Vorschrift nicht nur dem Schutz der beschließenden Aktionäre, sondern auch dem der Gläubiger und der künftigen Aktionäre, so bezweckt sie den Schutz der Öffentlichkeit. Gleiches gilt, wenn sie zwar nur die beschließenden Aktionäre schützen will, diese aber auf den Schutz nach dem Willen des Gesetzgebers nicht verzichten dürfen. Auch dann liegt die Einhaltung der Vorschrift im öffentlichen Interesse.

Nr. 5 dient der Klarstellung des Verhältnisses zu § 144 Abs. 2 FGG. Im Löschungsverfahren der freiwilligen Gerichtsbarkeit gelöschte Beschlüsse sind damit auch materiell nichtig.

Ist somit eine erhebliche Einschränkung der nichtigen Beschlüsse in sachlicher Beziehung erfolgt, so ist der Entwurf in § 196 noch einen Schritt weiter gegangen und hat auch eine Heilung der Nichtigkeit, wenn auch im begrenztem Umfang, zugelassen. Die Heilung konnte allerdings an die bloße Eintragung des Beschlusses im Register nur im Falle des § 195 Nr. 2 geknüpft werden. Andere Mängel durch bloße Eintragung heilen zu lassen, würde eine ungerechtfertigte Besserstellung gegenüber den nur anfechtbaren Beschlüssen bedeutet haben. Sie können nur durch Eintragung und Ablauf einer bestimmten Frist geheilt werden. Auch die dann eintretende Heilung hat nur die Wirkung, daß die Nichtigkeit nicht mehr von jedermann geltend gemacht werden kann. Das Registergericht kann auch dann noch den Beschluß gemäß § 144 Abs. 2 FGG. von Amts wegen als nichtig löschen, wenn es glaubt, daß die Beseitigung des Beschlusses, obwohl er bisher nicht angegriffen worden ist, im öffentlichen Interesse geboten ist. Diese Regelung dürfte den Vorzug haben, daß die Gesellschaft nach Eintragung und Zeitablauf damit rechnen kann, daß der Beschluß gültig ist; vor allem ist sie vor Nichtigkeitsklagen geschützt. Bestehen erhebliche Zweifel gegen die Gültigkeit des Beschlusses, kann sie den Registerrichter zu einer Nachprüfung veranlassen und ist damit vor Überraschungen gesichert. Auf der anderen Seite ist das öffentliche Interesse dadurch genügend gewahrt, daß ein solcher Beschluß auch nach seiner Heilung für die Parteien noch beseitigt werden kann, wenn es das öffentliche Interesse gebietet.

Die Anfechtbarkeit eines Beschlusses hat wie bisher eine Verletzung des Gesetzes oder der Satzung zur Voraussetzung (§ 197). Als eine Verletzung des Gesetzes wird es auch angesehen, wenn der Beschluß auf einer Stimmrechtsausübung beruht. durch die ein Aktionär gesellschaftsfremde Sondervorteile für sich oder einen Dritten zum Schaden der Gesellschaft verfolgt (§ 197 Abs. 2). Auf diesen Tatbestand wurde bisher die Mehrzahl aller Nichtigkeitsklagen gestützt. Er kann aber die Nichtigkeit nicht begründen, denn die Beschlüsse selbst sind regelmäßig „sachlich indifferent", so daß nur eine Anfechtbarkeit im Interesse aller Beteiligten gerechtfertigt ist.

§ 197 Abs. 2 bildet die notwendige Ergänzung zu § 101,

der eine Schadenersatzpflicht wegen Handelns zum Schaden der Gesellschaft zwecks Erlangung gesellschaftsfremder Sondervorteile vorsieht, aber ausdrücklich bestimmt, daß bei Verfolgung gesellschaftsfremder Vorteile durch Stimmrechtsausübung keine Ersatzpflicht besteht. Wegen der Behandlung des Widerstreits zwischen anderen schutzwürdigen Belangen und dem Gesellschaftsinteresse verweist § 197 Abs. 2 auf § 101 Abs. 3 und stellt damit auch insoweit die notwendige Übereinstimmung her.

Außer den nichtigen und den nur anfechtbaren Beschlüssen kennt der Entwurf entsprechend der Rechtsprechung des Reichsgerichts (RG. in JW. 1935, 3098) die unwirksamen Beschlüsse. Es sind das Beschlüsse der Hauptversammlung, die zu ihrer Wirksamkeit noch eines weiteren Beschlusses beteiligter Aktionärgattungen usw. bedürfen (vgl. § 146 Abs. 2, §§ 147, 149 Abs. 2, § 175 Abs. 2, § 227 Abs. 2, § 117 Abs. 1 und 2).

Die Anfechtungsbefugnis ist in § 198 im wesentlichen entsprechend dem geltenden Recht geregelt. Auch die Gestaltung der Anfechtungsklage (§ 199) entspricht den bisherigen Vorschriften; lediglich zwei Abweichungen sind zu vermerken.

Die Bestimmung über die Sicherheitsleistung ist entsprechend der Auslegung, die der bisherige § 272 Abs. 3 HGB. durch das Reichsgericht (RG. 123 S. 194) gefunden hat, an diese angeglichen worden. Die Sicherheitsleistung kann nur zur Sicherstellung eines der Gesellschaft gegen den klagenden Aktionär zustehenden Ersatzanspruchs angeordnet werden.

Für den Streitwert der Anfechtungsklage ist abweichend von den Bestimmungen der ZPO. nicht allein das Interesse des Klägers maßgebend, sondern die gesamten Verhältnisse unter Berücksichtigung des Interesses der Gesellschaft unter Aufrechterhaltung des angefochtenen Beschlusses (§ 199 Abs. 6). Damit wird für die Anfechtungsklage ein Streitwert geschaffen, der allein ihrer wahren Bedeutung gerecht wird, und es wird dem Unwesen gesteuert, daß für derartige, für das Leben der Gesellschaft einschneidende Klagen der Streitwert sich nach dem Wert einer Aktie eines oft vorgeschobenen Aktionärs richtet.

Die Rechtskraftwirkung des der Klage stattgebenden Urteils entspricht dem geltenden Recht (§ 200). Um eine schärfere Handhabe gegen verantwortungslos erhobene Anfechtungsklagen zu haben, ist in § 200 Abs. 2 die Ersatzpflicht bei unbegründeter Anfechtung, die bisher das Vorliegen einer böswilligen Handlungsweise verlangte, erweitert. Es genügt Vorsatz oder grobe Fahrlässigkeit zur Begründung der Ersatzpflicht.

§ 201 dehnt einige der Vorschriften über die Anfechtungsklage auf die neu eingeführte Nichtigkeitsklage aus. Nichtigkeitsklage in diesem Sinne ist nur die von einem Aktionär, dem Vorstand oder einem Mitglied des Vorstands oder des Aufsichtsrats gegen die Gesellschaft erhobene Klage auf Feststellung der Nichtigkeit eines Hauptversammlungsbeschlusses.

§ 202 bestimmt, unter welchen Voraussetzungen ein vom Vorstand mit Billigung des Aufsichtsrats festgestellter Jahresabschluß nichtig ist. Bei einer solchen Feststellung durch Vorstand und Aufsichtsrat handelt es sich um einen zur Geschäftsführung gehörigen Akt. Da die Geschäftsführung nach dem Entwurf beim Vorstand liegt und der Entscheidung der Hauptversammlung grundsätzlich entzogen ist, so würde es diesem Grundgedanken widersprechen, wenn die Gültigkeit eines vom Vorstand mit Billigung des Aufsichtsrats festgestellten Jahresabschlusses bei allen Gesetzes- oder Satzungsverletzungen sowie sonstigen Verstößen von jedermann in Frage gestellt werden könnte. Hierdurch würde die Feststellung durch den Vorstand ihre eigentliche Bedeutung verlieren, die nicht zuletzt darin liegt, daß der Geschäftsgang innerhalb der Gesellschaft durch eine Entscheidung der sachkundigsten Stelle vereinfacht werden soll. Der Entwurf steht daher auf dem Standpunkt, daß im Falle der Feststellung des Jahresabschlusses durch den Vorstand mit Billigung des Aufsichtsrats diese Entscheidung der Verwaltungsträger grundsätzlich endgültig ist und nicht mehr umgestoßen werden kann. Nur bei ganz schwerwiegenden Verstößen, die der Entwurf im § 202 erschöpfend aufzählt, tritt eine Nichtigkeit des Jahresabschlusses ein. Dies ist, abgesehen von dem Fehlen einer Abschlußprüfung, der Fall, wenn bei der Feststellung des Jahresabschlusses Vorstand und Aufsichtsrat nicht ordnungsmäßig mitgewirkt haben. Die Nichtigkeit eines wegen solcher förmlicher Verstöße nichtigen Jahresabschlusses kann aber nicht mehr geltend gemacht werden, wenn die Bekanntmachung des Jahresabschlusses zum Handelsregister des Sitzes der Gesellschaft eingereicht ist und seitdem sechs Monate verstrichen sind. Wegen seines Inhalts ist ein Jahresabschluß ebenso wie ein Hauptversammlungsbeschluß nur dann nichtig, wenn er mit dem Wesen der AG. unvereinbar ist oder durch seinen Inhalt Vorschriften verletzt, die ausschließlich oder überwiegend zum Schutze der Gläubiger der Gesellschaft oder sonst im öffentlichen Interesse gegeben sind oder wenn er durch seinen Inhalt gegen die guten Sitten verstößt. Eine Heilung der Nichtigkeit sieht der Entwurf bei diesen inhaltlichen Verstößen sowie beim Fehlen einer Abschlußprüfung nicht vor. Für die Klage auf Feststellung der Nichtigkeit eines vom Vorstand mit Billigung des Aufsichtsrats festgestellten Jahresabschlusses gegen die Gesellschaft finden die für die Klage auf Feststellung der Nichtigkeit eines Hauptversammlungsbeschlusses nach § 201 geltenden Vorschriften sinngemäß Anwendung.

Achter Teil

Auflösung und Nichtigkeit der Gesellschaft

1. Auflösung (§§ 203 bis 215)

Die bewährten Vorschriften des geltenden Rechts über die Auflösung konnten im wesentlichen übernommen werden. Die vorgenommenen Änderungen sind nur geringfügig, oft rein sprachlicher Art.

Das Verbot der Einmanngesellschaft, das vielfach gefordert worden ist, spricht der Entwurf nicht aus. Auf den ersten Blick erscheint es allerdings nicht gerechtfertigt, daß eine Einzelperson nicht das Vermögensrisiko für ihre Geschäfte im vollen Umfange zu übernehmen braucht, sondern sich durch Beschaffung aller Aktien einer Gesellschaft die beschränkte Haftung mit deren Vermögen sichern kann. Es scheint das dem Grundsatz der Beseitigung der Anonymität in der Wirtschaft und der Herausstellung der Verantwortung, wie sie mit dem Recht gefordert wird, zu widersprechen. Demgegenüber muß jedoch darauf hingewiesen werden, daß es Fälle gibt, in denen eine solche Beschränkung der Haftung wirtschaftlich vertretbar erscheint. Außerdem sind die Mißbräuche, aus denen heraus hauptsächlich das Verbot der Einmanngesellschaft gefordert wird, überwiegend bei kleinen Gesellschaften, meist bei Gesellschaften mit beschränkter Haftung, vorgekommen. Dadurch, daß der Entwurf das Grundkapital auf 500 000 RM erhöht, dürften für Aktiengesellschaften die Gefahren der Einmanngesellschaft erheblich eingeschränkt sein.

Zu § 211 des Entwurfs war angeregt worden, auf den Jahresabschluß einer in Abwicklung befindlichen Gesellschaft die allgemeinen Vorschriften über die Jahresbilanz anzuwenden, mindestens aber ihn der Pflichtprüfung zu unterwerfen. Die Vorschriften über die Wertansätze und die Gliederung der Jahresbilanz passen aber sachlich nicht für eine Abwicklungsbilanz. Die Prüfung der Bilanz macht außerdem der Gesellschaft nur Kosten, die in keinem Verhältnis zu dem Erfolg der Pflichtprüfung stehen. Der Entwurf hat deshalb grundsätzlich von der Übernahme der Vorschriften abgesehen. Da es aber Fälle gibt, in denen eine Pflichtprüfung trotzdem angezeigt erscheint, z. B. bei Siedlungsgesellschaften, die sofort nach Erwerb des Siedlungsgeländes in Abwicklung gehen und erst in der Abwicklung ihr eigentliches Gewerbe, die Veräußerung des Siedlungsgeländes, betreiben, ist dem Gericht die Befugnis gegeben worden, aus wichtigem Grund die Prüfung des Jahresabschlusses anzuordnen (§ 211 Abs. 3). Mit dieser elastischen Regelung dürfte dem jeweiligen tatsächlichen Bedürfnis am besten gerecht zu werden sein.

Nach dem Schluß der Abwicklung ist nach geltendem Recht von den Abwicklern das „Erlöschen der Firma" zum Register anzumelden (§ 302 Abs. 1 HGB.). Diese Vorschrift hat zu erheblichen Zweifeln Anlaß gegeben, da aus ihr nicht ersichtlich war, welche Bedeutung das Erlöschen der Firma für den Bestand der Gesellschaft haben sollte und was mit den übrigen Eintragungen zu geschehen hatte. Der Entwurf hat deshalb diese Bestimmung nicht übernommen, sondern in § 214 Abs. 1 bestimmt, daß die Abwickler den Schluß der Abwicklung anzumelden haben, daß der Schluß der Abwicklung einzutragen und die Gesellschaft zu löschen ist. Mit der Löschung beendet die Gesellschaft das Stadium der Auflösung und verschwindet aus dem Rechtsleben. Jedoch kommt der Löschung der Gesellschaft insofern keine rechtsvernichtende Bedeutung zu, als die Gesellschaft trotz der Löschung Trägerin etwa noch vorhandenen Vermögens bleibt und als nötigenfalls weitere Abwicklungsmaßnahmen vorgenommen werden können.

§ 215 paßt die Fortsetzung einer aufgelösten Gesellschaft dem durch Rechtslehre und Rechtsprechung geschaffenen neuen Rechtszustand (vgl. namentlich RG. 118 S. 337) an. Eine aufgelöste Gesellschaft kann nunmehr mit Dreiviertelkapitalmehrheit ihre Fortsetzung beschließen. Voraussetzung ist jedoch, daß noch nicht mit der Verteilung des Vermögens unter die Aktionäre begonnen ist. An diesem Erfordernis muß im Interesse der Sicherheit von Gläubigern und Aktionären festgehalten werden. Es kann nicht genügen, daß das bereits verteilte Vermögen wieder zurückgegeben werden kann. Bei der Anmeldung ist nachzuweisen, daß noch nicht mit der Verteilung des Vermögens unter die Aktionäre begonnen ist. Zur Sicherung von Gläubigern und Aktionären sind falsche Angaben bei der Führung des Nachweises unter Strafe gestellt (§ 295 Abs. 1 Nr. 5). Mit der Eintragung des Fortsetzungsbeschlusses verwandelt sich die aufgelöste Gesellschaft zurück in eine werbende.

2. Nichtigkeit (§§ 216 bis 218)

Bei den Vorschriften über die Nichtigkeit der Aktiengesellschaft gehört es im geltenden Recht zu den umstrittensten Fragen, ob die Aufzählung der Nichtigkeitsgründe im § 309 HGB. eine erschöpfende ist oder ob es daneben noch andere Nichtigkeitsgründe gibt. Der Entwurf klärt diese Frage im Einklang mit der Rechtsprechung des Reichsgerichts (RG. 114 S. 77; 121 S. 82) dahin, daß die Klage auf Nichtigerklärung nur auf die im § 216 aufgeführten Gründe gestützt werden kann. Zu einer Vermehrung der Nichtigkeitsgründe liegt kein begründeter Anlaß vor.

Im Interesse der Verkehrssicherheit hat es der Entwurf weiter für geboten erachtet, die Geltendmachung der Nichtigkeit sowohl prozessual zu beschränken als auch zeitlich zu begrenzen. Nach § 216 Abs. 2 kann nunmehr die Klage auf Nichtigerklärung bei einem heilbaren Mangel erst erhoben werden, nachdem die Gesellschaft aufgefordert worden ist, den Mangel zu beseitigen und sie dieser Aufforderung nicht nachgekommen ist. Nach Abs. 3 muß die Klage binnen 5 Jahren nach der Eintragung erhoben werden. Nach dieser Frist kann die Gesellschaft nur noch auf Grund des § 144 Abs. 1 FGG. durch den Registerrichter gelöscht werden. Im übrigen ist die Klage auf Nichtigerklärung weitgehend prozessual in Übereinstimmung mit der Anfechtungsklage gegen Hauptversammlungsbeschlüsse gebracht worden (§ 216 Abs. 4).

Zweites Buch

Kommanditgesellschaft auf Aktien

(§§ 219—232)

Die Kommanditgesellschaft auf Aktien ist in der wirtschaftlichen Bedeutung hinter der Aktiengesellschaft zurückgeblieben, da ihre Gesellschaftsform seltener benutzt wird. Dieser Grund zwingt jedoch nicht zu einer Beseitigung dieser Gesellschaftsform. Denn gerade bei der Kommanditgesellschaft auf Aktien ist bereits nach geltendem Recht die Stellung der persönlich haftenden Gesellschafter stärker als die des Vorstands einer Aktiengesellschaft ausgestaltet. Die persönlich haftenden Gesellschafter haben das Recht zur Geschäftsführung und zur Vertretung der Gesellschaft; sie sind aber ferner auch persönlich den Gläubigern der Gesellschaft unbeschränkt verantwortlich. Dem Bedürfnis nach einer selbständig das Unternehmen führenden und verantwortlichen Persönlichkeit ist daher in noch größerem Maße bei der Kommanditgesellschaft auf Aktien als bei der Aktiengesellschaft Rechnung getragen, da die persönlich haftenden Gesellschafter mit ihrer ganzen Person und ihrem ganzen Vermögen an das Unternehmen gekettet sind. Es ist daher möglich, daß die Gesellschaftsform der Kommanditgesellschaft auf Aktien in Zukunft wieder häufiger gewählt wird. Aus diesem Grunde hält der Entwurf an der Beibehaltung der Kommanditgesellschaft auf Aktien fest.

Die Vorschriften des Entwurfs über die Kommanditgesellschaft auf Aktien (§§ 219 bis 232) entsprechen grundsätzlich dem geltenden Recht. Im einzelnen ergeben sich aus der Änderung der Vorschriften über die Aktiengesellschaften zwangsläufig einige Änderungen oder Angleichungen für die Kommanditgesellschaft auf Aktien.

Inhaltlich neu ist allein § 227 Abs. 1. Nach geltendem Recht (§ 327 HGB.) haben die persönlich haftenden Gesellschafter, auch wenn sie Aktien haben, kein Stimmrecht.

Für eine derartige Beschränkung der Rechte der persönlich haftenden Gesellschafter ist indessen kein hinreichender Grund vorhanden, zumal sich daraus Mehrheitsverhältnisse ergeben können, die der wirklichen Aktienverteilung nicht entsprechen. Dagegen ist allerdings in manchen Fällen ein Ausschluß des Stimmrechts der persönlich haftenden Gesellschafter für ihre Aktien angebracht; so vor allem, wenn es sich um die Wahl oder Abberufung des Aufsichtsrats handelt. Denn der Aufsichtsrat ist bei der Kommanditgesellschaft auf Aktien derjenige Verwaltungsträger, der berufen ist, die Rechte der Aktionäre gegenüber den persönlich haftenden Gesellschaftern zu vertreten. Es erscheint ferner nicht angezeigt, den persönlich haftenden Gesellschaftern ein Stimmrecht bei ihrer und der Entlastung des Aufsichtsrats sowie bei der Bestellung von Prüfern und der Geltendmachung von Ersatzansprüchen oder dem Verzicht auf diese zu gewähren.

Nach § 228 ist für die Feststellung des Jahresabschlusses allein die Hauptversammlung zuständig. Eine Feststellung durch die persönlich haftenden Gesellschafter unter Billigung des Aufsichtsrats ist bei der Kommanditgesellschaft auf Aktien nicht vorgesehen.

Über die Möglichkeit der Umwandlung einer Aktiengesellschaft in eine Kommanditgesellschaft auf Aktien oder einer Kommanditgesellschaft auf Aktien in eine Aktiengesellschaft sowie über die Verschmelzung dieser Gesellschaften untereinander vgl. §§ 248, 257 bis 262.

Drittes Buch

Verschmelzung. Vermögensübertragung. Umwandlung

Erster Teil

Verschmelzung (§§ 233 bis 252)

Die Regelung der Verschmelzung im geltenden Recht hat sich als unzureichend herausgestellt. Einmal trug sie durch ihre enge Begrenzung auf Aktiengesellschaften untereinander den Erfordernissen der Wirtschaft nicht genügend Rechnung. Es ergab sich deshalb die Notwendigkeit, auch die Verschmelzung von Gesellschaften mit anderen Rechtsformen mit einer Aktiengesellschaft oder einer Kommanditgesellschaft auf Aktien zu ermöglichen. Außerdem stand das Verbot der Vermögensvereinigung der verschmolzenen Gesellschaften vor Ablauf des Sperrjahres (§ 306 Abs. 4, § 301 HGB.) einer wirklichen Verschmelzung der Gesellschaften, die allein erst ein gedeihliches Arbeiten auf der Grundlage der Verschmelzung ermöglichte, entgegen. Der Entwurf unterzieht daher das Recht der Verschmelzung einer grundlegenden Neuordnung. Mit Rücksicht auf die Ausdehnung der Rechtseinrichtung auch auf andere Gesellschaften als Aktiengesellschaften war es erforderlich, die Verschmelzung zusammen mit der Vermögensübertragung, der Gewinngemeinschaft und der Umwandlung in einem besonderen Dritten Buch nach den allgemeinen Vorschriften über Aktiengesellschaften und Kommanditgesellschaften auf Aktien zu regeln.

Im ersten Abschnitt ist die Verschmelzung von Aktiengesellschaften in allen ihren Einzelheiten behandelt. Die folgenden drei Abschnitte, die die Verschmelzung von Kommanditgesellschaft auf Aktien und Aktiengesellschaft und von Kommanditgesellschaften auf Aktien miteinander, die Verschmelzung einer Gesellschaft mit beschränkter Haftung mit einer Aktiengesellschaft oder einer Kommanditgesellschaft auf Aktien und schließlich die Verschmelzung einer bergrechtlichen Gewerkschaft mit einer Aktiengesellschaft oder einer Kommanditgesellschaft auf Aktien betreffen, nehmen im wesentlichen auf den ersten Abschnitt bezug und bringen nur die für den Sonderfall nötigen Abweichungen.

1. Verschmelzung von Aktiengesellschaften

§ 233 bringt als Grundlage der gesamten Neuordnung die gesetzliche Bestimmung des Wesens der Verschmelzung.

Im geltenden Recht wurde zwischen der eigentlichen „Fusion“ und der sogenannten „uneigentlichen Fusion“ unterschieden. Außerdem bestand Streit darüber, ob eine Fusion auch allein gegen Barzahlung durch die übernehmende Gesellschaft erfolgen könne. Der Entwurf bezeichnet als Verschmelzung nur die eigentliche Fusion, d. h. die Vereinigung von Aktiengesellschaften unter Ausschluß der Abwicklung. Die sogenannte „uneigentliche Fusion“, die Fusion mit Abwicklung ist in Wahrheit eine Vermögensübertragung und deshalb von dem Entwurf auch unter diesem Abschnitt behandelt worden. Eine Verschmelzung liegt ferner nur dann vor, wenn die Gegenleistung der übernehmenden Gesellschaft in Gewährung von Aktien besteht. Der Entwurf folgt damit der herrschenden Lehre, die von jeher die Gewährung von Aktien als Wesenserfordernis der Verschmelzung ansah. Nur in dem beschränkten Umfang des § 238 Abs. 2 dürfen zu den Aktien bare Zuzahlungen, in der Hauptsache zum Ausgleich von Spitzenbeträgen geleistet werden.

Um allen Einzelfällen des Lebens gerecht zu werden, namentlich um den oft müßigen Streit gleichwertiger Gesellschaften, welche Gesellschaft die übernehmende und welche die übertragende sein soll, zu vermeiden, kann die Verschmelzung auf doppelte Weise erfolgen. Bei der Verschmelzung durch Aufnahme geht das Vermögen der übertragenden Gesellschaft als Ganzes auf die übernehmende Gesellschaft über, die übertragende Gesellschaft erlischt. Bei der Verschmelzung durch Neubildung wird eine neue Gesellschaft gebildet, auf die das Vermögen jeder der sich vereinigenden Gesellschaften als Ganzes übergeht.

a) Verschmelzung durch Aufnahme

§ 234 bestimmt, daß die Verschmelzung nur zulässig ist, wenn jede der sich vereinigenden Gesellschaften sie beschließt, ausgenommen die Übernahme einer kleineren Gesellschaft, bei der es des Beschlusses der übernehmenden

Gesellschaft nicht bedarf. Der Entwurf weicht damit von dem geltenden Recht ab, das nur den Beschluß der übertragenden Gesellschaft vorsieht (§ 303 HGB.). Da die Verschmelzung aber auch geeignet ist, die Lage der Aktionäre der übernehmenden Gesellschaft günstig oder ungünstig zu beeinflussen, ist es gerechtfertigt, daß auch sie Gelegenheit haben, zu der Verschmelzung Stellung zu nehmen.

Da Verschmelzungen oft die Folge von Interessengemeinschaftsverträgen sind und bereits bei Abschluß dieser Verträge als Endentwicklung in Aussicht genommen werden, war es geboten, den Gesellschaften die Möglichkeit zu geben, entgegen der Vorschrift des § 310 BGB. Verschmelzungsverträge mit Wirkung auf einen künftigen Zeitpunkt oder ein künftiges Ereignis abzuschließen. Dem dient § 235. Um eine zeitlich unbegrenzte Bindung der Gesellschaften, die mit Rücksicht auf die nicht voraussehbare wirtschaftliche Entwicklung unerträglich wäre, zu verhindern, ist jeder Gesellschaft ein Kündigungsrecht nach Ablauf von 10 Jahren gegeben (§ 235 Abs. 2). Durch Abs. 3 wird lediglich klarstellend betont, daß während der Vertragsdauer keine Gesellschaft einseitig die Aufhebung des bedingten oder befristeten Verschmelzungsvertrags beschließen kann.

Die Verschmelzung wird in aller Regel in der Weise geschehen, daß die übernehmende Gesellschaft zur Durchführung der Verschmelzung ihr Grundkapital erhöht. Die Erhöhung des Grundkapitals unterliegt nicht wie die Gründung einer besonderen Prüfung durch unabhängige Prüfer. Es besteht infolgedessen die Gefahr, daß die Verschmelzung dazu benutzt wird, um die Vorschriften über die Nachgründung (§ 45) zu umgehen. Diesem Mißbrauch soll § 236 vorbeugen. Wird der Verschmelzungsvertrag in den ersten 2 Jahren seit Eintragung der übernehmenden Gesellschaft in das Handelsregister geschlossen, so ist nach den Vorschriften über die Nachgründung zu verfahren.

Wird zur Durchführung der Verschmelzung das Grundkapital erhöht, so ergibt sich aus dem besonderen Zweck der Kapitalerhöhung die Verwendung der neuen Aktien. § 237 paßt deshalb die Vorschriften über die Kapitalerhöhung diesem besonderen Verwendungszweck an, namentlich durch Ausschluß der Bestimmungen über die Volleinzahlung der bisher ausgegebenen Aktien, über die Zeichnung der neuen Aktien und über das Bezugsrecht.

Eine bedeutsame Neuerung des Verschmelzungsrechts enthält § 239 Abs. 3 in Verbindung mit § 242. Wenn es in der Praxis auch üblich war, der Verschmelzung eine Schlußbilanz der übertragenden Gesellschaft zugrundezulegen, so war das gesetzlich nicht vorgeschrieben. Aus dem Fehlen einer solchen Bilanz ergaben sich gewisse Schwierigkeiten für die Rechnungslegung. Es wird deshalb nunmehr die Aufstellung einer Schlußbilanz gesetzlich vorgeschrieben. Um den Gesellschaften besondere Kosten zu ersparen, ist davon abgesehen worden, eine Schlußbilanz auf den Tag der Verschmelzung oder der Beschlußfassung über die Verschmelzung zu fordern. Es genügt vielmehr eine Bilanz, die höchstens 6 Monate vor der Anmeldung der Verschmelzung liegt. Zugleich ist durch § 242 Abs. 1 vorgeschrieben, daß die Werte der Schlußbilanz für den Jahresabschluß der übernehmenden Gesellschaft als Anschaffungskosten im Sinne des § 133 Abs. 1 Nr. 1 bis 3 gelten. Damit wird eine willkürliche Bewertung der Vermögensgegenstände der übertragenden Gesellschaft durch die übernehmende verhindert und die Einheitlichkeit der Bewertung dieser Vermögensgegenstände gewahrt. § 242 Abs. 2 gestattet der übernehmenden Gesellschaft, wenn die von ihr gemachte Gegenleistung höher als die in der Schlußbilanz angesetzten Werte der übernommenen Vermögensgegenstände ist, den Unterschied durch einen Gegenposten entsprechend dem Ansatz des Geschäftswerts (§ 133 Nr. 5) auszugleichen. Der Aktivposten ist durch jährliche Abschreibungen zu tilgen.

§ 240 behandelt die mit der Eintragung der Verschmelzung zusammenhängenden Fragen. Schon für das geltende Recht wird die Auffassung vertreten, daß die Verschmelzung, wenn zu ihrer Durchführung eine Kapitalerhöhung erforderlich ist, erst dann wirksam werden kann, wenn die Durchführung der Kapitalerhöhung im Handelsregister eingetragen worden ist. Dementsprechend verbietet Absatz 1 die Eintragung der Verschmelzung vor der Eintragung der Durchführung der Kapitalerhöhung. Absatz 2 dient dem Schutz der Aktionäre der übertragenden Gesellschaft. Ein Treuhänder ist für die Entgegennahme der Aktien zu bestellen. Erst wenn dieser anzeigt, daß er im Besitz der Aktien ist, kann die Eintragung der Verschmelzung erfolgen. Die Verschmelzung ist vollzogen mit ihrer Eintragung in das Register der übertragenden Gesellschaft (Abs. 3). Da sich eine einmal vollzogene Verschmelzung nur sehr schwer rückgängig machen läßt, soll sie nicht wegen eines geringfügigen Formmangels des Verschmelzungsvertrags wieder beseitigt werden müssen. Die Eintragung heilt daher den Mangel der fehlenden Beurkundung des Vertrags (Abs. 5). Durch die Verschmelzung geht das Vermögen der übertragenden Gesellschaft einschließlich der Schulden auf die übernehmende Gesellschaft über. In der Praxis hat sich gezeigt, daß sich aus dem Zusammentreffen der von beiden Gesellschaften abgeschlossenen Verträge für die übernehmende Gesellschaft Verpflichtungen auf Lieferung oder Abnahme ergeben können, die unvereinbar sind oder deren Erfüllung für die übernehmende Gesellschaft im Rahmen ihrer Produktion schwer unbillig sein würde. Nach einem Vorschlage der Akademie ist deshalb bestimmt, daß unter den Beteiligten eine Ausgleichung ihrer Vertragsrechte und Pflichten zu erfolgen hat (Abs. 3 Satz 2).

Das geltende Recht sieht bei der Verschmelzung durch die getrennte Verwaltung des übernommenen Gesellschaftsvermögens, solange das Sperrjahr läuft, einen sehr weitgehenden Gläubigerschutz vor. Das hatte zur Folge, daß entweder wegen der Unmöglichkeit, allen Gläubigern, auch denen, die sich nicht gemeldet hatten, Sicherheit zu leisten, die Verschmelzung überhaupt unterblieb oder sich die übernehmende Gesellschaft über die getrennte Verwaltung, die praktisch nicht durchführbar war, hinwegsetzte. Da dieser Gläubigerschutz sachlich weit über das Ziel hinausschießt und den Gläubigern einen Schutz bietet, der wirtschaftlich nicht nötig ist, erschien es geboten, eine einschneidende Änderung zu treffen. Im Einklang mit dem Gläubigerschutz bei der ordentlichen Kapitalherabsetzung (§ 178 Abs. 1) haben nur die Gläubiger ein Recht auf Sicherheitsleistung, die sich auf die Aufforderung in der Bekanntmachung der Verschmelzung zum Zwecke der Sicherheitsleistung melden (§ 241 Abs. 1). Gläubigern, die ein Recht auf bevorzugte Befriedigung aus einer staatlich überwachten Deckungsmasse haben und damit gesichert sind, ist das Recht auf Sicherheitsleistung versagt (§ 241 Abs. 2). Die getrennte Verwaltung des übernommenen Vermögens ist als der Verschmelzung hinderlich beseitigt.

Um die übertragende Gesellschaft, ihre Aktionäre und Gläubiger vor einem bei der Verschmelzung entstehenden Schaden weitgehend zu schützen, ist ein besonderer Schadenersatzanspruch gegen die Verwaltungsträger der übertragenden Gesellschaft eingeführt worden. Für diesen Anspruch und alle sonstigen sich aus der Verschmelzung ergebenden Ansprüche für und gegen die übertragende Gesellschaft gilt diese als fortbestehend (§ 243). Um die Vielheit von Prozessen zu vermeiden, kann die gesamten Ansprüche der verschiedenen Geschädigten nur ein besonderer, vom Gericht bestellter Vertreter geltend machen. Ihm obliegt auch die Verteilung des erzielten Erlöses (§ 244). Die Schadensersatzpflicht der Verwaltungsträger der übernehmenden Gesellschaft richtet sich nach den allgemeinen Bestimmungen (§ 245).

Mit der Eintragung der Verschmelzung in das Register der übertragenden Gesellschaft ist diese erloschen. In Rechtslehre und Praxis hatten sich dadurch Zweifel ergeben, gegen wen die Anfechtung des Verschmelzungsbeschlusses der übertragenden Gesellschaft zu richten ist, ob vielleicht wegen Wegfall des Anfechtungsgegners die Anfechtung überhaupt ausgeschlossen ist. Der Entwurf stellt diesen Zweifel dahin klar, daß die Anfechtung gegen die übernehmende Gesellschaft zu richten ist (§ 246).

b) Verschmelzung durch Neubildung

Die Verschmelzung durch Neubildung ist im wesentlichen der Verschmelzung durch Aufnahme unter Verweisung auf diese nachgebildet (§ 247). Auch hier ist davon Abstand genommen worden, die Bildung der neuen Gesellschaft durch Einführung aller Gründungsvorschriften, namentlich durch Anordnung einer Gründungsprüfung, zu erschweren oder der Gesellschaft erhebliche Kosten zu machen. Andererseits erschien eine ähnliche Gestaltung wie in § 236 nicht ausreichend. Es mußte vielmehr vermieden werden, daß zwei neugegründete Gesellschaften unmittelbar nach der Gründung sich durch Bildung einer neuen Gesellschaft verschmelzen und dabei unerwünschte Verschleierungen erfolgen, namentlich daß unter Umgehung der Vorschriften über die Nachgründung eine versteckte Nachgründung durch die Neubildung vorgenommen wird. Die Verschmelzung durch Neubildung ist deshalb erst dann zulässig, wenn jede der sich vereinigenden Gesellschaften mindestens 2 Jahre im Handelsregister eingetragen war (§ 247 Abs. 2).

2. Verschmelzung von Kommanditgesellschaften auf Aktien und von einer Kommanditgesellschaft auf Aktien mit einer Aktiengesellschaft (§ 248)

Diese Arten der Verschmelzung sind durch allgemeine Verweisung auf die Vorschriften über die Verschmelzung von Aktiengesellschaften geregelt.

3. Verschmelzung einer Gesellschaft mit beschränkter Haftung mit einer Aktiengesellschaft oder einer Kommanditgesellschaft auf Aktien (§§ 249, 250)

Auch hier konnten im wesentlichen die Vorschriften über die Verschmelzung von Aktiengesellschaften Anwendung finden. Da die Gesellschaft mit beschränkter Haftung einer Gründungsprüfung nicht bedarf, ist, um Mißbräuche zu vermeiden, entsprechend der Verschmelzung durch Neubildung die Verschmelzung nur zulässig, wenn die Aktiengesellschaft mindestens zwei Jahre im Handelsregister eingetragen ist (§ 249 Abs. 4).

4. Verschmelzung einer bergrechtlichen Gewerkschaft mit einer Aktiengesellschaft oder einer Kommanditgesellschaft auf Aktien (§§ 251, 252)

Für diese in den bisherigen Entwürfen zum Aktienrecht nicht vorgesehene Verschmelzungsart hat sich ein Bedürfnis gezeigt. Sie konnte gleichfalls im wesentlichen durch Verweisung auf die Vorschriften über die Verschmelzung von Aktiengesellschaften geregelt werden. Einer besonderen Frist für das Bestehen der zu übernehmenden Aktiengesellschaft bedurfte es nicht. Der nötige Schutz ist dadurch gegeben, daß der Verschmelzungsbeschluß der bergrechtlichen Gewerkschaft der Bestätigung durch die Bergbehörde bedarf. Damit kann diese die nötigen Vorkehrungsmaßnahmen gegen Mißbräuche bei der Verschmelzung ergreifen.

Zweiter Teil

Vermögensübertragung. Gewinngemeinschaft (§§ 253 bis 256)

1. Vermögensübertragung

Als ersten Fall der Vermögensübertragung führt der Entwurf die sogenannte Verstaatlichung auf (§ 253). Da sie unter Ausschluß der Abwicklung erfolgt, bedurfte es einer besonderen Regelung nicht, sondern es konnte auf die im einzelnen anwendbaren Vorschriften über die Verschmelzung verwiesen werden.

Neues Recht enthält § 254; er gestattet die Übertragung des Vermögens einer Versicherungsaktiengesellschaft auf einen Versicherungsverein auf Gegenseitigkeit unter Ausschluß der Abwicklung und unter Anwendung der wesentlichsten Bestimmungen über die Verschmelzung von Aktiengesellschaften.

Die sogenannte „uneigentliche Fusion", die Vermögensübertragung mit Abwicklung, hat in § 255 eine neue Regelung gefunden. § 255 umfaßt alle übrigen Fälle der Übertragung des ganzen Vermögens einer Aktiengesellschaft oder Kommanditgesellschaft auf Aktien. Seine bedeutsamste Abweichung vom geltenden Recht liegt darin, daß fortan der Beschluß der Hauptversammlung nicht mehr notwendig die Auflösung der Gesellschaft zur Folge hat. (So § 303 Abs. 2 HGB.) Grund dieser Regelung ist das wirtschaftlich verständliche Bestreben, eine einmal erfolgte Zusammenfassung von Kapital der Wirtschaft zu erhalten und nicht ohne zwingenden Grund aufzulösen. Es ist das derselbe Gedanke, aus dem heraus die Fortsetzung einer aufgelösten Gesellschaft von ihren durch § 307 HGB. gezogenen engen Fesseln befreit worden ist (§ 215). Die Vermögensübertragung hat nunmehr die Auflösung nur noch zur Folge, wenn die Auflösung ausdrücklich von der Gesellschaft gleichzeitig oder nachträglich beschlossen wird.

2. Gewinngemeinschaft

In den Kreis der Verschmelzung und der Vermögensübertragung gehören auch die Gewinngemeinschaft sowie Verträge, durch die eine Aktiengesellschaft einem anderen den Betrieb ihres Unternehmens verpachtet oder sonst überläßt oder in denen sie sich verpflichtet, das Unternehmen für seine Rechnung zu führen. Diese Verträge bilden oft nur die Vorstufe zur Verschmelzung oder Vermögensübertragung. Es ist auch vorgekommen, daß sie den Ersatz für eine in der Hauptversammlung nicht durchsetzbare Verschmelzung abgegeben haben. Im Interesse der freien Aktionäre, die sich von der wirtschaftlichen Konzentration nichts versprechen, andererseits ihr Unternehmen auf diese Weise einem Dritten ausgeliefert sehen, war es geboten, diese Aufgabe der wirtschaftlichen Selbständigkeit einer Gesellschaft erschwerten Erfordernissen zu unterwerfen. Es ist daher für diese Verträge ein Hauptversammlungsbeschluß, der der Dreiviertelkapitalmehrheit bedarf, vorgeschrieben (§ 256). Damit stehen diese Verträge auf der gleichen Stufe mit der Verschmelzung und Vermögensübertragung. Den wirtschaftlichen Bedürfnissen für eine erleichterte Gewinngemeinschaft im Einzelfall ist dadurch genügend Rechnung getragen, daß eine Gewinngemeinschaft im Sinn dieser Bestimmung erst dann gegeben ist, wenn eine Aktiengesellschaft mehr als drei Viertel ihres gesamten Gewinns auf Grund eines oder mehrerer Verträge abzuführen hat.

Dritter Teil

Umwandlung (§§ 257 bis 287)

Das geltende Recht kennt nur eine begrenzte Zahl von Fällen der Umwandlung eines Unternehmens aus einer Gesellschaftsform in die andere unter Wahrung der Identität der Gesellschaft. Ursprünglich gab es überhaupt nur einen Fall, den der Umwandlung einer Kommanditgesellschaft auf Aktien in eine Aktiengesellschaft (§§ 332 bis 334 HGB.). Ferner konnte eine Aktiengesellschaft in eine Gesellschaft mit beschränkter Haftung durch Auflösung der Aktiengesellschaft und Neugründung einer Gesellschaft mit beschränkter Haftung in erleichterter Form zwar nicht umgewandelt, aber umgegründet werden (§§ 80, 81 GmbH.-Ges.). Durch das Umwandlungsgesetz vom 5. 7. 1934 besteht jetzt weiter die Möglichkeit, Kapitalgesellschaften in eine Personengesellschaft oder in ein Einzelunternehmen umzuwandeln. Die wirtschaftliche Entwicklung hat gezeigt, daß ein weit größeres Bedürfnis nach Umwandlungsformen besteht, als früher angenommen wurde. Abgesehen von den durch das Umwandlungsgesetz geschaffenen Umwandlungsmöglichkeiten, die nur für einen bestimmten Kreis von Gesellschaften in Frage kommen, muß auch die Möglichkeit eröffnet werden, eine Kapitalgesellschaft in eine solche mit anderer Rechtsform umzuwandeln, wenn das Kleid, das sich die Kapitalgesellschaft zunächst gegeben hatte, für sie zu klein oder zu groß geworden ist. Der Entwurf sieht deshalb in weitem Umfang Umwandlungsmöglichkeiten vor. Es können sich sämtliche Kapitalgesellschaften, die Aktiengesellschaft, die Kommanditgesellschaft auf Aktien und die Gesellschaft mit beschränkter Haftung untereinander, je nach dem praktischen Bedürfnis des Einzelfalles umwandeln. Außerdem ist noch die Umwandlung einer bergrechtlichen Gewerkschaft in eine Aktiengesellschaft oder eine Kommanditgesellschaft auf Aktien vorgesehen.

Die Umwandlung geschieht in jedem Fall unter Wahrung der Personengleichheit; nur die Rechtsform der Gesellschaft ändert sich. Eine Auflösung und Neugründung findet nicht statt. Nur eine solche Gestaltung genügt dem wirtschaftlichen Bedürfnis und vermeidet die bisher jeder „Umwandlung" entgegenstehenden oft unüberwindlichen Schwierigkeiten und Kosten. Durch diese Art der Umwandlung werden auch die beteiligten Gesellschafter grundsätzlich nicht benachteiligt. Es bleibt das Vermögen, an dem sie beteiligt waren, erhalten, so daß es einer besonderen Sicherung der Gesellschafter nicht bedarf. Eine Ausnahme bietet allein die Umwandlung einer Aktiengesellschaft oder einer Kommanditgesellschaft auf Aktien in eine Gesellschaft mit beschränkter Haftung. Hier kann eine Schädigung der Aktionäre eintreten, gegen die sie durch die Möglichkeit des Ausscheidens gesichert werden müssen.

1. Umwandlung einer Aktiengesellschaft in eine Kommanditgesellschaft auf Aktien (§§ 257 bis 259)

Die Umwandlung geschieht durch Satzungsänderung. Der Gesellschaft muß mindestens ein persönlich haftender Gesellschafter beitreten, der den Gläubigern von der Eintragung der Umwandlung ab auch für die bereits bestehenden Verbindlichkeiten unbeschränkt haftet. Für diese Umwandlung gelten die Vorschriften über die Gründungsprüfung sinngemäß, wobei der persönlich haftende Gesellschafter die Stelle der Gründer einnimmt.

Die Bedenken, die gegen diese Umwandlungsform wegen einer angeblichen Entrechtung der Aktionäre erhoben worden sind, glaubt der Entwurf nicht teilen zu können. Mögen sie für das geltende Recht eine gewisse Berechtigung gehabt haben, so können sie jetzt nicht mehr anerkannt werden, nachdem die Stellung des Vorstands in der Geschäftsführung eine ziemlich unabhängige geworden ist und damit sich die früher bestehenden Unterschiede zwischen ihm und dem persönlich haftenden Gesellschafter erheblich verwischt haben.

2. Umwandlung einer Kommanditgesellschaft auf Aktien in eine Aktiengesellschaft (§§ 260 bis 262)

Die Regelung des Entwurfs entspricht im wesentlichen dem geltenden Recht, jedoch ist von einer Sicherung der Gläubiger, wie sie § 334 HGB. vorsieht, als überflüssig Abstand genommen worden. In der Aktiengesellschaft bleibt den Gläubigern der Kommanditgesellschaft auf Aktien die bisherige Haftungsgrundlage erhalten, außerdem haften ihnen die persönlich haftenden Gesellschafter zunächst weiter.

Ihre Rechtsstellung erfährt daher keine durchgreifende Verschlechterung, die ihre Sicherung erfordert.

3. Umwandlung einer Aktiengesellschaft in eine Gesellschaft mit beschränkter Haftung (§§ 263 bis 268)

Die Umwandlung geschieht gleichfalls auf Grund eines Hauptversammlungsbeschlusses, der die neue Firma und die zur Durchführung nötigen Satzungsänderungen enthalten muß und nur mit Dreiviertelkapitalmehrheit gefaßt werden kann (§ 256 Abs. 1 bis 3).

Ein Schutz der bisherigen Aktionäre ist in zweifacher Weise vorgesehen. Einmal kann niemand in seinem Beteiligungsverhältnis an der Gesellschaft durch eine anderweite Festsetzung des Nennbetrags der Geschäftsanteile geschmälert werden. Eine Festsetzung, die ihn hindern würde, sich dem Gesamtnennbetrag seiner Aktien entsprechend an der Gesellschaft mit beschränkter Haftung zu beteiligen, bedarf seiner Zustimmung (§ 263 Abs. 4). Damit ist er gegen einen Substanzverlust durch die Umwandlung gesichert. Außerdem eröffnet ihm der Entwurf die Möglichkeit des Ausscheidens aus der Gesellschaft mit beschränkter Haftung, wenn er der Umwandlung in der Niederschrift widersprochen hat. Kein Aktionär soll gezwungen sein, die bessere Aktionäreigenschaft gegen die Stellung eines nicht so gesicherten Gesellschafters einer Gesellschaft mit beschränkter Haftung einzutauschen. Der widersprechende Gesellschafter kann der Gesellschaft mit beschränkter Haftung seinen Geschäftsanteil zur Verfügung stellen; diese hat ihn für seine Rechnung zu verkaufen (§ 268).

Da die Haftungsgrundlage der Gesellschaft mit beschränkter Haftung nicht eine so feste ist wie bei der Aktiengesellschaft, mußte ferner eine Schutzbestimmung für die Gläubiger gegen die ihnen drohenden Gefahren der Umwandlung eingeführt werden. In § 267 ist deshalb das Recht der Gläubiger auf Sicherheitsleistung entsprechend den Gläubigerschutzbestimmungen bei der ordentlichen Kapitalherabsetzung und der Verschmelzung vorgesehen worden.

4. Umwandlung einer Gesellschaft mit beschränkter Haftung in eine Aktiengesellschaft (§§ 269 bis 277)

Waren bereits bei der Umwandlung einer Aktiengesellschaft in eine Gesellschaft mit beschränkter Haftung besondere Schutzvorschriften für die Aktionäre erforderlich, so mußte dieser Schutz bei der umgekehrten Umwandlung weitgehend verstärkt werden.

Die Gesellschaft mit beschränkter Haftung ist mehr auf das persönliche Moment abgestellt als die Aktiengesellschaft. Daraus ergibt sich, daß der sonst zur Umwandlung erforderliche Beschluß mit Dreiviertelmehrheit dann nicht genügen kann, wenn die persönliche Bindung der Gesellschafter aneinander ihren Ausdruck in einer Beschränkung der Abtretbarkeit der Anteile gefunden hat. In diesem Fall bedarf die Umwandlung der Zustimmung der Gesellschafter, die sonst ihre Zustimmung zur Abtretung eines Geschäftsanteils zu geben gehabt hätten (§ 269 Abs. 2). Ferner mußte hier berücksichtigt werden, daß bei der Aktiengesellschaft nicht alle Nebenleistungsverpflichtungen zugelassen sind, die das GmbH.-Recht gestattet (vgl. § 50). Soweit daher Nebenleistungsverpflichtungen bei der Umwandlung nicht aufrechterhalten werden können, war gleichfalls für die Umwandlung die Zustimmung der betroffenen Gesellschafter zu fordern (§ 269 Abs. 2 Satz 3).

Einen weiteren Schutz für die Gesellschafter bieten die Vorschriften des § 269 Abs. 4 und § 277, die entsprechend dem umgekehrten Umwandlungsfall die Festsetzung des Nennbetrags der Aktien beschränken und ein Ausscheiden widersprechender Gesellschafter vorsehen.

Die Gründung einer Gesellschaft mit beschränkter Haftung unterliegt nicht einer besonderen Gründungsprüfung, während für die Gründung der Aktiengesellschaft eine solche vorgesehen ist. Daraus ergab sich die Notwendigkeit, die Umwandlung einer Gesellschaft mit beschränkter Haftung in eine Aktiengesellschaft einer besonderen Prüfung entsprechend der Gründungsprüfung der Aktiengesellschaft zu unterwerfen (§ 271). Andernfalls wäre es möglich, die Gründungsvorschriften für die Aktiengesellschaft durch Gründung einer Gesellschaft mit beschränkter Haftung mit anschließender Umwandlung in eine Aktiengesellschaft zu umgehen.

Da für die Aktiengesellschaft in den Vorschriften über die Rechnungslegung, namentlich über die Aufstellung der Jahresbilanz, eine weitgehende Offenlegungspflicht besteht, entsprechende Vorschriften für die Gesellschaft mit beschränkter Haftung aber fehlen, mußte weiter für die Umwandlung die Aufstellung und Bekanntmachung einer Bilanz gefordert werden, die aktienrechtlichen Grundsätzen entspricht (§ 270 Abs. 3, § 275). Nur so ist jeder Interessierte in der Lage, sich einen Einblick in die neue Aktiengesellschaft zu verschaffen.

Eines besonderen Gläubigerschutzes bedurfte es dagegen nicht. Durch die Umwandlung, verbunden mit der Gründungsprüfung und den strengen Vorschriften über die Rechnungslegung, erfahren die Rechte der Gläubiger eine stärkere Sicherung, als sie bei der Gesellschaft mit beschränkter Haftung vorhanden war.

5. Umwandlung einer bergrechtlichen Gewerkschaft in eine Aktiengesellschaft (§§ 278, 279)

Auf diese Umwandlung sind im wesentlichen die Vorschriften über die Umwandlung einer Gesellschaft mit beschränkter Haftung in eine Aktiengesellschaft sinngemäß anzuwenden.

6. Umwandlung einer Kommanditgesellschaft auf Aktien in eine Gesellschaft mit beschränkter Haftung und umgekehrt (§§ 280 bis 286)

Diese Umwandlungsarten sind den entsprechenden Umwandlungen einer Aktiengesellschaft in eine Gesellschaft mit beschränkter Haftung oder umgekehrt nachgebildet.

7. Umwandlung einer bergrechtlichen Gewerkschaft in eine Kommanditgesellschaft auf Aktien (§ 287)

Hier gelten sinngemäß die für die Umwandlung in eine Aktiengesellschaft getroffenen Bestimmungen; wegen der sich für die Kommanditgesellschaft auf Aktien ergebenden Besonderheiten sind sie durch die Bestimmungen über die Umwandlung einer Gesellschaft mit beschränkter Haftung in eine Kommanditgesellschaft auf Aktien zu ergänzen.

Viertes Buch

Aktiengesellschaft und Staat. Strafvorschriften.

Erster Teil

Aktiengesellschaft und Staat (§§ 288—293)

Der Entwurf regelt ferner die Auflösung von Aktiengesellschaften aus Gründen des öffentlichen Wohls durch den Staat. Gefährdet eine Aktiengesellschaft das Gemeinwohl, namentlich durch ein Verhalten ihrer Verwaltungsträger, das gröblich gegen das Gesetz oder gegen die Grundsätze verantwortungsbewußter Wirtschaftsführung verstößt, so kann das Reichswirtschaftsgericht auf Antrag des Reichswirtschaftsministers die Gesellschaft auflösen (§ 288 Abs. 1). Nach der Auflösung ist die Gesellschaft nach §§ 205 bis 214 abzuwickeln, wenn das Reichswirtschaftsgericht in seiner Entscheidung nichts anderes bestimmt (§ 288 Abs. 3).

§ 289 ermächtigt das Reichswirtschaftsgericht, vor der Entscheidung über die Auflösung die nötigen Anordnungen zu treffen, z. B. ein Vorstandsmitglied abzuberufen. Diese Anordnungen brauchen nicht bis zur Entscheidung der Hauptsache befristet zu werden. Sind sie unbefristet, so bleiben sie wirksam, bis die anordnende Stelle sie wieder aufhebt.

Die Zulassung ausländischer Aktiengesellschaften hat gleichfalls eine reichsrechtliche Regelung erfahren. Die Zulassung bedarf der Genehmigung des Reichswirtschaftsministers und des sonst zuständigen Reichsministers. Bestimmungen in Staatsverträgen bleiben jedoch unberührt (§ 292).

Zweiter Teil

Strafvorschriften (§§ 294—304)

Hinsichtlich der Strafvorschriften beläßt es der Entwurf im allgemeinen bei dem geltenden Rechtszustand. Soweit die Einfügung neuer Strafbestimmungen durch Änderungen des Aktienrechts notwendig wurde, sind sie bereits im Zusammenhang mit diesen Änderungen behandelt worden.

Anhang

Nebenbestimmungen

1. Auszug aus dem Handelsgesetzbuch

§ 8

Das Handelsregister wird von den Gerichten geführt.

§ 9

Die Einsicht des Handelsregisters sowie der zum Handelsregister eingereichten Schriftstücke ist jedem gestattet.

Von den Eintragungen kann eine Abschrift gefordert werden; das gleiche gilt in Ansehung der zum Handelsregister eingereichten Schriftstücke, sofern ein berechtigtes Interesse glaubhaft gemacht wird. Die Abschrift ist auf Verlangen zu beglaubigen.

Der Nachweis, wer der Inhaber einer in das Handelsregister eingetragenen Firma eines Einzelkaufmanns ist, kann Behörden gegenüber durch ein Zeugnis des Gerichts über die Eintragung geführt werden. Das gleiche gilt von dem Nachweis der Befugnis zur Vertretung eines Einzelkaufmanns oder einer Handelsgesellschaft.

Das Gericht hat auf Verlangen eine Bescheinigung darüber zu erteilen, daß bezüglich des Gegenstandes einer Eintragung weitere Eintragungen nicht vorhanden sind oder daß eine bestimmte Eintragung nicht erfolgt ist.

§ 10

Das Gericht hat die Eintragungen in das Handelsregister durch den Deutschen Reichsanzeiger und durch mindestens ein anderes Blatt bekanntzugeben. Soweit nicht das Gesetz ein anderes vorschreibt, werden die Eintragungen ihrem ganzen Inhalte nach veröffentlicht.

Mit dem Ablaufe des Tages, an welchem das letzte der die Bekanntmachung enthaltenden Blättter erschienen ist, gilt die Bekanntmachung als erfolgt.

§ 11

Das Gericht hat jährlich im Dezember die Blätter zu bezeichnen, in denen während des nächsten Jahres die im § 10 vorgesehenen Veröffentlichungen erfolgen sollen.

Wird das Handelsregister bei einem Gericht von mehreren Richtern geführt und einigen sich diese über die Bezeichnung der Blätter nicht, so wird die Bestimmung von dem im Rechtszug vorgeordneten Landgerichte getroffen; ist bei diesem Landgericht eine Kammer für Handelssachen gebildet, so tritt diese an die Stelle der Zivilkammer.

§ 12

Die Anmeldungen zur Eintragung in das Handelsregister sowie die zur Aufbewahrung bei dem Gerichte bestimmten Zeichnungen von Unterschriften sind persönlich bei dem Gerichte zu bewirken oder in öffentlich beglaubigter Form einzureichen.

Die gleiche Form ist für eine Vollmacht zur Anmeldung erforderlich. Rechtsnachfolger eines Beteiligten haben die Rechtsnachfolge soweit tunlich durch öffentliche Urkunden nachzuweisen.

§ 13

Soweit nicht in diesem Gesetzbuch ein anderes vorgeschrieben ist, sind die Eintragungen in das Handelsregister und die hierzu erforderlichen Anmeldungen und Zeichnungen von Unterschriften sowie die sonst vorgeschriebenen Einreichungen zum Handelsregister bei jedem Registergericht, in dessen Bezirke der Inhaber der Firma eine Zweigniederlassung besitzt, in gleicher Weise wie bei dem Gerichte der Hauptniederlassung zu bewirken.

Eine Eintragung bei dem Gerichte der Zweigniederlassung findet nicht statt, bevor nachgewiesen ist, daß die Eintragung bei dem Gerichte der Hauptniederlassung geschehen ist.

Diese Vorschriften kommen auch zur Anwendung, wenn sich die Hauptniederlassung im Auslande befindet. Soweit nicht das ausländische Recht eine Abweichung erforderlich macht, haben die Anmeldungen, Zeichnungen und Eintragungen bei dem Gerichte der Zweigniederlassung in gleicher Weise zu geschehen, wie wenn sich die Hauptniederlassung im Inlande befände.

§ 14

Wer verpflichtet ist, eine Anmeldung, eine Zeichnung der Unterschrift oder eine Einreichung von Schriftstücken zum Handelsregister vorzunehmen, ist hierzu von dem Registergerichte durch Ordnungsstrafen anzuhalten.

§ 15

Solange eine in das Handelsregister einzutragende Tatsache nicht eingetragen und bekanntgemacht ist, kann sie von demjenigen, in dessen Angelegenheiten sie einzutragen war, einem Dritten nicht entgegengesetzt werden, es sei denn, daß sie diesem bekannt war.

Ist die Tatsache eingetragen und bekanntgemacht worden, so muß ein Dritter sie gegen sich gelten lassen, es sei denn, daß er sie weder kannte noch kennen mußte.

Für den Geschäftsverkehr mit einer in das Handelsregister eingetragenen Zweigniederlassung ist im Sinne dieser Vorschriften die Eintragung und Bekanntmachung durch das Gericht der Zweigniederlassung entscheidend.

§ 16

Ist durch eine rechtskräftige oder vollstreckbare Entscheidung des Prozeßgerichts die Verpflichtung zur Mitwirkung bei einer Anmeldung zum Handelsregister oder ein Rechtsverhältnis, bezüglich dessen eine Eintragung zu erfolgen hat, gegen einen von mehreren bei der Vornahme der Anmeldung Beteiligten festgestellt, so genügt zur Eintragung die Anmeldung der übrigen Beteiligten. Wird die Entscheidung, auf Grund deren die Eintragung erfolgt ist, aufgehoben, so ist dies auf Antrag eines der Beteiligten in das Handelsregister einzutragen.

Ist durch eine rechtskräftige oder vollstreckbare Entscheidung des Prozeßgerichts die Vornahme einer Eintragung für unzulässig erklärt, so darf die Eintragung nicht gegen den Widerspruch desjenigen erfolgen, welcher die Entscheidung erwirkt hat.

§ 18

Ein Kaufmann, der sein Geschäft ohne Gesellschafter oder nur mit einem stillen Gesellschafter betreibt, hat seinen Familiennamen mit mindestens einem ausgeschriebenen Vornamen als Firma zu führen.

Der Firma darf kein Zusatz beigefügt werden, der ein Gesellschaftsverhältnis andeutet oder sonst geeignet ist, eine Täuschung über die Art oder den Umfang des Geschäfts oder die Verhältnisse des Geschäftsinhabers herbeizuführen. Zusätze, die zur Unterscheidung der Person oder des Geschäfts dienen, sind gestattet.

§ 22

Wer ein bestehendes Handelsgeschäft unter Lebenden oder von Todes wegen erwirbt, darf für das Geschäft die bisherige Firma mit oder ohne Beifügung eines das Nachfolgeverhältnis andeutenden Zusatzes fortführen, wenn der bisherige Geschäftsinhaber oder dessen Erben in die Fortführung der Firma ausdrücklich willigen. Die Verpflichtung einer Aktiengesellschaft oder einer Kommanditgesellschaft auf Aktien, die im § 20[1]) vorgeschriebene Bezeichnung in ihre Firma aufzunehmen, wird hierdurch nicht berührt.

Wird ein Handelsgeschäft auf Grund eines Nießbrauchs, eines Pachtvertrags oder eines ähnlichen Verhältnisses übernommen, so finden diese Vorschriften entsprechende Anwendung.

§ 23

Die Firma kann nicht ohne das Handelsgeschäft, für welches sie geführt wird, veräußert werden.

§ 25

Wer ein unter Lebenden erworbenes Handelsgeschäft unter der bisherigen Firma mit oder ohne Beifügung eines das Nachfolgeverhältnis andeutenden Zusatzes fortführt, haftet für alle im Betriebe des Geschäfts begründeten Verbindlichkeiten des früheren Inhabers. Die in

---

[1]) Jetzt §§ 4, 220 des Aktiengesetzes; vgl. § 18 Abs. 2 EG.

dem Betriebe begründeten Forderungen gelten den Schuldnern gegenüber als auf den Erwerber übergegangen, falls der bisherige Inhaber oder seine Erben in die Fortführung der Firma gewilligt haben.

Eine abweichende Vereinbarung ist einem Dritten gegenüber nur wirksam, wenn sie in das Handelsregister eingetragen und bekanntgemacht oder von dem Erwerber oder dem Veräußerer dem Dritten mitgeteilt worden ist.

Wird die Firma nicht fortgeführt, so haftet der Erwerber eines Handelsgeschäfts für die früheren Geschäftsverbindlichkeiten nur, wenn ein besonderer Verpflichtungsgrund vorliegt, insbesondere wenn die Übernahme der Verbindlichkeiten in handelsüblicher Weise von dem Erwerber bekanntgemacht worden ist.

§ 26

Ist der Erwerber des Handelsgeschäfts auf Grund der Fortführung der Firma oder auf Grund der im § 25 Abs. 3 bezeichneten Bekanntmachung für die früheren Geschäftsverbindlichkeiten haftbar, so verjähren die Ansprüche der Gläubiger gegen den früheren Inhaber mit dem Ablaufe von fünf Jahren, falls nicht nach den allgemeinen Vorschriften die Verjährung schon früher eintritt.

Die Verjährung beginnt im Falle des § 25 Abs. 1 mit dem Ende des Tages, an welchem der neue Inhaber der Firma in das Handelsregister des Gerichts der Hauptniederlassung eingetragen worden ist, im Falle des § 25 Abs. 3 mit dem Ende des Tages, an welchem die Kundmachung der Übernahme stattgefunden hat. Konnte der Gläubiger die Leistung erst in einem späteren Zeitpunkte verlangen, so beginnt die Verjährung mit diesem Zeitpunkte.

§ 30

Jede neue Firma muß sich von allen an demselben Orte oder in derselben Gemeinde bereits bestehenden und in das Handelsregister eingetragenen Firmen deutlich unterscheiden.

Hat ein Kaufmann mit einem bereits eingetragenen Kaufmanne die gleichen Vornamen und den gleichen Familiennamen und will auch er sich dieser Namen als seiner

Firma bedienen, so muß er der Firma einen Zusatz beifügen, durch den sie sich von der bereits eingetragenen Firma deutlich unterscheidet.

Besteht an dem Orte oder in der Gemeinde, wo eine Zweigniederlassung errichtet wird, bereits eine gleiche eingetragene Firma, so muß der Firma für die Zweigniederlassung ein der Vorschrift des Abs. 2 entsprechender Zusatz beigefügt werden.

Durch die Landesregierungen kann bestimmt werden, daß benachbarte Orte oder Gemeinden als ein Ort oder als eine Gemeinde im Sinne dieser Vorschriften anzusehen sind.

§ 32

Wird über das Vermögen eines Kaufmanns der Konkurs eröffnet, so ist dies von Amts wegen in das Handelsregister einzutragen. Das gleiche gilt von der Aufhebung des Eröffnungsbeschlusses sowie von der Einstellung und Aufhebung des Konkurses. Eine öffentliche Bekanntmachung der Eintragungen findet nicht statt. Die Vorschriften des § 15 bleiben außer Anwendung.

§ 37

Wer eine nach den Vorschriften dieses Abschnittes ihm nicht zustehende Firma gebraucht, ist von dem Registergerichte zur Unterlassung des Gebrauchs der Firma durch Ordnungsstrafen anzuhalten. Die Höhe der Strafen bestimmt sich nach § 14 Satz 2[1]).

Wer in seinen Rechten dadurch verletzt wird, daß ein anderer eine Firma unbefugt gebraucht, kann von diesem die Unterlassung des Gebrauchs der Firma verlangen. Ein nach sonstigen Vorschriften begründeter Anspruch auf Schadensersatz bleibt unberührt.

§ 38

Jeder Kaufmann ist verpflichtet, Bücher zu führen und in diesen seine Handelsgeschäfte und die Lage seines

---

[1]) § 14 Satz 2 ist aufgehoben durch die VO. vom 6. Februar 1924 — RGBl. I S. 44 — Art. XIV Abs. 2 Ziff. 3.

Vermögens nach den Grundsätzen ordnungsmäßiger Buchführung ersichtlich zu machen.

Er ist verpflichtet, eine Abschrift (Kopie oder Abdruck) der abgesendeten Handelsbriefe zurückzubehalten und diese Abschriften sowie die empfangenen Handelsbriefe geordnet aufzubewahren.

§ 39

Jeder Kaufmann hat bei dem Beginne seines Handelsgewerbes seine Grundstücke, seine Forderungen und Schulden, den Betrag seines baren Geldes und seine sonstigen Vermögensgegenstände genau zu verzeichnen, dabei den Wert der einzelnen Vermögensgegenstände anzugeben und einen das Verhältnis des Vermögens und der Schulden darstellenden Abschluß zu machen.

Er hat demnächst für den Schluß eines jeden Geschäftsjahrs ein solches Inventar und eine solche Bilanz aufzustellen; die Dauer des Geschäftsjahres darf zwölf Monate nicht überschreiten. Die Aufstellung des Inventars und der Bilanz ist innerhalb der einem ordnungsmäßigen Geschäftsgang entsprechenden Zeit zu bewirken.

Hat der Kaufmann ein Warenlager, bei dem nach der Beschaffenheit des Geschäfts die Aufnahme des Inventars nicht füglich in jedem Jahre geschehen kann, so genügt es, wenn sie alle zwei Jahre erfolgt. Die Verpflichtung zur jährlichen Aufstellung der Bilanz wird hierdurch nicht berührt.

§ 40

Die Bilanz ist in Reichswährung aufzustellen.

Bei der Aufstellung des Inventars und der Bilanz sind sämtliche Vermögensgegenstände und Schulden nach dem Werte anzusetzen, der ihnen in dem Zeitpunkte beizulegen ist, für welchen die Aufstellung stattfindet.

Zweifelhafte Forderungen sind nach ihrem wahrscheinlichen Werte anzusetzen, uneinbringliche Forderungen abzuschreiben.

§ 41

Das Inventar und die Bilanz sind von dem Kaufmanne zu unterzeichnen. Sind mehrere persönlich haftende Gesellschafter vorhanden, so haben sie alle zu unterzeichnen.

Das Inventar und die Bilanz können in ein dazu bestimmtes Buch eingeschrieben oder jedesmal besonders aufgestellt werden. Im letzteren Falle sind sie zu sammeln und in zusammenhängender Reihenfolge geordnet aufzubewahren.

§ 43

Bei der Führung der Handelsbücher und bei den sonst erforderlichen Aufzeichnungen hat sich der Kaufmann einer lebenden Sprache und der Schriftzeichen einer solchen zu bedienen.

Die Bücher sollen gebunden und Blatt für Blatt oder Seite für Seite mit fortlaufenden Zahlen versehen sein.

An Stellen, die der Regel nach zu beschreiben sind, dürfen keine leeren Zwischenräume gelassen werden. Der ursprüngliche Inhalt einer Eintragung darf nicht mittels Durchstreichens oder auf andere Weise unleserlich gemacht, es darf nichts radiert, auch dürfen solche Veränderungen nicht vorgenommen werden, deren Beschaffenheit es ungewiß läßt, ob sie bei der ursprünglichen Eintragung oder erst später gemacht worden sind.

§ 44

Die Kaufleute sind verpflichtet, ihre Handelsbücher bis zum Ablaufe von zehn Jahren, von dem Tage der darin vorgenommenen letzten Eintragung an gerechnet, aufzubewahren.

Dasselbe gilt in Ansehung der empfangenen Handelsbriefe und der Abschriften der abgesendeten Handelsbriefe sowie in Ansehung der Inventare und Bilanzen.

2. Auszug aus dem Bürgerlichen Gesetzbuch.

§ 799 Abs. 2

Der Aussteller ist verpflichtet, dem bisherigen Inhaber auf Verlangen die zur Entwicklung des Aufgebots oder der Zahlungssperre erforderliche Auskunft zu erteilen und die erforderlichen Zeugnisse auszustellen. Die Kosten der Zeugnisse hat der bisherige Inhaber zu tragen und vorzuschießen.

§ 800

Ist eine Schuldverschreibung auf den Inhaber für kraftlos erklärt, so kann derjenige, welcher das Ausschlußurteil erwirkt hat, von dem Aussteller, unbeschadet der Befugnis, den Anspruch aus der Urkunde geltend zu machen, die Erteilung einer neuen Schuldverschreibung auf den Inhaber an Stelle der für kraftlos erklärten verlangen. Die Kosten hat er zu tragen und vorzuschießen.

3. Auszug aus dem Wechselgesetz.

Artikel 12

Das Indossament muß unbedingt sein. Bedingungen, von denen es abhängig gemacht wird, gelten als nicht geschrieben.

Ein Teilindossament ist nichtig.

Ein Indossament an den Inhaber gilt als Blankoindossament.

Artikel 13

Das Indossament muß auf den Wechsel oder auf ein mit dem Wechsel verbundenes Blatt (Anhang) gesetzt werden. Es muß von dem Indossanten unterschrieben werden.

Das Indossament braucht den Indossatar nicht zu bezeichnen und kann selbst in der bloßen Unterschrift des Indossanten bestehen (Blankoindossament). In diesem letzteren Falle muß das Indossament, um gültig zu sein, auf die Rückseite des Wechsels oder auf den Anhang gesetzt werden.

Artikel 16

Wer den Wechsel in Händen hat, gilt als rechtmäßiger Inhaber, sofern er sein Recht durch eine ununterbrochene Reihe von Indossamenten nachweist, und zwar auch dann, wenn das letzte ein Blankoindossament ist. Ausgestrichene Indossamente gelten als nicht geschrieben. Folgt auf ein Blankoindossament ein weiteres Indossament, so wird angenommen, daß der Aussteller dieses Indossaments den Wechsel durch das Blankoindossament erworben hat.

Ist der Wechsel einem früheren Inhaber irgendwie abhanden gekommen, so ist der neue Inhaber, der sein Recht nach den Vorschriften des vorstehenden Absatzes nachweist, zur Herausgabe des Wechsels nur verpflichtet, wenn er ihn in bösem Glauben erworben oder ihm beim Erwerb eine grobe Fahrlässigkeit zur Last fällt.

4. Auszug aus dem Reichsgesetz über die Angelegenheiten der freiwilligen Gerichtsbarkeit.

§ 144 Abs. 2

Ein in das Handelsregister eingetragener Beschluß der Generalversammlung oder Versammlung der Gesellschafter einer der im Abs. 1[1]) bezeichneten Gesellschaften kann gemäß den Vorschriften der §§ 142, 143 als nichtig gelöscht werden, wenn er durch seinen Inhalt zwingende Vorschriften des Gesetzes verletzt und seine Beseitigung im öffentlichen Interesse erforderlich erscheint.

§ 142[1])

Ist eine Eintragung in das Handelsregister bewirkt, obgleich sie wegen Mangels einer wesentlichen Voraussetzung unzulässig war, so kann das Registergericht sie von Amts wegen löschen. Die Löschung geschieht durch Eintragung eines Vermerks.

Das Gericht hat den Beteiligten von der beabsichtigten Löschung zu benachrichtigen und ihm zugleich eine angemessene Frist zur Geltendmachung eines Widerspruchs zu bestimmen.

Auf das weitere Verfahren finden die Vorschriften des § 141 Abs. 3, 4 Anwendung.

[1]) § 143 behandelt Löschung auf Verfügung des dem Registergericht übergeordneten Landgerichts.

5. Auszug aus dem Gesetz über die Beaufsichtigung der privaten Versicherungsunternehmungen und Bausparkassen.

Vom 6. Juni 1931 (RGBl. I S. 315).

§ 14

Jedes Übereinkommen, wodurch der Versicherungsbestand einer Unternehmung in seiner Gesamtheit oder

[1]) Fassung des § 144 Abs. 1: § 26 EG.

in einzelnen Zweigen mit seinen Rücklagen und Entgeltüberträgen (Prämienüberträgen) auf eine andere Unternehmung übertragen werden soll, bedarf der Genehmigung durch die Aufsichtsbehörden, die für die beteiligten Unternehmungen zuständig sind. Die Genehmigung darf nur aus den Gründen des § 8 oder deshalb versagt werden, weil die sozialen Belange der Angestellten der Unternehmung, deren Versicherungsbestand übertragen wird, nicht ausreichend nach den Anordnungen der Aufsichtsbehörde gewährleistet sind. Die Rechte und Pflichten der übertragenden Versicherungsunternehmung aus den Versicherungsverträgen gehen mit der Bestandsübertragung auf die übernehmende Versicherungsunternehmung über.

Das Übereinkommen braucht nicht gerichtlich oder notarisch beurkundet zu werden; Schriftform genügt.

6. Auszug aus dem Gesetz über die Auflösung und Löschung von Gesellschaften und Genossenschaften.

Vom 9. Oktober 1934 (RGBl. I S. 914)

§ 1

(1) Eine Aktiengesellschaft, Kommanditgesellschaft auf Aktien oder Gesellschaft mit beschränkter Haftung wird außer in den bisher bestimmten Fällen mit der Rechtskraft des Beschlusses aufgelöst, durch den ein Antrag auf Eröffnung des Konkursverfahrens mangels einer den Kosten des Verfahrens entsprechenden Konkursmasse abgewiesen wird. Gegen den abweisenden Beschluß steht außer demjenigen, der den Eröffnungsantrag gestellt hat, auch dem Gemeinschuldner die sofortige Beschwerde zu.

(2) Die Geschäftsstelle des Konkursgerichts hat dem für die Führung des Handelsregisters zuständigen Gericht eine beglaubigte Abschrift des den Eröffnungsantrag abweisenden Beschlusses mit einer Bescheinigung der Rechtskraft zu übersenden. Die Auflösung ist von Amts wegen in das Handelsregister einzutragen.

§ 2

(1) Eine Aktiengesellschaft, Kommanditgesellschaft auf Aktien oder eine Gesellschaft mit beschränkter Haftung, die

kein Vermögen besitzt, kann auf Antrag der amtlichen Berufsvertretung des Handelsstandes oder der Steuerbehörde oder von Amts wegen gelöscht werden; mit der Löschung gilt die Gesellschaft als aufgelöst. Eine Liquidation findet nicht statt. Vor der Löschung ist die amtliche Berufsvertretung zu hören.

(2) Das Gericht hat die Absicht der Löschung den gesetzlichen Vertretern der Gesellschaft, soweit solche vorhanden sind und ihre Person und ihr inländischer Aufenthalt bekannt ist, nach den für die Zustellung von Amts wegen geltenden Vorschriften der Zivilprozeßordnung bekanntzumachen und ihnen zugleich eine angemessene Frist zur Geltendmachung des Widerspruchs zu bestimmen. Das Gericht kann anordnen, auch wenn eine Pflicht zur Bekanntmachung und Fristbestimmung nach Satz 1 nicht besteht, daß die Bekanntmachung und die Bestimmung der Frist durch Einrückung in die Blätter, die für die Bekanntmachung der Eintragungen in das Handelsregister bestimmt sind, sowie durch Einrückung in weitere Blätter erfolgt; in diesem Falle ist jeder zur Erhebung des Widerspruchs berechtigt, der an der Unterlassung der Löschung ein berechtigtes Interesse hat. Die Vorschriften des § 141 Absätze 3, 4 des Reichsgesetzes über die Angelegenheiten der freiwilligen Gerichtsbarkeit gelten entsprechend.

(3) Stellt sich nach der Löschung das Vorhandensein von Vermögen heraus, das der Verteilung unterliegt, so findet die Liquidation statt; die Liquidatoren sind auf Antrag eines Beteiligten durch das Gericht zu ernennen.

Sachregister

(Die Zahlen bedeuten die Paragraphen)

D.

E.

K.

T.

U.

V.

FSC
www.fsc.org
MIX
Papier | Fördert gute Waldnutzung
FSC® C083411

Kolibri 360 GmbH
Ferdinand-Jühlke-Straße 7
99095 Erfurt, Deutschland
produktsicherheit@kolibri360.de